T0111017

بسم الله الرحمن الرحيم

المرأة العربية والفكر الحديث

المرأة العربية والفكر الحديث

مفيدة محمد ابراهيم

مجدلاوي

الطبعة الأولى

١٤٢١ هـ - ٢٠٠٠ م

رقم الإجازة المتسلسل لدى دائرة المطبوعات والنشر

(٩٣٢ / ٧ / ٢٠٠٠)

رقـــم التصنيـــف :	٣٠٤،٤
المؤلف ومن هو في حكمه :	مفيدة محمد ابراهيم
عنوان الكتـــاب :	المرأة العربية والفكر الحديث
الموضوع الرئيــسي :	١- المرأة العربية
	٢-
بيانـــات النـــشر :	عمان / دار مجدلاوي للنشر والتوزيع

* - تم اعداد بيانات الفهرسة الأولية من قبل دائرة المكتبة الوطنية

مجدلاوي

عمان - الرمز البريدي: ١١١١٨ - الأردن
ص.ب ١٨٤٢٥٧ - تلفاكس ٤٦١١٦٠٦
(ردمك) ISBN 9957-02-045-5

الإهـــداء

إلى والدتي ووالدتها، جدتي، فقد علمتاني الكثير مـما اعرفـه اليـوم عـن المـرأة ودورهـا. فقد كانتا المدرسة الأولى التي علمتني وهيـأتني لـدوري كربـة بيـت اكـثر مـما فعلـت المدارس والجامعات الرسمية. فقد علمتاني ضرورة التـدبير والتنظـيم والإنتـاج والعمـل الدؤوب والإتقـان فيـه والعطـاء بكـل أشـكاله... والكثـير مـما لـه الفضـل في سـعادتي واستقرار حياتي، فشكراً لهما ولإمثالهما من الأمهات والجدات.

بسم الله الرحمن الرحيم

قال سبحانه وتعالى:

((ولا تتمنوا ما فضل الله به بعضكم على بعض للرجال نصيب مما اكتسبوا
وللنساء نصيب مما اكتسبن واسئلوا الله من فضله أن الله كان بكل شيء عليما))

سورة النساء: 32

وقال:

((...... وليس الذكر كالانثى))

ال عمران: 36

صدق الله العظيم

الفهرس

المرأة العربية والفكر العربي الحديث

المقدمة.. 13

الفصل الأول
حرية المرأة وتحررها

أ- التحرر من الحجاب.. 21

ب- تحرر المرأة من العمل بالعمل!.. 35

* كيف بدأت الدعوة.. 38

* دور المرأة ومكانتها في الحضارات الأخرى............................ 41

* الدعوة هي بضاعة أجنبية.. 44

* مبررات الدعوة.. 47

1- إن العمل المنزلي هو عمل غير منتج.................................. 47

2- إن العمل المنزلي مبلد للذهن ولا يساعد على الإبداع................ 54

3- إن العمل المنزلي هو عمل قذر.. 59

4- العمل خارج المنزل من أجل التفاعل والنضج.......................... 61

5- العمل خارج المنزل من أجل تحقيق الذات.............................. 62

6- العمل خارج المنزل من أجل اختيار أفضل للزوج....................... 63

7- العمل خارج المنزل من أجل زيادة دخل الأسرة........................ 64

8- العمل خارج المنزل من أجل حرية المرأة واستقلالها.................. 66

* تهافت هذه المبررات وعدم صدقها على واقع الحال..................... 67

* هدف الدعوة لعمل المرأة خارج منزلها................................ 71

9

الفصل الثاني
المساواة

* المرأة في الحضارات الأخرى 85

* المرأة في بلادنا 91

أ- المرأة في الفكر الإسلامي 91

ب- القوامة 99

جـ- المرأة في الفكر النهضوي العربي 103

* المساواة كما فهمتها بعض النسوة 105

1- المساواة في التحرر الجنسي 106

2- المساواة في نوع العمل 111

3- المساواة في العمل السياسي 112

4- المساواة بنوع التعليم 116

الفصل الثالث
ظلم المرأة وهدر حقوقها

1- حقها في السفور ونزع الحجاب 124

2- حقها في العمل 125

3- حقها في التعليم 127

4- حقها في العلاج الطبي 128

5- حق المرأة في عدم الانجاب 129

6- حق المرأة في امتلاك جسدها 130

7- حق المرأة أن تخطب لنفسها 131

* ألا تظلم المرأة الرجل؟ 132

1- المغالاة في متطلبات الزواج 133

2- اهمالها لبيتها 135

3- إسرافها 136

4- جهلها 138

5- التخلي عن مسؤوليتها تجاه أسرتها 139

6- الحرية وعدم الالتزام 140

7- الاهانة وعدم الاحترام 140

8- التمييز في العمل لصالحها 141

الفصل الرابع
مظالم حقيقية تطول المرأة

1- الطلاق 147

2- تعدد الزوجات 154

3- غياب الضمان الاجتماعي 159

*الصراع بين الرجل والمرأة 163

الفصل الخامس
نتائج الدعوة لحرية المرأة وحقوقها

1- تشويش القيم والمفاهيم 171

2- تشابك الأدوار وتصارعها في الأسرة وفي المجتمع 180

3- زيادة الاستهلاك وقلة الانتاج 192

4- استغلال المرأة ذاتها 195

5- تفكك الأسرة والاخلال بتوازن المجتمع 202

* الخاتمة 209

* المراجع 217

المقدمة

منذ سنوات وأنا أحاول أن اقرأ كل ما أستطيع مما يُكتب عن المرأة وقضاياها واستمع ما أمكن لما يقال في الخطب والمؤتمرات والندوات في هذا الموضوع، فلفت نظري قبل كل شيء -من ضمن أشياء كثيرة- القول بأن المرأة نصف المجتمع! مما أثار عندي التساؤل: ما الجديد في ذلك؟ فهذه من البديهيات التي لا تستحق أن تذكر، ومع ذلك نجد انها تتصدر خطب الخطباء ومقالات الكتاب والمفكرين!! ألم ينظر هؤلاء إلى أنفسهم وفيما حولهم؟ لو فعلوا لوجدوا المرأة في كل مكان من حولهم، فهي الأم والأخت والزوجة والابنة، وكذلك هي العمة والخالة والجارة والقريبة الخ...!! ولكن هذا لفت نظري إلى الكثير من التشويش لمفاهيم ومصطلحات لا أول لها ولا آخر! تكوّن متن هذه الخطب والكتابات. فبدأت أحاول فرزها ووضعها ضمن مواضيع محددة لافهم ماذا يراد بكل هذا التشويش في موضوع المرأة والذي اتخذ عناوين شتى، مثل قضية المرأة! وكأن للمرأة قضية تختلف عن قضايا المجتمع الذي هي نصفه! والمرأة والعمل، والمرأة وزيادة الانتاجية، وكأن المرأة شيء لا عمل له ولا فائدة منه فيحاولون إيجاد فائدة ما لهذا الشيء الطفيلي الذي اسمه المرأة، هذا بالاضافة لعناوين أخرى مثل تحرر المرأة ومساواة المرأة وكأنها ليست نصف المجتمع كما أكدوا ويؤكدون! وتحررها بالتالي يعتمد على ما يسود المجتمع الذي هي نصفه من تحرر! وقدراتها تمثل الأساس لقدرات النصف الآخر، سواء عن طريق الجينات الوراثية أم عن طريق التربية والتنشئة لهذا النصف المتباهي بكفاءته وقدراته وتحرره الذي لا وجود له! على ارض الواقع. هذا غير تفسير العلاقة بين الرجل والمرأة على أنها علاقة صراع طبقي أو جنسي- وعلاقة ذات طبيعة مادية استغلالية... يستغل فيها الرجل المرأة لمصالحه ويسخرها في أداء خدمات له من غير مقابل مادي يدفعه لها! وبذلك فهو يضطهدها ويوقع عليها ظلماً شديداً! فهي مظلومة ومستعبدة من قبل الرجل!! وغير ذلك من الخلط والتشويش مما يجعل من الصعب على المرء أن يفهم هذه الدعوات وما يراد بها! فكيف يمكن أن نتصور إمكانية وجود صراع طبقي أو جنسي بين الرجل والمرأة؟! الا إذا كان من الممكن أن يكون هناك علاقة صراع بين اليد اليمنى واليد اليسرى في الجسم الواحد بدل علاقة التعاون والتكامل من اجل اداء

المهمات. أو أن تكون هناك امكانية لحدوث صراع بين العينين اليسرى واليمنى - في الجسم الواحد، والذي قد يحدث أحياناً وعندها يصاب المرء بالحول وتشويش البصر، فأي حول هذا الذي يراد لمجتمعاتنا؟! وأي تشويش للبصر والبصيرة؟! كيف يمكن أن ننظر إلى النصف الاجمل في المجتمع نظرتنا إلى الاجراء ورقيق الأرض كما يدعي بعض الدعاة؟! وكيف نتوقع من الام والاخت والابنة والزوجة أن تمد يدها لتأخذ الأجر المادي من أعز الناس، من الزوج والاب والابن والاخ؟! كأي خادم أجير! كيف نستبدل مفاهيم وعلاقات المودة والرحمة واقرب صلات الرحم بالمفاهيم والعلاقات المادية -السوقية-؟!! وكلما نظر المرء إلى ما حوله وإلى ما يدعو إليه دعاة حقوق المرأة وتحررها وما بدأ يرسخ في أذهان بعض النساء وخاصة من الفتيات في مجتمعاتنا وما أدى إليه كل ذلك من سلبيات كثيرة بدأت تشق طريقها إلى مجتمعاتنا لا يسعه إلا أن يهتف: يا الهي أي منقلب نحن إليه منقلبون؟ وأي ضلال نحن اليه سائرون؟ أي ريح -فكرية- خبيثة هذه التي هبت وتهب على هذه الأمة؟ وأي عاصفة هوجاء مسمومة هي هذه التي عصفت بالامة فقلبت موازينها وقلعت الكثير من جذورها وجعلتها أشتاتاً متناثرة؟ ففرقت كل ما جمع الله وجعله كلاً واحداً. ففرقت الامة الواحدة ذات العقيدة الجامعة الواحدة إلى تجمعات ذات عقائد متناقضة متناحرة! ففصلت بين الروح والجسد وبين الدين والعلم والدين والسياسة والدولة بكل قضاياها! وجعلت من قضية المجتمع الكل الواحد قضايا متناثرة. فهناك قضايا للتربية وقضايا للسياسة وقضايا للاقتصاد وقضايا للمرأة وقضايا للطفل وقضايا وقضايا الخ... وياليتها توقفت عند هذا الحد ولم تدخل الاسرة ذاتها فتفرقها إلى رجل وامرأة وتحول ما بينهما من مودة ورحمة إلى صراع طبقي وتنافس برجوازي!! وتحول علاقة البر والاحسان والرعاية والمشورة والطاعة بين الاباء والابناء إلى علاقة صراع اجيال متناقضة ومتناحرة! وهكذا تحول المجتمع الواحد إلى قضايا وتناقضات وصراعات... لا نهاية لها!

فأية أفعى هذه التي نفثت سمومها بجسم الامة وحولت أسمى الروابط بين البشر إلى صراعات وعلاقات مادية استغلالية هي من أخس الروابط البشرية. وكيف سمح المفكرون في بلادنا والمتعلمون، وهم حراس فكر الامة وحماة عقائدها

من كل ما يمكن أن يشوبها ويشوهها، لهذه الرياح الخبيثة المسمومة بالدخول؟! لماذا فتحوا لها الابواب والشبابيك وتحولوا إلى دمى تتحرك شفاهها فيتهيأ للسامع انها تتكلم، وهي في الحقيقة تجتر ما هضمه اهل الغرب وما لم يهضمه بعد! أن صيحة -وامعتصماه- تجسد لي دائماً ألم تلك المرأة التي اطلقتها من ربوع فلسطين، ويأسها وعجزها عن فعل ما يرد عنها وعن اهلها ظلم الغزاة، ولكني اليوم بدأت احسدها لانها اسعد حظاً مني ومن امثالي، فهي قد استغاثت من الغزو المسلح بالمعتصم، حامل السيف والمدافع عن الامة، فأغاثها ورد عنها كيد الغزو، فبمن يستغيث أمثالي من عامة الناس ممن يعتصرهم الالم والعجز، من هذا الغزو الفكري، وكثير من حملة الفكر عندنا وحماته قد اسلموا عقولهم للغزو واستسلموا له وتركوا الامة مكشوفة في العراء تعصف بها الرياح الخبيثة من كل جانب، وباسم المدنية والتقدم أو التحديث والمعاصرة تكرس كل ما كان موجوداً من الخلافات والصراعات والسلبيات، والتي مهما كثرت تبقى محدودة نسبة إلى ما اضافوه من خلافات وتناقضات كثيرة كالصراع بين الرجل والمرأة والصراع الطبقي وصراع الايدولوجيات المستوردة المختلفة والصراع بين الأجيال والفجوة بين الآباء والأبناء وبين الحاكم والمحكوم وبين الحاكم والحاكم الآخر وبين الحاكم والمفكر! وبين المفكر وعامة الناس وغير ذلك مما يفرق الأمة ويشتت شملها. ولا يجد امثالي من معين الا التوجه إلى الله العلي القدير بالدعاء لاغاثة الامة مما هي فيه ومما هي سائرة اليه وانقاذها مما حل بغيرها من مصير. هذا اولاً ثم محاولة فهم ما يحدث والادلاء بصوته فيه وهو اضعف الايمان وهذا ما أحاول أن افعله في هذا العمل الذي فيه أعرض رحلتي في خضم دعوة حقوق المرأة العربية وقضاياها! من حرية ومساواة بالرجل، لا لاضافة معلومات جديدة تذكر لاول مرة وانما لاضافة صوت معارض آخر للاصوات التي تعارض هذه التوجهات التي لن تؤدي في النهاية الا لهدم الاسرة والاضرار بها وبالمجتمع وبالمرأة ذاتها. وقد اعتمدت في هذا العمل على تحليل الواقع المعاش وما اجد حولي ليس فقط من مظاهر وانما ايضاً ما يدور في اذهان بعض النساء والرجال سواءً من الكتاب أو من عامة الناس ممن التقيتهم في حياتي وقرأت عنهم وقد وجدت كثيراً من التشويش في دعوة حقوق المرأة من حرية ومساواة وغيرها. فالتحرر بالنسبة لكثير من النساء صار

معناه الفوضى والخروج عن كل العادات والتقاليد والتخلي عـن المسـؤوليات والالتزامات والتي لا تكتمل انسانية الانسان الا بها. وراعني التأكيد عـلى مسـألة ظلـم المرأة واضطهادها والـذي مـن خلالـه يثيرون الاحقـاد بيـن المـرأة والرجـل ويجعلـون مصلحة احدهما لا تتحقق الا على حساب مصلحة الآخر، ويحولون المسـألة إلى صراع بينهما، كل يريد أن يحقق السبق فيه! وأرجو أن أكون قد وفقت في عرض الرحلـة وفي وضع لبنة في الاتجاه الصحيح. وقد حصرت الموضـوع في موضـوعي الحريـة والمسـاواة بالرجل وتداعياتهما. وموضوع هدر حقوق المرأة وإيقاع الظلم عليها!!

حرية المرأة وتحررها

لو تتبعنا هذه الحركة في العصر الحديث لوجودنا أن رائد هـذه الـدعوة كـما يؤكد الكتاب هو (قاسـم امـين 1865-1908 الـذي لقـب بمحـرر المـرأة)[1] كـما يـدعي البعض والحرية التي يقصدها قاسـم امـين هـي (اسـتقلال الانسـان في فكـره وارادتـه وعمله متى كان واقفا عند حدود الشرائع محافظاً على الآداب...)[2] والرقيـق بالنسـبة له هو ليس من يباع ويشترى وإنما (كل من لم يملك قيادة فكره وإرادته وعملـه ملكـا تاما فهو رقيق)[3].وهنا يجد المرء نفسه يتساءل: مَن من الناس يملـك قيـادة كـل ذلـك ملكا تاما؟ ألم يكن الـداعي نفسـه (مثـل غـيره مـن الرجـال) عضـوا في عائلـة ملتزمـا بعاداتها وأسلوب حياتها ومعتقداتها حتى أن لم يؤمن بها؟! ألم يكن هو نفسه مواطنـاً يخضع لقوانين (شرائع) بلاده حتى مـا لا يعجبـه منهـا ومـا لا يـؤمن بهـا؟ ألم يكـن في المجتمع ينقاد لعاداته وآدابه وقيمه، حتى تلك التي لا تجد هـوى في نفسـه؟ ألم يكـن طالباً ملتزماً بقوانين وأنظمة وبرامج مدرسته ويعمل وفق متطلباتها سواء أعجبه ذلـك أم لم يعجبه؟ ألم يكن موظفاً يعمـل بلـوائح وقـوانين تلـك الوظيفـة حتـى وان كـان لا يعتقد بفائدتها ولا يؤمن بصحتها، ويرضى رؤساءه ومنهم الاميرة نازلي التي طلبت منه كتابة كتبه هذه عن المرأة؟ أليست هذه سنة الحياة منـذ أن هجـر الإنسـان همجيتـه واتجه نحو المدنيـة وبنـاء الحضـارات؟ لمـاذا إذا اعتـبر المـرأة الملتزمـة بشرائع وآداب مجتمعها من الرقيق واعتبر الرجل من الاحرار؟ فقال أن (الحريـة هـي منبـع الخـير... وان استقلال إرادة الإنسان كانت أهم عامل أدبي في نهوض الرجال فلا يمكن أن يكـون لها إلا مثل ذلك الاثر في نفوس النساء)[4]. ثم قوله أعلاه (متى كان واقفـا عنـد حـدود الشرائع محافظاً على الآداب) ألا يسقط كل دعوته ويجعلها لغواً متناقضاً وتشويشـاً لا محل له؟ لان سلوك المرأة آنذاك كان

---

[1] علي محافظة: الاتجاهات الفكرية ص 191.

[2] قاسم امين: المرأة الجديدة ص 30.

[3] علي محافظة: نفس المصدر ص 194.

[4] قاسم امين: نفس المصدر ص 79-70.

وفق شرائع وآداب مجتمعها سواء أكانت هذه الشرائع والآداب دينية أم اجتماعية متعارف عليها ودعوته للخروج عليها تصبح دعوة للنشوز والفوضى والتغريب وليست من الحرية في شيء، ولكننا مع ذلك نجد أن دعاة التغريب من النهضويين تولوا هذه البذرة وصاروا يزايدون عليها، وسارت في ركابهم بعض النسوة وصاروا يدعون إلى تحرر المرأة من كل شيء!!! كأن تتحرر من العادات والتقاليد ومنها الحجاب ومن سلطة الرجل (أيا كان) أو ما يسمونه السلطة الابوية!! والتحرر من الزواج والانجاب والبيت والاعمال المنزلية، كما صار البعض يدعو إلى الاختلاط والتحرر الجنسي كما هو الحال في الغرب لحل مشكلة الكبت الجنسي_ والشذوذ في العلاقات الجنسية مع أن الاختلاط في الغرب (لم يحل مشكلة الكبت الجنسي_ وإنما فتح باب الجنون الجنسي)[1] وهكذا فتح باب التحرر ولم يغلق بعد حتى نون النسوة هناك من طالب بحذفها والتحرر منها كما حدث في المؤتمر النسائي العربي الذي عقد عام 1944 والذي دعا إلى عقده الاتحاد النسائي المصري الذي أسسته هدى شعراوي[2].

وكذلك تاء التأنيث أرادوا التحرر منها!! فأصبحت الدكتورة دكتور والمديرة مدير والوزيرة وزير والنائبة نائب!! وكأن دعاة التحرر ومساواة المرأة بالرجل يؤمنون أن المناصب العامة مذكر وللذكر فقط، وان شغلتها المرأة يجب عليها أن تخرج من جنسها وتتذكر (إن صح التعبير) بينما نجد أن بعض النساء والمنظمات النسائية في دول الغرب (تطالب فيما تطالب به ادخال تعديلات على اللغة، وإحداث ضمير نسوة خاص بهن...)[3] كما يطالبن بالاحتفاظ باسمهن بعد الزواج وهو الامر الذي تتمتع به المرأة العربية والمسلمة.

واستمرت المزايدات على هذه الدعوة حتى صارت الخطب والمؤتمرات والندوات وحملات الدعاية الانتخابية، أن وجدت، لا تخلو من جمل تدعو إلى أن

---

[1] بدرية العزاز: ماذا بعد السقوط ص 74.

[2] بدرية العزاز: نفس المصدر.

[3] نعيم اليافي: وضع المرأة بين الضبط الاجتماعي والتطور ص 154.

تحـرر المـرأة نفسـها وان تحطـم قيودهـا⁽¹⁾. وقـد حاولـت أن اختصـر ـ هـذه الدعوات بما يلي: التحـرر مـن الحجـاب، التحـرر مـن العمـل المنـزلي والـدعوة للعمـل خارجه، التحـرر من الزواج والانجاب والتحرر الجنسي. وذلك مـما لهـذه الـدعوات مـن اثر بليغ على مجتمعاتنا العربية والاسلامية.

⁽¹⁾ انظر احدى الدعايات الانتخابية في جريدة الرأي الأردنية 1993/11/3 (المرشح خليل حدادين).

التحرر من الحجاب

((يا بني آدم قد أنزلنا عليكم لباساً يواري سوآتكم وريشا ولباس التقوى ذلك خير ذلك من آيات اللـه لعلهم يذكرون))

صدق اللـه العظيم

الأعراف: 26

يبدو أن كل العادات والتقاليد تكون جيدة ومقبولة في ذهن مفكرينا حتى يكتشفوا انها تخالف ما هو سائد في الدول الاجنبية القدوة لهم! فتصبح بعد ذلك هذه العادات والتقاليد المقبولة هي منتهى التخلف والرجعية المعيقة لكل تقدم ونماء، فنجد على سبيل المثال لا الحصر أن سلامة موسى (الذي يريد حرية المرأة كما يفهمها الاوربي)[1] يقول: (كنت في مصر قبل 1908 اعرف الحجاب وارتضي شعائره، ولا أجد غرابة أو عيبا في التلميذات الصغيرات يدخلن المدرسة السنية الابتدائية وعلى وجوههن براقع بيض. وكنت أجد الفصل بين الجنسين شيئا مألوفا. والبيت في مصر- خدر كامل، ونسائنا مخدرات كاملات... فلما وجدت المجتمع الباريسي واختلطت به ورأيت فيه المرأة الفرنسية على حريتها وصراحتها وطلاقتها شعرت أن أفقا جديدا يفتح أمامي)[2].

ومسألة كون التحرر ورفض الحجاب والعمل على التخلص منه هو مسألة تغريب واصطناع لكل ما هو أجنبي امر لا يختلف فيه الباحثون فعلى سبيل المثال أيضاً يقول علي محافظة: (ساهمت حملة نابليون على مصر في التعريف بوضع المرأة في أوربا وفيما وصلت إليه من حرية واستقلال فرديين) وينقل عن عبد الرحمن الجبرتي، منتقداً تبرج النساء وخروج غالبهن من الحشمة والحياء، في كتابه عجائب الآثار انه قال:

---

[1] سلامة موسى: اليوم والغد ص7-9.

[2] سلامة موسى: تربية سلامة موسى ص 77-78.

(انه لما حضر الفرنسيين إلى مصر ومع البعض منهم نسائهم كانوا في الشوارع مع نسائهم وهن حاسرات الوجوه لابسات الفستانات والمناديل الملونة ويسدلن على مناكبهن الطرح الكشميري والمزركشات المصبوغة ويركبن الخيول والحمير ويسوقونها سوقا عنيفاً مع الضحك والقهقة ومداعبة المكارية معهم وحرافيش العامة، فتداخلن معهم لخضوعهم للنساء وبذل الاموال لهن. وكان ذلك التداخل اولا مع بعض احتشام وخشية عار ومبالغة في اخفائه فلما وقعت الفتنة الاخيرة بمصر- وحاربت الفرنسيين بولاق وفتكوا في اهلها، والبنات صرن مأسورات عندهم، فزيوهن بزي نسائهم وأجبروهن على طريقتهن في كامل الاحوال فخلع اكثرهن نقاب الحياء بالكلية...)[1].

وأخذت الحملة على الحجاب من قبل الاجانب أشكالا مختلفة، إما بنقده والاستخفاف أو الاستهزاء به أو بتحريض الكتاب المتغربين والموالين على نقده والانتقاص من فائدته وجدواه واعتباره سبباً من اسباب التخلف، كما فعل قاسم أمين وسلامة موسى وغيرهما أو من خلال توجيه وارشاد الطالبات وخاصة في المدارس الاجنبية على التحرر!! منه وفي ذات الوقت عرض نماذجهم المتحررة المتمثلة بالجاليات الاجنبية المتواجدة في البلاد كما يبدو من قول الجبرتي اعلاه. ولكن اكبر حملة تعرض لها الحجاب كانت في اوائل هذا القرن (العشرين) وخاصة بعد الحرب العالمية الاولى اذ تولى تلامذة الماسونية والمدارس الاجنبية وغيرهم من الموالين للدول الاجنبية أو المنبهرين بها السلطة في كثير من البلاد فعملوا على التخلص منه بالقوة امثال كمال اتاتورك في تركيا ورضا شاه في ايران أو بتحريض النساء المتغربات على نزعه وتمزيقه كما فعلت هدى شعراوي في مصر. إذ ساوى هؤلاء بينه وبين التخلف واعتبروه سبب كل عجزهم وعجز مجتمعاتهم وتخلفها والذي لابد من (طرحه جانباً حتى تخطو تلك المجتمعات إلى

---

[1] علي محافظة: الاتجاهات الفكرية عند العرب ص 183.

الامام في الطريق الذي كان يعرف وقتئذ بأنه " التقدم" والذي يدعى آلان التغريب)[1].

ويظهر الان واضحا أن الحملة على الحجاب بغض النظر عن محاسنه وما اتهم به من مساوئ لا يستحق كل هذا الاهتمام من جانب الاجانب ودعاة التغريب الا أن كانوا ينظرون اليه كقيمة اعتبروها اسلامية وبالتالي ستقف ككل القيم الاسلامية الاخرى في سبيل تحقيق اهدافهم في التغريب والحاق البلاد حضاريا بهم وجعلها سوقا رائجة لمنتجاتهم المادية والمعنوية. مع أن الحجاب عادة عرفتها شعوب كثيرة قبل الاسلام وبعده (وليس صحيحاً أن حجاب النساء هو نظام خاص بالمسلمين لم تسبقهم اليه امة من الامم، ولا عرفه بعدهم شعب من الشعوب)[2]. فقد اكدت الحفريات على أن الاشوريين من (اقدم الشعوب التي اخضعت النساء للحجاب... وقد كان مفروضاً على الحرائر دون الاماء والعواهر والداعرات. بل كانت توقع على الامة أو العاهر التي تتحجب عقوبات شديدة)[3] وكانت اثينا واغلب بلاد اليونان قد فرضت الحجاب على النساء الحرائر وكانت الفتاة تقبع في بيتها لا تخرج منه حتى يتم نقلها إلى بيت الزوجية (وفي الحالات التي كان يسمح للمرأة بالخروج كانت التقاليد تلزمها بوضع حجاب يخفي معالم وجهها)[4] وقد كان هذا الحجاب يخفي وجهها فلا يظهر منه سوى العينين. ويذكر علي شلق في بحث قدمه لندوة: المرأة العربية في حركة الوحدة العربية، أن اصل الحجاب كنوع من الجلابيب (قررته تعاليم زردشت لكي يحول بين انفاس المرأة الفارسية والنار

---

(1) ليلى احمد: بحث مقدم إلى ندوة العقد العربي القادم والمستقبلات البديلة ص 294 (وقد كتبت ليلى أحمد في مكان آخر عن الدور الذي لعبه كرومر في تسليط الضوء على حجاب المرأة الشرقية وتحويله إلى رمز لقهر المجتمعات الإسلامية لنسائها، وكيف قدم نفسه باعتباره نصير المرأة المقهورة في الشرق في الوقت الذي كان عضواً في جمعية كرست جهودها لمحاربة المجموعات النسائية التي كانت تسعى لتحسين وضع المرأة في انجلترا) أنظر مجلة وجهات نظر ص20.

(2) سهيلة الكيال: تطور المرأة عبر التاريخ ص 105.

(3) ذات المصدر ص 31.

(4) ذات المصدر ص 35.

المقدسة لان المرأة نجسة، وكذلك في قوانين اشور القديمة، وعند السومريين والاكديين)[1].

إن الله سبحانه وتعالى في كتابه العزيز لم يؤكد على حجاب المظهر بقدر تأكيده على حجاب العفة والخلق الكريم والعمل الصالح واتقاء الفتنة والشبهات. فالمظهر لم يذكر الا في الآيتين التاليتين: (.... **قل للمؤمنات يغضضن من ابصارهن ويحفظن فروجهن ولا يبدين زينتهن الا ما ظهر منها وليضربن بخمورهن على جيوبهن)**[2]. و **(يا أيها النبي قل لازواجك وبناتك ونساء المؤمنين يدنين عليهن من جلابيبهن ذلك ادنى أن يعرفن فلا يؤذين وكان الله غفوراً رحيما)**[3] وإذا تأملنا الآية الكريمة الثانية لوجدنا أن طول الجلابيب غير محدد ولا نعرف كم كان طولها قبل نزول الآية حتى امرنا بأن يدنينها، فاتفق معظم الفقهاء على أنه يجب أن يصل إلى القدمين وسبب هذا الامر واضح في الآية الكريمة وهو حماية لهن حتى يعرفن فلا يؤذين وليس اتقاء الفتنة كما دأب المجتهدون على تأكيده، ثم ختمت الآية بغفران الله ورحمته وليس العقاب الشديد كما يؤكد البعض الآن مما يجعل بعض ما كتبه المجتهدون والمفسرون في هذه المسألة مبالغ فيه ومتأثر بحضارات اخرى كانت سائدة قبل الاسلام.

(فقد أمر الله بحجاب المرأة الحجاب الشرعي: وذلك بمنع اختلاطها بالرجال في الاماكن التي توجب الشبهة وبترفعها عما لا يليق بها. أما الحجاب الاجتماعي، غطاء الوجه، فهو زي البلدان المختلفة وليس من الدين)[4]. ولم يكن الحجاب في صدر الاسلام كما صار عليه بعد ذلك من التشدد. بل كان يقتصر على قدر من الحشمة بحيث يكون الحجاب ستراً (للمرأة حتى لا تمشي بين الرجال مظهرة زينتها متكسرة متبخترة)[5] تغري هذا وذاك فتعرض نفسها للمهانة والتحرش والأذى كما جاء ذكره في الآية الكريمة أعلاه.

---

[1] علي شلق: بحث مقدم إلى ندوة المرأة ودورها في حركة الوحدة العربية ص 31.

[2] سورة النور: آية 31.

[3] سورة الاحزاب: آية 59.

[4] عمر فروخ: تاريخ الفكر العربي ص 179.

[5] منصور رجب: نظام الإسلام ص205.

ولم تكن المرأة تحتجب تماماً عن الرجال فقد كان النبي **صلى الله عليه وسلم** يرسل من ينوب عنه في اخذ البيعة منهن وكانت النساء يجئن إلى النبي **صلى الله عليه وسلم** يسألنه في أمور الدين... ويزور النبي بعض النساء في بيوتهن... وكانت المرأة على عهده تخرج لقضاء حوائجها وتذهب إلى المسجد.... وتشترك في الغزوات...)[1]. وكانت (سكينة بنت الحسين بن علي رضي الله عنهم... تجلس إلى العلماء والادباء والشعراء ولا تكاد تحتجب منهم)[2]. والامثلة كثيرة ولا حصر لها على أن الحجاب في العقود الاولى للرسالة الاسلامية لم يكن بالتزمت الذي صار اليه بعد ذلك.فقد رسخ (الحجاب وعزلة المرأة جزئيا في البداية ثم بشكل كامل في الحياة الاجتماعية في مرحلة ازدهار ثم انحطاط الخلافة الاسلامية المرتبطة بحكم العباسيين في القرن الرابع عشر ـ الميلادي. ومع مرور الزمن انتشرت هاتان العادتان واتسع نطاقهما لتصبحا تقليدا إسلامياً)[3].

ومسألة كون الحجاب وعزل المرأة من صنع العباسيين يؤكدها الباحثون العرب والاجانب، فيقول كارل بروكلمان في كتابه، تاريخ الشعوب الاسلامية (أن الحجاب لم يحل بين النساء في الجاهلية، وفي الاسلام ايضاً حتى عهد الامويين وبين الظهور في الناس في كثير من الحرية، والتأثير في المجتمع العربي تأثيراً مذكوراً في بعض الاحيان. وان مؤسسة الحريم التي وضع قواعدها العباسيون على غرار النموذج المسيحي - البيزنطي هي وحدها المسئولة عن انحطاط المرأة في الشرق)[4].

ويؤكد علي عثمان على (أن قصور العباسيين هي التي بدأت تعزل الحريم وتحيطهن بالحضيان على غرار الفرس والبيزنطيين واصبح ذلك تقليداً شائعاً في المجتمع واصبح ينظر إلى عدم مغادرة المرأة المنزل مظهراً من مظاهر الآبهة

---

[1] سهيلة الكيال: تطور المرأة العربية عبر التاريخ ص 107.

[2] عبد الله عفيفي: المرأة العربية في ظلال الاسلام ص 72.

[3] لويزا شايدوليتا: المرأة العربية والعصر ص 29.

[4] كارل بروكلمان: تاريخ الشعوب الاسلامية ص 63 (انظر كلمة انحطاط / المتجنية).

والعظمة وهكذا تطور مفهوم هذا السجن على النساء على انه من الدين وعليهن أن يبقين سجينات باسم الدين)[1].

والدليل على أن الحجاب الكامل والقناع وعزل المرأة عن الحياة العامة هو تقليد اجتماعي اكثر منه فرض اسلامي هو انتشاره في المدن فقط وغيابه (قديماً وحديثاً) في البادية والارياف مع أن هؤلاء مسلمون ايضاً ولا يقلون تمسكا بالدين عن اهل المدن. وقد اكد هذا الامر الكثير من الباحثين ومنهم على مبارك الذي قال: أن (جميع نساء الارياف ونساء عربان البادية وبلاد العرب وأهل المغرب وسواحل الشام وارض الحجاز لا يحتجبن عن الرجال، وربما قمن مقام ازواجهن في بعض الاحوال، كإكرام الضيف والاخذ والعطاء مع الاجانب، وكثيرا ما يكون أمر المنزل وإدارته موكولاً إلى رأيهن وتدبيرهن، وقد رأيت فيهن من عاونت الرجل في اعماله الشاقة، وهذا كله بالاختيار من غير اكراه ولا اجبار)[2]. وهذا لا يعني فقط أن عزل المرأة والتزمت في حجابها ليس من الدين الاسلامي بل يعني أيضاً أن مسألة محاربة الحجاب لا تستحق كل هذا الجهد والاهتمام من قبل الكتاب ووسائل الاعلام وخاصة قبل مائة عام زمن قاسم امين ومحمد عبده وسلامة موسى حيث كان أهل المدن يمثلون أقلية ضئيلة من السكان وأهل البوادي والارياف هم الكثرة. وكان الاجدر بهم الاهتمام بما هو اهم من الاسباب الحقيقة للتخلف بدل هذه الاوهام التي شغلوا بها.

فالحجاب، سواء أكان فرضاً دينياً أم اجتماعياً، ما كان ولا يمكن أن يكون سببا للتخلف كما يحلو للبعض تأكيده. فهو لا يمنع التقدم ولا التعلم ولا العمل، هذا بالاضافة لكونه حرية شخصية يجب ألا تمس، وتقليدا إذا اقتنع به مجتمع ما بأكثريته وقرر العمل بموجبه، تقضي الديمقراطية التي يتبارى المتحررون بالدعوة اليها، أن يسود ويعمل به. ولن تكون عواقبه (هدامة)[3] كما تؤكد ليلى احمد في

---

[1] علي عثمان: المرأة العربية عبر التاريخ ص 98 (انظر كلمة السجن والسجينات المتجنية ايضاً).

[2] علي مبارك: الاعمال الكاملة لعلي مبارك ص 463 ج1.

[3] ليلى احمد: ندوة العقد العربي القادم ص 301.

بحث مقدم لندوة العقد العربي القادم، ولا هـو داء وخيم كـما ادعـى محمـد صادق الزهاوي في الابيات التالية:

مزقي يا ابنة العـراق الحجـابا   واسفري فالحياة تبغي انقلابـا

مزقيه واحـرقيه بـلا ريـث   فقد كان حارسا كذابـــا

اسفري فالحجاب يا ابنـة فـهر   هو داء في الاجتماع وخيـــم

ان هذا الحجاب في كـل ارض   ضرر للفتيـان والفتيـات[1]

والحجاب لم ينـزل (المـرأة مـن مستوى الانسـان إلى حضيض الحيـوان) كـما يدعي سلامة موسى وإلا كيف انجبت هذه الحيوانات وربـت كـل هـؤلاء المفكـرين؟! (الإنسان) ثم كيف يمكن أن يكون أي مجتمع نصفه حيوان ونصـفه الآخـر إنسـان؟ إذ لابد أن يكون النصفان متساويان، إما حيوان وإمـا إنسـان وإلا فقـد مـبررات وجـوده. وقوله (فقد مزق الحجاب وشرعنا جميعا نعد المرأة المصرية إنساناً له حقوق الإنسـان بعد أن كنا نتكلم عنها باعتبارها ربة البيـت أو الزوجـة...)[2] هـو لا يعـدو أن يكـون خلطاً ابعد ما يكون عن الحقيقة وذلك لان اعتبارها إنسانا وليس شيئا هو ليس بيـده أو بيد غيره من البشر ليمنوا بذلك عليها، فقد خلقها اللـه انسانا وبعد خلقهـا اصـبح الامر بيدها ولها الخيار في أن تكون إنساناً فاعلاً متفاعلاً عاملاً يفرض وجوده على مـن حوله، بحجاب أو من غير حجاب، عاملة في بيتهـا أو خارجـه، أو أن تكـون شـيئا يبـاع ويشترى ويقتنى لمظهره وشكله ليس الا، وهنا ايضاً بحجـاب أو مـن غـير حجـاب ربـة بيت متفرغة أو عاملة خارجه. متعلمة وذات ثقافة عالية أم جاهلة أو أمية!

كما أن (المرأة المغطاة) ليست اقل عقلا من المـرأة غير المغطـاة كـما تـدعي نـوال السعـداوي التي تقول: (... كيف تظهـر المـرأة العقـل....؟ أن المـرأة المغطـاة - الزوجة المثالية للزوج العادي- ليس لها عقل، والغانية المثالية ايضاً للرجل اللاهي ليس لها عقل... أما المرأة العقل... فأنها تضيع في هذا المجتمع،لان

---

[1] عن أحمد الحصين: المرأة ومكانتها في الاسلام ص 11.

[2] سلامة موسى: تربية سلامة موسى ص 154-155.

أحدا لا يريد الزواج منها، واذا ما تزوجت فأنها سرعان ما يتم طلاقها...)[1] وتستشهد على ذلك بحالها اذ انها تزوجت مرتين وطلقت ثم تزوجت للمرة الثالثة لان زوجها كما تدعي، لا يحب لزوجته أن تكون ذكية!! فما رأيها اليوم وهي ترى طبيبات ناجحات مثلها ولكنهن متحجبات وفي ذات الوقت زوجات لازواج يحترموهن ولا يسعون لطلاقهن؟ وكذلك مهندسات وموظفات واستاذات في الجامعات الخ... فهل هي يا ترى مصرة وكذلك امثالها على أن الحجاب يتعارض مع العقل؟!!

ولكن الحجاب، ومن جهة أخرى، لا يمنع الفتنة ولا يودي إلى العفة كما يدعي دعاته والا كان حزام العفة الذي استخدمه الرجل الاوربي في القرون الوسطى صان عفة المرأة في ذلك الزمان. والتاريخ يؤكد انه لم يفعل اذ (لم تقف النساء مكتوفات الايدي امام هذا السلاح الذي ابتكره الرجال ضدهن فكانت لهن وسائل مثيرة ماكرة للتخلص من الاحزمة في غياب الازواج وكانت المفاتيح المقلدة لحزام العفة، موضوعا شائعاً في معظم المسرحيات الهزلية في ذلك العهد)[2] وبعده، فالفتنة والخطيئة تتطلب رجل وامرأة وان تربي كلاهما تربية صحيحة تجعل المرء يعرف الحلال فيفعله ويخاف الحرام ويتجنبه بعيداً عن تشنج الدعاة ومزايداتهم فلن يكون هناك خوف من الفتنة فكما قال الشاعر.

شرف المليحة أن تكون اديبة   وحجابها في الناس أن تتهذبا[3]

ثم أن الالحاح على حجاب المرأة وعلى عزلها هو اهانة للرجل الذي لا يستطيع صون نفسه من الافتتان كما تفعل المرأة. وتأكيد على خوار في عزمه ونقص في إرادته وضعف في ايمانه (ودينه) مما يستدعي حمايته من الافتتان بالمرأة التي هي في ذات الوقت اخته في الدين!! أو في الانسانية وفي هذه الحالة ايضا لابد من النظر في حال أهل البوادي والارياف والذين لا تتحجب نساؤهم ولا تنعزل عن الرجال ولكن في ذات الوقت لا نستطيع أن نقول أن نساءهم ورجالهم اقل تعففا من

---

(1) ياسر فرحات: المواجهة ص 66.

(2) علي عثمان: المرأة العربية عبر التاريخ ص 63.

(3) معروف الرصافي: ديوان الرصافي ص 133.

اهل المدن. فما الذي يمنع الرجل هناك من أن يفتتن بالمرأة سوى دينه وخلقه وتمسكه بتقاليد مجتمعه. وما يمنع المرأة هناك ايضا مـن الافتتـان بالرجـل هـو كـذلك تمسـكها بدينها وبما يفرضة عليها من خلق والا كان على الرجـل أن يتحجـب مـن النسـاء، فهـو ايضاً يمكن أن يكون موضوع فتنـة، فـامرأة العزيـز هـي التـي افتتنـت بيوسـف عليـه السلام ودينة وخوفه من ربه هو الذي منعه من مجاراتها فيما سعت اليـه، ولم يـأمره رب العالمين بالتحجب منعا للفتنة بعد ذلك. وشعيب عليـه السـلام كـان يعتمـد عـلى بناته في تصريف شؤون عيشه وهو الذي ارسل ابنته الشـابة إلى مـوسى عليـه السـلام وهو الاخر شاب معتمداً على متانة خلقهـا وحسـن تربيتهـا. صـحيح أن هـؤلاء أنبيـاء ونحن من عامة البشر ولكن لم تأتي قصصهم في القرآن الكريم عبثاً وإنما للاقتـداء بهـم في رسم حياتنا. فمنهم القدوة ومنهم العبرة.

ولكن مما يؤسف له أن كلما بحث الباحـث في موضـوع الحجـاب وفي دعـوة دعاة الحجاب ودعوة معارضي الحجـاب يجد أن كليهما يخطـء في تحميله ما ليس فيه من السلبيات والايجابيات، فكلاهما بالغ في التأكيد عليه سلبا وايجابا وركز على المظهر وترك الجوهر. فالفريق (الذين فتنتهم المدينـة الغربية حتى خروا لها سجدا، فتعليلهم في هذه المسألة مـن الغرابة بمكان)[1] يجعلهم يعزون كل تأخر الامة المـادي والمعنـوي إلى الحجاب والنقاب وعزلة المرأة، ويرون انه (لم تنكب الامـة في العالم بمثـل مـا نكبنـا به من حجاب المرأة. فلو أن زلازل حدث... وقتل نحـو عشرـة ملايـين نفـس ولم يـترك سـوى مليـون لكـان أثـره في الامـة مـن حيـث ذكائهـا ونشـاطها اقـل جـداً مـن آثـر الحجاب)[2]. وذلك لان حجـاب المـرأة لجسـمها هـو حجـاب لعقلهـا وعـائق لتعلمهـا ولتقدم الامة ونفض مظاهر التخلـف عنهـا. ويـرون في دعـاة الحجـاب انهـم ثلـة مـن المتخلفين والرجعيين وأعداء التقدم!! بينما يرى دعاة التحجـب أن نـزع الحجـاب هـو نزع لحياء المرأة وفتح باب فساد الاخلاق على مصراعيه متخذين مما يحدث في الغرب عبرة لهم، وذلك لانهم يرون السفور والاختلاط اديا في البلاد التي سادا فيها إلى الفساد وانحطاط الاخلاق والتي هي بدورها من اهم اسباب تهدم الممالك وهبوطها لان بنـاء الشعب في نظرهم لا يتداعى (الا إذا دبت

---

[1] حفني ناصف: آثار باحثة البادية ص 275 - 278.

[2] سلامة موسى: اليوم والغد ص 30.

فيه عوامل الفساد، فينهار عندئذ بناءه انهيار مضرب من هشيم، عصفت به الرياح)[1] وعندما يسوء نهج المرأة ينحط الرجل ايضاً (لان المرأة أم ومستودع ميراث البنين، ولن ينجو شعب من شرك الانحطاط أساءت المرأة فيه استعمال ما اؤتمنت عليه...)[2].

ويرى دعاة التحجب أن معارضيه هم مجموعة من العلمانيين أو الملحدين اعداء الاسلام وموالين للاستعمار، فمثلاً نجد أن احمد الحصين يستشهد على هذه الموالاة بقول الزهاوي: احد المنادين بترك الحجاب:

تبصر ايها العربي واترك ... ولاء الترك من قوم لئام
ووال الانجليز رجال عدل ... وصدق في الفعال وفي الكلام

وقوله:

احب الانجليز واصطفيهم ... لمرض الاخاء من الانام
حلو في الملك ظلمة كل ظلم ... بعدل ضاء كالبدر التمام[3]

وقد ربط الحصين الدعوة لترك الحجاب والاختلاط بالفاسقين ورغبتهم في التسيب الخلقي مستشهداً على ذلك بقول نزار قباني:

كنا ثمانية معا ... نتقاسم امرأة جميلة
كنا .... كنا بها جمعها ثيران....الخ[4]

وقد هاجم احمد محرم، قاسم امين ودعوته لتحرير المرأة في قصيدة قال فيها

أعزك يا اسماء ما ظن قاسم!؟ ... اقيمي وراء الخدر فالمرء واهم
تضيقين ذرعاً بالحجاب وما به ... سوى ما جنت تلك الروى والمزاعم
سلام على الاخلاق في الشرق كله ... اذا ما استبحيت في الخدور الكرائم

---

[1] سليم حمدان: المدينة والحجاب.

[2] سليم حمدان: المدينة والحجاب.

[3] احمد الحصين: المرأة ومكانتها في الاسلام / عن الزهاوي دراسات ونصوص ص 403.

[4] ذات المصدر عن ديوان نزار قباني.

اقاسم لا تقذف بجيشك تبتغي بقومك والاسلام ما الله عالم

لنا من بناء الاولين بقية تلوذ بها اعراضنا والمحارم

أسائل نفسي اذ دلفت تريدها أأنت من البانين ام انت هادم؟[1]

وهكذا كل منهما يتهم الاخر بتهم شتى اقلها السطحية والاهتمام بالمظهر على حساب الجوهر مع أن كل منهما اهمل رغبة الاكثرية من النساء والتي كانت، وخاصة في اول عهد الدعوة، لا ترضى بغير الحجاب بديلاً، مما اضطر اتاتورك ورضى شاه إلى أن ينزعنه عنها بقوة القانون وقوة الشرطة، احياناً! فهي كانت محجبة بارادتها ولكن نزعه عنها آنذاك حدث رغماً عنها وبالقوة المادية أو الارهاب المعنوي. وهكذا تفرقت الامة إلى اتجاهين لكل منهما اطيافه فازدادت تشتتاً.

وفي غمرة صراعهم من اجل تحرير المرأة من الحجاب اهملوا أهم ما يقي المرأة والرجل من العثرات ومن الجهل ومن الفتنة الا وهي التربية. فالتربية هي الحجاب للمرأة وللرجل، وليست أية تربية وإنما هي التربية الدينية ومعرفة أحكام الدين وقواعده واصوله وتحديد السلوك اللازم لصون المجتمع بنسائه ورجاله فيعرفون الحرام فيتجنبوه ويعرفون الحلال فيقدمون عليه. فاليوم مع انتشار الحجاب بين النساء نجد الكثير من ممارسات المحجبات، مع الأسف، غير مقبولة اجتماعياً أو دينياً مثل ابداء الزينة لغير بعولتهن والخلوة بالرجال وعدم اتقاء مواضع الشبهات وخاصة في الدوائر والجامعات وارتياد الملاهي والمطاعم وغيرها. وهي امور نهى عنها الدين. حتى أن البعض مثل عبد الرحمن الكواكبي يؤكد على أن حجاب المرأة (محدود بعدم ابداء الزينة للرجال الاجانب وعدم الاجتماع بهم في خلوة أو لغير لزوم)[2] لان الحجاب بهذا المقدار، في نظره يكفي من (سوء تأثير النساء ويفرغ اوقاتهن لتدبير البيوت "توزيعاً لوظائف الحياة")[3]. خاصة وان ابداء

---

[1] محمد محمد حسين: الاتجاهات الوطنية في الادب المعاصر ج1 ص 368 عن ديوان احمد -محرم الجزء الثاني ص 63-65.

[2] العقاد: الكواكبي، الرحالة ك ص 221.

[3] ذات المصدر.

الزينة والتبرج تبرج الجاهلية، واكثر منه احياناً، والخلوة بالرجال من غير المحارم ادعى إلى الفتنة من نزع الحجاب مع اتقاء كل ما سبق. فالتحجب وحده لا يقي من الفتنة, ثم أن خوف الفتنة كما يرى محمد عبده هو (أمر يتعلق بقلوب الرجال وليس على النساء تقديره ولا هن مطالبات بمعرفته، وعلى من يخاف الفتنة من الرجال أن يغض بصره، كما انه على من يخافها من النساء أن تغض بصرها، والاوامر الواردة في الآية الكريمة موجهة إلى كل من الفريقين بغض البصر على السواء...)[1].

ولكن هذا لا يعني أن للحجاب مضار كما يتخيل قاسم امين فدعا إلى (إزالة جميع المضار التي تنشأ عن الحجاب) حتى تستطيع المرأة أن (تعرف مسؤوليتها وتتحمل تبعة أعمالها وتتعود الاعتماد على نفسها والمدافعة عن شرفها حتى تتربى فيها فضيلة العفة الحقيقية....)[2] كما حدث للمرأة الاوربية والتي من وجهة نظره انه (كلما ازيد في حرية المرأة الغربية زاد عندها الشعور بالاحترام لنفسها ولزوجها ولعائلتها...)[3] فالحجاب وبشكله المتوافق مع الزمن والحدود التي يحددها الاحتشام المقبول دينياً واجتماعياً مظهر إسلامي يجب أن يسود وان يتوافق مع الجوهر ليكون المظهر والجوهر متوافقان يعكس أحدهما الآخر ويتكاملان ليعبرا عن الانسان المسلم بشكل عام والمرأة المسلمة بشكل خاص. ومن الافضل أن يكون لكل من الرجل والمرأة لباسٌ وطني يعكس القيم الدينية والاجتماعية للامة ويؤكد تفردها وشخصيتها. وليكن لباساً وطنياً يعكس هوية الامة بكل اطيافها الطائفية والعنصرية ويوفر للمرأة وللرجل الاحتشام المطلوب لكل منهما بدل مهرجانات التقاليع والازياء الاجنبية التي نراها من حولنا. وعلى دور الازياء الوطنية والفنانين والمصممين أن يعملوا ويبدعوا ويضعوا نماذج لالبسة وطنية بدلاً من أن يكونوا نسخ غربية ممسوخة، في الغالب، عن الاصل الغربي. وليس هناك

---

[1] محمد عبده: الاعمال الكاملة ص 112 ج2.

[2] قاسم امين: المرأة الجديدة ص 64-65.

[3] ذات المصدر: (مع أن الامر عكس ما يرآه قاسم امين فكل الشواهد تدل على أن حريتها وتحررها من الحجاب المادي والمعنوي قلل من احترامها لنفسها ولزوجها وعائلتها).

ما يمنع أن يفرض الزي الوطني بقوة القانون كما فرض اللباس الغربي ، سابقاً، بقوة القوانين والتعليمات، أو بالارهاب المعنوي، عندما اعتبروه عنوان التقدم والثقافة والمدنية واعتبروا اللباس الوطني مظهراً للتخلف والرجعية، حتى صار كل من يريد نفي هذه التهمة عن نفسه يسارع إلى نزع لباسه الوطني ليلبس اللباس الغربي. وهذا أمر لا أراه الا عاجلاً لاتقاء الفتنة واتقاء الخلاف الذي انتقل من الخاصة إلى العامة وانعكس على شكل رفض، بل عداء صريح بين المحجبات وغير المحجبات من النساء وبين المحافظين من الرجال على اللباس الوطني وبين المهووسين بالتقاليع والصرعات الغربية من الرجال والفتيان بشكل خاص. وهو عداء يفقد المجتمع توازنه واستقراره وقد يصبح صراعاً صريحاً يأتي على المجتمع ككل بالخراب. خاصة وان اللباس هو جزء من الكل الذي يمثل هوية المجتمع المعني مما يستدعي عدم التفريط فيه أن كان هذا المجتمع معني بالحفاظ على هويته وعلى شخصيته المتفردة.

ومن واجب من يتولى السلطة في البلاد الاسلامية الحفاظ على كل ما يشكل هوية أبناء هذه البلاد سواءً من المسلمين أو من غيرهم ممن يشاركون المسلمين الأرض والثقافة وكل ما يكّون هوية الساكنين عليها. بخاصة وان مسألة اللباس المحتشم والحجاب بشكل من الأشكال هو من الأمور التي تؤكد عليها كل الأديان وكل الحضارات المختلفة. ولم يأتي المسلمون ببدعة مرفوضة من الآخر أياً كان وحسنات الاحتشام والحجاب في مجال الأخلاق العامة والتربية والاقتصاد والاستقلال والاستقرار والتجانس الاجتماعي الخ... لا تعد ولا تحصى، وليس فيه ما يضر المرأة أو المجتمع أو يحد من تقدمه وبناء حاضره ومستقبله.

تحرر المرأة من العمل بالعمل!

وما خلق الذكر والأنثى، أن سعيكم لشتى[1]

صدق اللـه العظيم

ولا تتمنوا ما فضل اللـه به بعضكم على بعض للرجال نصيب مما اكتسبوا وللنساء نصيب مما اكتسبن وسئلوا اللـه من فضله أن اللـه كان بكل شيء عليما[2]

صدق اللـه العظيم

(لا يمكن للمجتمع أن يتقدم ونصفه عاطل عن العمل) عبارة لا أعرف متى سمعتها لأول مرة. ولكن يتهيأ لي أنني سمعتها منذ أن وعيت هذه الحياة، ولا أزال أسمعها. ولكني أذكر متى تعاملت معها لأول مرة، فقد كان ذلك قبل أكثر من ثلاثة عقود وعلى مقاعد الدارسة الجامعية، إذ كانت أول عبارة افتتح بها الأستاذ المدرس محاضرته في موضوع له علاقة بالاقتصاد، وأذكر أنني رفضتها آنذاك واعترضت عليها على أساس أنه لا يمكن أن نعتبر عمل ربة البيت عطالة عن العمل، وأن تدبير المنزل مهمة أساسية لا غنى عنها للأسرة وللمجتمع وله قيمة اقتصادية وقيمة معنوية أكبر. وبدلاً من أن يناقش الأستاذ الموضوع أو أن يطلب مني اجراء بحث في ذلك على الأقل، استخف الأستاذ الفاضل بهذا الرأي الساذج!! فكيف يمكن أن يكون لمن يجلس على مقاعد الدراسة رأي مخالف لرأي أستاذه؟ خاصة أن رأي الأستاذ قد جاء من بلاد برة!! ويقوم على البحث العلمي!! وانهيت دراستي ولكني لم أنهي علاقتي بهذه العبارة اذ كانت لا تنفك تتردد على مسامعي. وعدت بعد ذلك بعشرين عاماً إلى مقاعد الدراسة مرة أخرى، تطبيقاً للمبدأ الإسلامي القائل (اطلب العلم من المهد إلى اللحد) ولكن في جامعة أخرى وبلد عربي آخر، وشاء اللـه أن تكون أول محاضرة اسمعها بعد هذه الغيبة

---

[1] سورة الليل: 3-4.

[2] سورة النساء: 32.

الطويلة لها علاقة بالاقتصاد أيضاً، وافتتحها الأستاذ المحاضر أيضاً بعبارة: (لا يمكن للمجتمع أن يتقدم ونصفه عاطل عن العمل). فراعني أن تكون هذه العبارة أقوى من الزمان والمكان والإنسان، فقد تغير كل من الزمان والمكان والإنسان (المحاضر) وبقت العبارة هي كما هي دون تغيير!! ولكني هذه المرة كنت أكبر سناً وقد أكون أكثر خبثاً! فسألت الأستاذ الفاضل ببراءة الجاهل أو، بخبث المتجاهل، الله أعلم، أي نصف يقصد؟ فأجاب مستغرباً جهلي بأنه النساء، حبيسات المنزل وتدبير شئونه وربات البيوت، فقلت ما معناه أن حاجات أي تنظيم والمنبثقة من أهدافه، هي التي تحدد نوع الاختصاصات (الوظائف) اللازمة له وعدد العاملين فيها، والأسرة هي تنظيم ونواة للتنظيم الأوسع الذي اسمه المجتمع. وهي تحتاج إلى من يدبر شؤونها ويقوم بالأعمال المنزلية المختلفة اللازمة لها، والتي لا غنى لأي أسرة عنها. فمهمة تدبير المنزل كأي مهمة أساسية أخرى في المجتمع لا بد من وجود من يقوم بها. واذا كان مجتمع ما يحتاج إلى قاضي واحد وطبيب واحد ومحامي واحد الخ... ليخدم عدد من الأسر فان كل أسرة تحتاج لواحد أو أكثر لخدمتها وتدبير شؤونها. وعملاً بمبدأ تقسيم العمل الحيوي في تنظيم المنظمات وادامتها، وبناءاً على مبدأ اختيار الشخص المناسب للمكان الأنسب له، فقد انيطت هذه المهمة الأساسية بالمرأة. فهي إذا تؤدي دوراً مهماً في المجتمع وليست عاطلة عن العمل. وإذا كانت مقصرة بأي شكل من الأشكال بهذه المهمة فإنها كأي مختص آخر، تحتاج إلى إعداد وتأهيل، قبل الخدمة وتأهيل أثناء الخدمة!! فقال الأستاذ الفاضل: هذا صحيح، ولكن ليس لعمل المرأة جدوى اقتصادية للمجتمع. فقلت: كيف لا يكون لعملها جدوى اقتصادية ونحن لو نظرنا إلى أحوال المرأة عندما كانت متفرغة لعمل البيت لوجدنا أنها كانت تقوم بكل ما تحتاجه الأسرة من خياطة وحياكة، وكانت تصنع كل أنواع لخبز والحلويات والمربيات والمخللات والألبان الخ... وكان العار كل العار أن يؤتى بهذه الأشياء جاهزة، حتى من السوق المحلية. فقبل أن تخرج المرأة للعمل خارج المنزل لم يكن المجتمع يستورد كل هذه الملابس الجاهزة والمعلبات والمربيات والمخللات والمواد المحفوظة الأخرى ولا كان يشغل بصنعها هذه الأعداد الكبيرة من الأيدي المحلية أو المستوردة، والتي كان يمكن الاستفادة منها في أعمال أخرى تعود على المجتمع بفائدة اقتصادية غير

صنع الحلويات والمعجنات والطبخات الأخرى!! كالزراعة والصناعة وغيرها والتي يرهق المرأة القيام بها ولكنها أقل ارهاقاً بالنسبة للرجل!! وبذلك كانت المرأة توفر لأسرتها الكثير من النقود والتي تهدر الآن على المواد الجاهزة، هذا غير جودة الصنع وخلو المواد المصنوعة في البيت من التلوث الكيماوي وغيره المضر ـ لافراد أسرتها. كما توفر على المجتمع كل الأموال التي تهدر في استيراد المواد الجاهزة أو استيراد الأيدي العاملة التي تصنعها (إن كانت محلية الصنع) وتوفر عليه أيضاً الأموال التي تهدر الآن على معالجة الأمراض الكثيرة التي أثبتت البحوث أن المواد الغذائية الجاهزة الصنع، سواء أكانت محفوظة أو طازجة، تسببها، والتي لا يمكن السيطرة على توفير الشروط الصحية لها حتى في أكثر البلاد تقدماً. فقال الأستاذ: أن كل هذا صحيح، ولكن ليس عندنا دراسة تثبت هذا الكلام وبالتالي لا يمكن اعتماده. فبطل الكلام!! وسكت ولكني لم انقطع عن التفكير بهذه العبارة ومسألة الاستمرار في ترديد فكرة لا تستقيم مع المنطق والعقل. فكيف يمكن للعقل أن يستسيغ فكرة أن مهمة تدبير المنزل ورعاية شؤون الأسرة والبيت والأطفال هي عطالة عن العمل وليس لها مردود اقتصادي واذا كان مفكرونا واقتصاديونا لا يعتمدون الا على ما يسمونه ـظلماً وعدواناً ـ بالبحث العلمي والذي يعتمد على عينة من الناس واستبيان يجيبون عليه بنعم أو لا، وهم عنه لاهون، فلماذا ينتظرون أن يُجرى البحث في مجتمعات أخرى ليتلقوه ويعتمدوه ويطبقون نتائجه على مجتمعاتهم بغض النظر عن اختلافها عن تلك المجتمعات التي قامت بالبحث، ويعاملون هذه النتائج وكأنها كلام منزل حتى وان كانت لا تستقيم مع العقل ولا مع الشواهد الكثيرة التي تدحضها على أرض الواقع المعاش؟!!

ويبدو أنه حتى عندما يثبت البحث العلمي في البلاد الأجنبية عكس ما اقتنعوا به ودعوا اليه في أول الأمر، فانهم قل أن يغيروا من بضاعتهم المستوردة الأولى! فقبل سنوات قرأت وسمعت عن بحث اجري في انكلترة عن انتاجية ربة البيت المتفرغة للأعمال المنزلية وأثبت هذا البحث، بعد دراسة عدد الساعات التي تعمل خلالها ربة البيت ومقدار ما تؤدي من خدمات للأسرة وبعد تحويل الوقت والجهد إلى لغة الأرقام بـ (الدراهم والدنانير) أن ربة البيت المتفرغة لأسرتها أكثر إنتاجية من أي عامل في أي وظيفة كانت في المجتمع. وهي بذلك تؤدي دوراً

في المجتمع أكبر من الناحية الاقتصادية البحتة من دور أي فرد آخر في المجتمع. ويؤكد الباحث على أنه درس الوضع من الناحية الاقتصادية المادية فقط ولم ينظر إلى النواحي المعنوية والتي هي في كل المقاييس أكبر من أن يمكن تحويلها إلى دراهم ودنانير. ورغم اني لا أضع كل ثقتي بهذه الأبحاث وبنتائجها، الا انني انتظرت أن اسمع من الأساتذة المفكرين الذين يثقون بها ويعتمدونها ما يفيد تغييراً في موقفهم من عمل المرأة كربة بيت وتوقعت أن يسقط محاضرونا عبارة (لا يمكن للمجتمع أن يتقدم ونصفه عاطل عن العمل) من محاضراتهم وندواتهم وينصفوا ربة البيت ويقدروا عملها حق قدره، ولكن من غير جدوى. رغم أن كثير من الأبحاث تؤكد اليوم أن عمل المرأة في المنزل هو عمل منتج. وقد أفاد تقرير برنامج الأمم المتحدة لعام 1995 أن عمل النساء في المنزل والعناية بالأطفال ومشاركتهن في الزراعة وغيرها وما يقمن به من مهام أخرى يساوي (11) ترليون دولار سنوياً. وان كان هذا لا يظهر في الأرقام المتعلقة بالاقتصاد العالمي، فهو ليس ذنب المرأة ولا عجزها عن الانتاج وانما هو عجز في آلية المؤسسات الاقتصادية العالمية هذه وفي وسائل تقييمها للمردود الاقتصادي. والذي على هذه المؤسسات أن تعالجه لتضع الحق في نصابه وتنصف المرأة ربة البيت. فعمل ربة البيت هو عمل منتج وله مردود اقتصادي كبير وله مردود اجتماعي معنوي أكبر. وما على المؤسسات الاقتصادية الا الاعتراف بذلك والتعامل معه على أساس ذلك.

كيف بدأت الدعوة

بدأت دعوة المرأة إلى ترك بيتها والتحرر من أعبائه والعمل خارجه، قبل أكثر من مئة عام في كتابات دعاة التحرر من أمثال أديب اسحاق ومحمد عبده وقاسم أمين وسلامة موسى الخ... واستمرت حتى يومنا هذا، مبررة بشتى التبريرات والتي معظمها واه، ولكن قبل البحث في هذه التبريرات لا بد من التطرق إلى كيف جاءت هذه الدعوة خاصة أن الاسلام لم يمنع المرأة من العمل عند الضرورة؟ فالقرآن الكريم يشير في عدة آيات إلى عمل المرأة، فقد عملت ابنتي شعيب عليه السلام في رعي الغنم كما يبدو في قوله تعالى: (...ووجد من دونهم امرأتين تذودان قال ما خطبكما قالتا لا نسقي حتى يصدر الرعاء وأبونا شيخ

كبير)[1] وقوله تعالى (وان تعاسرتم فسترضع له اخرى)[2] وقوله تعالى (اني وجدت امرأة تملكهم واوتيت من كل شيء ولها عرش عظيم)[3] تشير إلى ملكة سباء. وقد جاء في الصحاح ذكر بعض النساء اللاتي استأذن الرسول ﷺ في المشاركة بالغزو لمداواة الجرحى ونقل الماء وعمل ما يستطعن لأجل المقاتلين وقد اذن لهن الرسول بذلك، مثل أم ايمن وليلى الغفارية وأم زياد الاشجعية الخ...[4] مما يدل على انه ليس هناك في احكام الإسلام حائل يحول بينها وبين عمل شريف تزاوله أن اقتضت الحاجة والظروف[5]. وقد ورد عبر تاريخ الدول الإسلامية ذكر (مئات من أسماء النساء العابدات الصالحات والمحسنات... والمفتيات والعالمات والصوفيات والمحدثات، وكان جلهن من أسر عربية معروفة حفظن القرآن الكريم وكن عالمات بوجوه تفسيره، وقد حصل كثير منهن على الإجازات من اجلاء عصرهن في الشام والعراق والحجاز ومصر...الخ. وكان الطلبة يتزاحمون عليهن. كما كن ينسخن الكتب المختلفة وعرف بعضهن بتأليف المؤلفات في الفقه والحديث وبفتح حلقات التدريس والجلوس للمظالم واشتهرن بالافتاء، وكانت الفتوة تخرج وعليها خطوطهن. ووجد بينهن عالمات بالطب وعلم الطبائع ومعرفة التشريح ومداواة العين ومعالجة النساء وجبر العظام. ولم يخلو تاريخ المرأة العربية بوجه عام من اجادة بعض النساء اللعب بالرماح والسيوف والخناجر وقيادة الجيوش. وكان بعضهن إلى جانب علمهن ومعرفتهن ينفقن ثرواتهن الطائلة على شؤون العلم وتأسيس الربط والمساجد والمدارس والجامعات حتى اعتبر بعضهن من الأجواد)[6]. وفي عهد الرشيد كانت المرأة العربية (تذهب إلى القتال على صهوات الجياد وتقود الجيوش...)[7] وفي عهد المأمون كانت (تناظر الرجل في الثقافة وتشترك في نظم القصائد مما كان له أبعد الأثر في حياة

---

[1] القصص: 23.

[2] الطلاق: 6.

[3] النمل: 23.

[4] الكتاني: التراتيب 453-454 و 113-115.

[5] عبد الله شحاتة: المرأة في الإسلام، في الماضي والحاضر ص196.

[6] ناجي معروف: عالمات بغداديات في العصر العباسي ص7.

[7] علي عثمان: المرأة العربية عبر التاريخ ص381.

المجتمع)[1]. ولا بد من أن يكون من هذا الأثر ما هو سلبي وما هو ايجابي! ويذكر عبد المتعال محمد الجبري أسماء الكثيرات ممن كن يشاركن الرجال في مهن مختلفة كالتدريس والطب والقضاء وشغل الوظائف الهامة في الخدمة المدنية[2].

وهكذا نرى أن عمل المرأة في الإسلام مباح كما يرى الدكتور محمد رأفت عثمان عميد كلية الشريعة والقانون بالجامعة الأزهرية فرع طنطا، ولكن (المباحات دائماً تكون مضبوط بضوابط عديدة) فالأكل، مثلاً، مباح على أن يكون ضمن ضوابط محددة، وضوابط الماكول هو أن لا يكون من المحرمات التي وردت في القرآن الكريم... ولا ربا ولا مال يتيم أو مسروق، وضوابط عمل المرأة هي: (الا يؤدي... إلى ترك واجب أو فعل شيء محرم، فاذا ادى هذا العمل إلى ضياع حق رعاية الأولاد والأضرار بهم كان عملها ممنوعاً، أو إذا أدى هذا العمل لضياع حق الزوج كذلك يكون ممنوعاً أو كان عملها يقتضي الخلوة برجل أجنبي)[3] الخ... وليس في هذا استعباد أو هدر لحق، فأي تنظيم سليم صحيح الجسم غير مريض، يتطلب تقسيم العمل فيه وتوزيع المسؤوليات، ويمنع أي طرف فيه من أن يتهاون بالقيام بمسؤولياته. المرأة عليها مسؤولية رعاية الأسرة وتنظيم شؤونها ولا يجب عليها أن تهمل هذه المسؤولية كما أن للرجل مسؤوليات تجاه أسرته أن اخل بها أو اهملها يمنع ويعاقب وفق القوانين وقد يفرض عليه القيام بواجباته (كالنفقة مثلاً وغيرها) فليس هناك وجه للاستعباد للمطالبة بالتحرر منه!! والمرأة حرة أساساً في أن تقبل هذه المهمة وتتزوج أو ترفضها وتبقى عازبة، ولكن ليس لها الحق في أن تتمتع بالزواج وانجاب الأطفال وتكوين الأسرة والتمتع بدفئها ثم ترفض القيام بالمسؤوليات المترتبة على ذلك وتريد التحرر منها.

فمسؤولية المرأة في التصور الإسلامي اولا وقبل كل شيء رعاية الأسرة، وبعد القيام بها على أكمل وجه، أن وجدت أنها تستطيع أن تقدم أكثر من ذلك متمثلاً في عمل خارج بيتها يخضع لضوابط الدين الذي يدين به المجتمع وبالتشاور والتراضي مع زوجها وأولادها، فليس هناك ما يمنع المرأة من العمل. والتحرر

---

[1] ذات المصدر ص97.

[2] عبد المتعال محمد الجبري: المرأة في التصور الاسلامي ص59.

[3] ياسر فرحات: المواجهة ص146-147.

من الواجبات والمسؤوليات هي سمة لحياة الوحوش في الغابة، تخلى عنها الإنسان منذ أن ترك تلك الحياة وكون لنفسه أسرة ومجتمع. فمن سمات الإنسانية الاجتماع وحياة الاجتماع تفرض على الإنسان مهام وواجبات كما تعطيه حقوق، وهم الإنسان ليس التخلي أو التحرر من واجباته ومسؤولياته والمطالبة بحقوق أكثر وانما همه الأول هو إحداث التوازن بين الحقوق والواجبات، والقيام، من جهته، بمسؤولياته على أحسن وجه لأنه عند ذلك فقط يحدث التوازن ليس في المجتمع الذي يعيش فيه فقط وانما في ذات الإنسان نفسه لما يعطيه ذلك من احساس بالرضى وشعور بالأهمية والإنجاز.

دور المرأة ومكانتها في الحضارات الأخرى

الإسلام هو ليس الدين السماوي الوحيد الذي اعطى هذا الدور للمرأة، فقد سبقته إلى ذلك اليهودية والمسيحية. ففي الفكر اليهودي (على الزوجة مهما بلغت ثروتها ومكانتها أن تقوم بالأعمال اللازمة لبيتها، صغيرة كانت الأعمال أو كبيرة... على المرأة أن تطحن الحبوب وتخبز وتغسل الملابس، وتطبخ، وترضع ولدها، وتنظف البيت وتنظمه وتغزل وتخيط الثياب... ولكنها أن احضرت معها خادماً تابعاً لها من بيت أبيها فانها تعفى من الطحن والخبز والغسيل، وإن أحضرت خادمين معها اعفيت من الطبخ والرضاعة، وإذا احضرت ثلاثة فانها تعفى من تنظيف البيت وتنظيمه، وإذا أحضرت أربعة فانها تعفى من كل الأعمال ولكن لا تعفى من الغزل... حتى لو أحضرت معها مائة خادم ولزوجها أن يرغمها عليه لأن البطالة تقود للفساد[1]. ومع ذلك فهي لا ترث زوجها (وكل ما لها بعد موته هو مؤجل الصداق) أما ثروتها فتؤول إلى زوجها ومنه إلى ورثته...[2]

والمسيحية أيضاً تحدد دور المرأة برعاية الأسرة وانجاب الأولاد وتربيتهم والاحتشام وطاعة الرجل فقد جاء في الانجيل: (أيتها النساء كن خاضعات لرجالكن...ملاحظين سيرتكن الطاهرة بخوف، ولا تكن زينتكن الزينة الخارجية

---

[1] احمد شلبي: مقارنة الأديان، اليهودية، ص285-286.

[2] ذات المصدر.

من ضفر الشعر والتحلي بالذهب ولبس الثياب...) وطلب منهن أن يتزين بالتوكل على الله وان يكن (خاضعات لرجالهن كما كانت سارة تطيع ابراهيم داعية اياه سيدها)[1]. وفي مكان آخر قال: (إن النساء يزين بلباس الحشمة مع ورع وتعقل لا بضفائر أو ذهب أو لآلئ أو ملابس كثيرة الثمن... لتتعلم المرأة بسكوت في كل خضوع. ولكن لست آذن للمرأة أن تُعلّم ولا تتسلط على الرجل، بل تكون في سكوت، لأن آدم جُبل اولاً ثم حواء. وآدم لم يُغو لكن المرأة أُغويت فحصلت في التعدي ولكنها ستخلص بولادة الأولاد أن ثبتن في الايمان والمحبة والقداسة مع التعقل)[2]. والبوذية توصي الزوج أن يحب زوجته وأن يسلمها مقاليد البيت لأنها سيدة بيتها وواجباتها أن تلد وان تربي أولادها وتدبر أمور منزلها ليعيش الزوجان بالحب والوفاء... كما توصي الزوجة أن لا تحقد على زوجها ولا تقصر في خدمته ونيل مرضاته[3]. وهكذا في كل الأديان والمعتقدات الأخرى...

ولكن المرأة الأوربية عانت الكثير من التزمت والتحيز ضدها سواء قبل انتشار المسيحية أو بعد ذلك. ففي فرنسا مثلاً (عقد اجتماع سنة 516م يبحث شأن المرأة وما إذا كانت إنساناً، وبعد النقاش قرر المجتمعون أن المرأة إنسان ولكنها مخلوقة لخدمة الرجل)[4]. وحتى فبراير 1928 كانت المرأة الفرنسية تمنع من بعض التصرفات المالية فصدر في هذا التاريخ قانون (يجيز لها لأول مرة في تاريخها بدون اذن القاضي أن تفتح حساباً جارياً بإسمها في البنك وأن توقع بالتالي على شيكات الصرف، وان تمضي العقود المالية وتستولي على الإرث)[5]. وفي انكلترا (حرم هنري الثامن على المرأة الانجليزية قراءة الكتاب المقدس، وظلت النساء حتى سنة 1882 ليس لهن حقوق شخصية، فلا حق لهن في التملك الخالص، وانما كانت المرأة ذائبة في أبيها أو زوجها... ولم تسو جامعة اكسفورد

---

[1] رسالة بطرس الرسول الأولى، الإصحاح الثالث.

[2] رسالة بولس الرسول إلى ثيمو ثاوس. الإصحاح الثاني.

[3] احمد شلبي: مقارنة الأديان/ أديان الهند الكبرى ص73-74.

[4] احمد شلبي: مقارنة الأديان/ الإسلام ص204.

[5] ذات المصدر ص205-206.

بين الطالبات والطلاب في الحقوق الا بقرار صدر في 26 يونيو سنة 1964)[1] ولـذلك لا يستبعد الدكتور احمد شلبي من (أن ما أصاب العـالم الإسـلامي مـن سـوءات وتقاليـد مشينة في موضوع المرأة انحدر اليه من الغرب وحمله اليه الغزاة مـع مـا حملـوا مـن آثام...)[2].

وكان (الأغارقة -قبل ذلك-... يعدون النساء من المخلوقات المنحطـة التـي لا تنفع لغير دوام النسل وتدبير المنزل، فاذا وضـعت المـرأة ولـداً دمـيماً قضـوا عليهـا... كانت المرأة الولود تؤخذ من زوجها بطريق العارية لتلد للوطن أولاداً من رجـل آخـر، ولم ينل حظوة من نساء الاغريق في دور ازدهار الحضارة اليونانية سـوى بنـات الهـوى اللاتي كن وحدهن على شيء من التحـرر)[3] وكـان جميـع قـدماء المشرعين كـما يـذكر لوبون يبدون مثل هذه القسوة على المرأة فالهندوس مثلاً كانوا يرون انه (ليس المصير المقدر والريح والموت والجحـيم والسـم والأفـاعي والنـار أسـوأ مـن المـرأة)[4]. وتقـول التوراة/ في سفر الجامعة (إن المرأة أمّر من الموت)[5].

ولكن رغم معاناة المرأة الأوربية الطويلة لم تظهر حركات تحرر المرأة الا بعد النهضة الصناعية وحاجة الصناعة للأيدي العاملة الرخيصة، فانبرى مفكروهم للـدعوى لعمل المرأة خارج منزلها باعتبار أن العمـل المنـزلي لا جـدوى اقتصـادية لـه!! وعطلـوا الرجال، وخاصة المشاكسين والمطالبين بحقوقهم مما اضـطر نسـاء هـؤلاء للعمـل بـدلاً منهم لاعالة أسرهم وبـذلك حمّلـوا المـرأة مسـؤولية اعالـة الأسرة بالاضـافة لمسـؤولية البيت والأطفال وخاصة أن المرأة العاملة في أول الأمر كانت من الطبقات الفقيرة وقـد عملن خادمات وعاملات غير مؤهلات، عملن بظروف قاسـية وشروط عمـل مجحفـة. وبعد ذلك اتجهت نساء الطبقة العليا الفارغات!! للعمل والدعوة إلى العمل وخاصـة العمل السياسي كنوع من الترف ليس الا، ولم تطبق دعوة عمل المرأة وتسـود الا اثنـاء الحربين العالميتين الأولى

---

[1] ذات المصدر ص205-206.

[2] ذات المصدر ص205-206.

[3] لوبون: حضارة العرب ص389-413.

[4] المصدر السابق.

[5] المصدر السابق.

والثانية، عندما اضطر الرجال إلى ترك اعمالهم من اجل الخدمة العسكرية، فشغرت اماكنهم فملأتها النسوة. واعتبر ذلك خدمة وطنية تستحق الاشادة، وبعد انتهاء الحرب ظهرت اصوات كثيرة تطالب المرأة بالعودة إلى البيت حيث مكانها الطبيعي ولكن من غير جدوى.

الدعوة هي بضاعة اجنبية

ومسألة كون فكرة تحرر المرأة بشكل عام وتحررها من الأعباء المنزلية ودعوتها للعمل خارجه هي بضاعة أوربية (أجنبية) نقلها تجار الأفكار والدعوات إلى بلادنا أمر لا خلاف عليه، رغم أن الدعوة لم يكن لها ما يبررها في مجتمعاتنا حيث أن الشريعة الإسلامية قد انصفت المرأة وأعطتها كثيراً من الحقوق التي كانت المرأة الأوربية تطالب بها آنذاك. وقد شهد على ذلك بعض من الأجانب كما يؤكده المسلمون اذ تقول آيلز:

(يسبق الوضع القرآني عصره وبيئته بصورة تبعث على الدهشة، فهو يؤكد حق المرأة في أن تكون لها ملكيتها الخاصة وفي التخلي عنها بلا قيد ووفقاً لرغبتها ويحدد لها كتاب الله نصيبها في الميراث... وفي هذه الشروط... سبق الإسلام التشريع الغربي بعدة قرون)[1]. وتقول أن النقاد الغربيون يمكن أن يتفقوا... على أن التشريع القرآني في مجموعه، كان يهدف إلى تحسين وضع وموقف المرأة في المجتمع العربي في ذلك الوقت وانه من حيث المبدأ لا يزال يأخذ في اعتباره خيرها وسعادتها ولذلك نجد أن (حياة الأسرة المسلمة...هي وثيقة الروابط ويسودها الود. وفي كافة الطبقات الاجتماعية تحظى الفتيات والنساء بالحب والتقدير وتحتل مكاناً آمناً في مجال الأسرة أما...ما يظهر من زيادة محبة الأب لابنائه الذكور فهو أمر لا يزيد ولا يقل في مظهره وفي التعود عليه مما جرى عليه العرف في المجتمع الغربي... والوضع القرآني يحض على حسن

---

[1] آيلز: الإسلام والعصر الحديث ص129-130.

معاملة النساء لأن القرآن الكريم لا يكن لهن الا كل الاحترام والتقدير...)[1].

ويقول لوبون: (تعد جميع الشرائع الهندوسية واليونانية والرومانية والحديثة المرأة من فصيلة الاماء أو الصبيان...)[2] بينما انصفها القرآن والشريعة الإسلامية

و (يظهر من مقابلتي بينها وبين الحقوق الفرنسية والانكليزية أن الشريعة الإسلامية منحت الزوجات، اللاتي يزعم أن المسلمين لا يعاشرهن بالمعروف حقوقاً في المواريث لا تجد مثلها في قوانينا... وتُعامل المرأة المسلمة باحترام عظيم فضلاً عن تلك الامتيازات... فلا أحد يستطيع أن يرفع يده عليها في الطريق، ولا يجرؤ جندي أن يسيء إلى اوقح نساء الشعب حتى في أثناء الشغب و...يشمل البعل زوجته بعين رعايته... ويبلغ الاعتناء بالأم درجة العبادة، وفي الشرق لا تجد رجلاً يقدم على الزام زوجته بالعمل ليستفيد من كسبها، و... يدفع الزوج مهراً لزوجته - في أوربا هي تدفع...)[3].

ولكن وجود شهود اجانب ينصفون الشريعة ويدافعون عن وضع المرأة المحترم في مجتمعاتنا لم يمنع اديب اسحق مثلاً من الدعوة إلى تحرر المرأة العربية ونقل الدعوة الأوربية معترفاً أنه لم يهتدي إلى ذلك (من قبل الفكر) وبعد دراسة متعمقة لحال المرأة العربية مقارنة بما كانت تعاني المرأة الأوربية، وانما يقول رأيت: (فصلاً شافياً جديد الوضع، ظاهر النفع -ليكوفة- الفرنسوي فعربته ما استطعت وما شاء المقام خدمة للاماء ونصيحة للأزواج وهداية لسيداتي النساء جميعاً)[4]. وبعد أن ذكر رأي الأوربيين في القرون الوسطى في انها شيطان رجيم وليس لها نفس، وانتصار الثورة الفرنسية للنساء ثم عودتها إلى ما كانت عليه بعد انتصار الملكية، ينقل رأي الفرنسي هذا الذي أنكر مسألة سلطة الزوج المطلقة على مال الزوجة واعترض على قانونهم الناطق (بان للرجل حق التصرف في مال

---

(1) آيلز: الاسلام والعصر والحديث ص129-130.

(2) لوبون: حضارة العرب ص359-413.

(3) لوبون: حضارة العرب ص359-413.

(4) اديب اسحق: الكتابات السياسية والاجتماعية ص167، 171.

زوجته ادارة وبيعاً وهبة بلا اجازة ولا استئذان. وان امرأة لا تستطيع ادخاراً ولا قرضاً كائناً ما كان ذلك القرض ولا هبة ولا قبول هبة بلا رخصة سابقة من الزوج...)[1]. وبما أن هذه الحقوق هي مما تتمتع به النساء المسلمات، فان دعوة اديب اسحق تصبح بلا مبرر سوى نشر الفكر الغربي. وقد كانت دعوة قاسم امين وخاصة في كتابه المرأة الجديدة دعوة للتشبه بنساء الغرب في كل المجالات اذ يرى وجوب منح النساء (حقهن في حرية الفكر والعمل تماماً كنساء الغرب اللواتي يجابهن من غير شك مشاكل متعددة تسبب القلق، لكن حلها لا يعضل لأن المدينة الغربية المؤسسة على الحرية الشخصية تتخطى صعوباتها باستمرار)[2]. ولم يكن قاسم امين معني بما يصلح للمجتمعات العربية وما لا يصلح أو لا يحتاج، ولا ما ستعاني منه المرأة والمجتمع في البلاد العربية فيحاول، كمفكر!! تجنيبهما المعاناة وإنما ما يهمه هو أن تكون النساء العربيات مثل الغربيات (حتى لو كان من المحقق أن يمررن في جميع هذه الأدوار التي قطعتها النساء الغربيات)[3]. أما (إلى م ستنتهي هذه الأدوار) فهذا أمر لا يهمه كثيراً اذ يقول (إن ذلك سر مجهول ليس في طاقة أحد من الناس أن يعلمه... لا يمكننا أن نعرف ماذا يكون حال المرأة بعد مرور هذه المدة -مائتي عام- وإنما نحن على يقين من أمر واحد، وهو أن الإنسانية سائرة في طريق الكمال وليس علينا بعد ذلك الا أن نجد السير فيه ونأخذ نصيبنا منه)[4].

وسلامة موسى، الذي يريد (حرية المرأة كما يفهمها الأوربي)[5]، يؤكد أن الاستعمار هو الذي أدخل التحرر والنهضة النسوية إذ يقول (مما يلاحظ... أن الأقطار التي عذبها الاستعمار الأجنبي هي التي ظهرت فيها نهضات نسوية. أما حيث لم يكن استعمار أجنبي فليس هناك أية نهضة نسوية، بل هناك المحافظة على

---

[1] اديب اسحق: الكتابات السياسية والاجتماعية ص167، 171.

[2] قاسم امين: المرأة الجديدة ص206-207.

[3] قاسم أمين: المرأة الجديدة ص206-207.

[4] قاسم أمين: المرأة الجديدة ص206-207.

[5] سلامة موسى: اليوم والغد ص7.

التقاليد مهما كان فيها من رجعية)[1] ويعتبر الحجاب وعمل المرأة في البيت تقاليد سيئة فيقول: (...هناك حركة تدعو إلى تحرير المرأة من هذه التقاليد السيئة)[2].

وانتشرت هذه الدعوة المستوردة مع انه لم يكن لها ما يبررها، ليس لأن المرأة لم تكن تعاني من الاجحاف الذي كانت تعاني منه المرأة الأوربية فقط، بل لأن غالبية السكان في البلاد العربية الإسلامية هم من أبناء الأرياف والبوادي، والنسوة في هذه المجتمعات كن يعملن مع الرجل في الزراعة والرعي والغزل الخ... وحتى في المدن لم تكن النساء عاطلات تماماً عن العمل الا قلة من بنات الطبقة الحاكمة المترفات!! فحتى بنات الأسر العريقة، كثيراً ما كن يشغلن أوقات فراغهن بالحياكة والخياطة والتطريز لبيعه لا من أجل اعالة انفسهن بل من أجل التبرع بثمنه لجهات خيرية على اعتبار أن التبرع من مال الزوج أو الوالد يعود أجره لصاحب المال أما أجر كسبهن الخاص فهو لهن. ومن يزور بعض العتبات المقدسة في البلاد الإسلامية يجد الكثير من قطع السجاد والمطرزات الأخرى والتي قامت اميرات أو بنات تجار وأغنياء بصنعها بأنفسهن طلباً لمرضاة الله. فالعطالة عن العمل لم تكن الا في بعض الحواضر ولذلك قال الكواكبي: أن العرب البدو قد حفظهم الله من (الأمراض الأخلاقية التي لا دواء لها: كفالج الحرية في الحواضر باعتقاد اهلها انهم خلقوا أنعاماً للأمراء، وكجذام التربية في المدن بوضعهم النساء في مقام روابط للاستمتاع...)[3].

مبررات الدعوة

وقد برر عمل المرأة خارج منزلها بمبررات كثيرة أهمها ما يلي:

1- أن العمل المنزلي هو عمل غير منتج

إن الدعوة لعمل المرأة كما يبدو تقوم على مفهوم غريب حتى لمفهوم العمل نفسه. إذ يربط الدعاة العمل بالأجر وليس بمقدار الانتاجية أو بقيمة وأهمية

---

(1) ذات المصدر 114-118.

(2) المصدر السابق.

(3) الكواكبي: أم القرى ص239-240.

العمل موضوع البحث للأسرة وللمجتمع، ولذلك فان احصاءات القوى العاملة لا تدخل في اعتبارها القوة النسائية الكبيرة العاملة في مجال الزراعة والرعي في الأرياف وتعتبرها اعمالاً منزلية (والنساء العاملات في هذا القطاع غالباً ما يحذفن من احصاءات القوى العاملة مما يقلل من معدلات اشتراك النساء في سوق العمل)[1] نسبة لهذه الاحصاءات وبالتالي يقلل من جدواها في تحديد الحاجات الحقيقية للمجتمع المعين. خاصة وانها لا تدخل في اعتبارها أيضاً الجهد المبذول في الأعمال المنزلية ولا جهد النساء (اللواتي يعملن ويساهمن في اعالة أسرهن ولكن في مجالات غير منظمة وغير مشمولة باهتمام الأجهزة الاحصائية والمالية كالنساء اللواتي يعملن في البقالة والمنازل والكاسبات البسيطات وغيرهن ممن يتحملن مسؤولية اعالة الأسرة)[2]، وذلك لأنه عمل غير مأجور!! مع العلم أن ما تنجزه النساء من هذه الأعمال يمثل في الولايات المتحدة ما لا يقل عن 40 بالمائة من الدخل القومي العام ويمثل في البلدان النامية ما يزيد عن 50 بالمائة ومع ذلك فان هذا العمل غير المأجور لا يدخل في احصاءات الجهود التنموية!! فكل عمل من غير أجر بالمفهوم الحديث للعمل يصبح لا قيمة له وغير منتج ويجب التحول عنه. ومن هنا جاءت المقولة كيف للمجتمع أن يتقدم ونصفه عاطل أو مشلول وإلى غير ذلك من الاصطلاحات؟ إذ اعتبر عمل ربة البيت عطالة عن العمل، إذ هو من دون أجر وبالتالي فهو استعباد لا بد لها من أن تتحرر منه!! فتقول احداهن أن من الواضح إن:

(الاضطهاد واقع من الرجل نفسه على المرأة) لأن الرجال (يستفيدون مادياً جراء ذلك و (ظلم الرجل للمرأة انما يتمظهر باستفادية من ثمرة عملها وذلك في ظل شروط عقد مجحفة تماماً بحيث يكون المردود العائد للمرأة من جراء تقديمها لهذا العمل أما منعدماً أو قليلاً جداً ولا علاقة له بقيمة الخدمات التي تؤديها... أن المرأة تجد نفسها مرغمة طرفاً في هذا العقد في اللحظة التي تجد نفسها في اطار علاقة عائلية أو زوجية مع رجل ما. اذ يبدو أن هذه العلاقة تشكل مبرراً كافياً في

---

[1] من بحوث ندوة المرأة العربية في حركة الوحدة العربية ص267-268.

[2] المصدر السابق.

حد ذاته لجميع الخدمات التي تؤديها المرأة لفائدة هذا الرجل دون مقابل... والخدمات التي اشير اليها ههنا هي كل ما قد يدخل تحت تعريف -العمل المنزلي-...كل عمل تقوم به المرأة خدمة لرجل، لا بدافع مادي ذي قيمة مساوية للعمل وانما بواقع قرابة عائلية أو رابطة زوجية... والغريب أن هذه الأعمال تدخل مفاهيم سوق العمل إذا ما قامت بتأديتها خادمة مأجورة ولكن ما أن تقوم بها امرأة بصفتها الزوجية أو العائلية فانها تهرب من هذه المفاهيم -السوقية-... وهذه الظروف التي تؤدي المرأة خدماتها في ظلها تذكرنا بحال رقيق الأرض الذين كانوا يقدمون عملهم إلى سيدهم...)[1]!!

وداعية أخرى لم تكتف بالدعوى لأجل أن تكون الزوجة والأم خادمة بأجر بل تريد لها اضافة لذلك أن تكون غانية أو مومس بأجر أيضاً فتقول نوال السعداوي أن المجتمع الأبوي الطبقي أهدر انسانية الزوجة (وحولها إلى سلعة، بل ابخس السلع ثمناً. فالخادمة التي تؤجر لتنظيف البيت أو رعاية الأطفال تنال عن عملها أجراً والمومس التي تعطي الرجل اللذة الجنسية تتقاضى أجراً، أما الزوجة فلا تأخذ شيئاً)[2] ورغم أن نوال السعداوي تعترف بأن (عمل المرأة في البيت عمل انتاجي مائة في مائة لكنه عمل بغير أجر)[3] ولذلك فهو في نظرها سلب لإنسانيتها، لأن (سلب أجرها وفرض هذا العمل عليها بغير أجر انما هو سلب لحقوقها الاقتصادية الأساسية...)[4] وهي تربط الانتاجية بالأجر وليس بقيمة العمل في خدمة المجتمع وتحقيق صحته وسلامته وتوازنه ولذلك فهي تجرد عمل المرأة في البيت من أية قيمة انتاجية وعندما تعدد أشكال اضطهاد ربة البيت تجعله يتمثل بـ:

---

[1] انظر جريدة الرأي الأردنية 1987/5/6.

[2] نوال السعدواي: الوجه العاري للمرأة العربية ص190.

[3] ذات المصدر ص135.

[4] ذات المصدر.

1- حرمانها من شرف الانتاج كإنسان! لأنها تعتبر الانتاج عمل (خاص بالإنسان وحده...).

2- حرمانها من الأجر.

3- فرض عمل البيت عليها والخدمة فيه لمجرد انها انثى. وترى أن فرض هذا العمل عليها يحرمها من اختيار عمل آخر[1]. والغريب أنها بعد أن تروج لادخال عمل المرأة كربة بيت سوق العمل وتحديد أجر مادي له (كما يفعل غيرها من الدعاة) تعود فتقول أن (المجتمع يستغل الزوجة بأكثر مما يستغل الأجير أو العبد نظير أنه يمنحها شرف الزواج وهو شرف وهمي، لأنه قائم على الاستغلال وقائم على التجارة وقائم على تحويل النساء في سوق الزواج إلى بضاعة)[2]!!!

وهكذا نجد أن دعاة تحرر المرأة بدلاً من أن يبذلوا الجهد لاعطاء عمل المرأة، المنزلي أو العائلي) حقه في كونه عملاً منتجاً له دوره في حساب الدخل القومي الذي لا يعوض للأسرة وللمجتمع ككل، واعداد المرأة لاداء هذا الدور على أفضل وجه وبما يحقق المزيد من المساهمة في الناتج القومي من موقعها كربة بيت بعيداً عن مسألة الأجر هذه والتي تحط من قدر العمل والمرأة معاً فقد اعتمدوا مسألة الأجر هذه والتي هي مفهوم مادي لا انساني حتى أن بعض المفكرين من الغرب حيث نما هذا التوجه المادي، يعتبرونه (نموذج مستبد يحقر كل عمل لا يتلقى فاعله عليه أجراً ويعتبره طفيلياً، وهو لذلك يدمر ملايين فرص العمل الغريبة عن قوانينه على الرغم من فائدتها الاجتماعية مما يترتب عليه انتاج مضطرد للبطالة من جهة، وايجاد حالة من القلق النفسي الذي يصيب المجتمع ككل وخاصة الشباب والكهول). ذلك القلق من احتمال عدم توفر فرص العمل المأجور وفقدان عملهم من جهة أخرى. والدعاة والمفكرون عندنا غالوا في الدعوة لهذا المفهوم من غير مناقشته أو حتى التدقيق في عقلانيته وجدواه وما سيؤدي اليه من مضار على

---

[1] ذات المصدر.

[2] نوال السعداوي: الوجه العاري للمرأة العربية ص190.

المجتمع ظهرت واضحة في المجتمعات الغربية أقلها بالاضافة إلى شرور كثيرة لا مجال لمناقشتها في هذا المجال، هدم الأسرة والاستعباد الحقيقي للإنسان الذي أرادوا له التحرر!! فالعمل المأجور والتحرر لا يجتمعان!! لأنه يضع الإنسان تحت رحمة صاحب العمل (دافع الأجر)، أن كان فرداً أو دولة، مؤسسة خاصة أو حكومية، هذا بالاضافة إلى الاتحادات والنقابات والتي كلها تتحكم في نشاطاته وتؤثر في سلوكه لمصلحتها. وقد ناقش رسل هذا الأمر في كتابه السلطان[1]. وهذا يعني أن عمل المرأة خارج منزلها هو الذي يضعها في مواقع الاستعباد وليس العكس! ولكن الداعيات لتحرر المرأة من العمل المنزلي غير المأجور باعتباره استعباد في بلادنا هن من المترفات اللاتي لم يجربن ماذا يعني أن تعيل المرأة نفسها من غير وجود من هو ملزم بذلك وعندما تستعبدها المادة ويستعبدها الأجر وما تتعرض له في سبيل هذا الأجر الذي يقيم أودها، وليس لهم القدرة على تحليل ما يحدث في الدول التي فيها المرأة المعيل الوحيد لنفسها ولا لهم من بعد النظر ما يجعلهم يستشرفون ما سيحدث لو تم ذلك في بلادنا!!

أما مسألة انتاجية المرأة كربة بيت فان الانتاجية اختيار للفرد في أن يكون منتجاً أو لا يكون بغض النظر عن موقعه في سلم الأعمال والوظائف، والمرأة كربة بيت ومن غير أجر! قد تكون أكثر انتاجية للمجتمع من موقعها في أي مكان آخر، ما هي على سبيل المثال انتاجية السكرتيرة التي تقضي النهار في الرد على مكالمات رئيسها؟ أو البائعة التي تقضي الساعات الطويلة في انتظار الزبون الذي قد يأتي أو لا يأتي؟ مقارنة بربة البيت وما تؤديه لأسرتها ينعكس بالتالي على المجتمع. فلو نظرنا إلى ما كانت تنتجه المرأة، ربة البيت، قبل حمى العمل خارج بيتها لوجدنا انها كانت أكثر انتاجية وأكثر مساهمة في الدخل القومي وتحقيق توازنه من أي فرد آخر في المجتمع، رغم الجهل والأمية التي كانت سائدة في المجتمع عامة وبين النساء خاصة. فقد كانت بالاضافة لطبخ ما لذ وطاب وتنظيف وتنظيم دارها بأقل التكاليف، تصنع كل ما تحتاج الأسرة من معجنات وحلويات

---

[1] برتراند رسل: السلطان ص231-233.

ومربيات ومشروبات ومخللات وأجبان الخ... هذا غير الخياطة والحياكة وعمل كل ما تحتاجه الأسرة وأصبح اليوم، وبعد التقليل من شأن عملها غير المأجور هذا! يستورد من الخارج أو يجلب جاهزاً من السوق المحلية مصنوع بأيدي أجنبية في الغالب وبمواد أقل جودة هذا غير قيمته الغذائية والصحية المشكوك فيها!! والتي قد تصل إلى مضار صحية خطيرة. هذا بالاضافة إلى دورها في صنع الرجال، وأي انتاج اسمى من انتاج الرجال أنفسهم؟!! وهذا كله تخلت عنه المرأة العاملة خارج منزلها في البلاد الأجنبية وبدأت تتخلى عنه المرأة العاملة، وغير العاملة خارج منزلها في بلادنا متأثرة بكل هذا التشويش والتشويه لدور ربة البيت المتفرغة لبيتها والذي ينشره الدعاة لتحرر المرأة وتنشره وسائل الاعلام المختلفة.

ثم أن عمل الزوجة كربة بيت لا أراه مفروضاً عليها كما تدعي نوال السعداوي وغيرها من دعاة التحرر منه. بل هو اختيارها، لأن الزواج هو اختيارها وبالتالي فان المرأة تختار العمل المنزلي بمجرد قبولها عرض الزواج. فهناك في العصر الحديث، والحديث جداً! ما يسمى JOB DESCRIPTION (متطلبات الوظيفة)، وكل من يختار وظيفة ما يتقيد بمتطلباتها، ومن متطلبات الزواج هو تكوين أسرة وهذا يفرض على كل من الزوج والزوجة مهام ومسؤوليات لا بد من تحديدها وتقسيمها بشكل دقيق لان تداخل المسؤوليات هو واحد من أهم أسباب انهيار المؤسسات أو التنظيمات المختلفة، والأسرة هي مؤسسة صغيرة في المجتمع الكبير وتداخل المسؤوليات وتشتيتها داخل الأسرة كان ولا يزال من أهم أسباب تفكك الأسرة في الدول الأجنبية وهو الأمر الذي نتمنى أن تتجنبه الأسرة في بلادنا. فقد تعارفت المجتمعات المختلفة ومنها مجتمعنا وعلى أساس اختيار العمل المناسب للشخص المناسب أو الأنسب، أن تقوم المرأة بالأعمال المنزلية وأن يقوم الرجل بالأعمال الكثيرة الأخرى التي تحتاجها -الأسرة- فأين الخطأ في هذا؟ فالأمر مسألة تنظيمية بحتة والأمر في النهاية متروك للزوجين وللأسرة ذاتها تحلها وفق ظروفها ووفق علاقات المودة والرحمة السائدة فيها وليس لأحد أن يشوه هذه العلاقة أو يخل بتوازن الأسرة باسم التقدمية والتحديث الخ... وإن كان لأحد الحق في التدخل يجب أن يكون هذا التدخل إلى جانب تدعيم الأسرة بتعليم وتوعية الرجل والمرأة ومساعدتهما ليقوم كل بدوره على أفضل وجه وبشكل يدعم علاقة المودة

والرحمة لا أن يجعلها علاقة تنافس مادية تتحدد بالدرهم والـدينار. فأي أجـر مـادي هو أسمى وأكبر من كلمة يا والدتي الحنون ويا أختي الرؤوف ويا زوجتي الحبيبة ويا ابنتي العزيزة تسمعها المرأة (السوية) والتي أي منها يسـاوي كنـوز الأرض؟ وفقدانها لأي منها يجعلها في بؤس وكمد وحسرة العمر كله. وكذلك كلمة يا والدي ويا أخي ويا إبني ويا زوجي تقولها المرأة باعتزاز وفخر لا يعادلهما شيء آخر في الـدنيا، ولا أمـوال قارون! وفقدانها لأي منها قد يلبسها السـواد حزنـاً العمـر كلـه ويشـعرها وكأنها قـد فقدت أصلاً من أصولها التي تربطها بهذه الحياة. ثم كيف سيحدد الدعاة الأجر لربـة البيت؟ كم سيدفع الرجل مثلاً للمرأة مـن الأجـر المـادي، مقابـل قلـق المـرأة ولهفتها ولوعتها على الأب والإبن والأخ والزوج أن تأخر أو مـرض أو أصابه أي مكروه؟ كيف سيحسب الدعاة الساعات الطوال التي تقضيها المرأة جزعة بجوار فراش ابيها أو أخيها أو زوجها أو ابنها المريض؟ وهل ستعتبر هذه ساعات عمل اضافية خارجة عـن شروط العقد أم من ضمنها؟ وكم سيدفع لها عن الساعة الواحدة؟ درهماً أم ديناراً أم قنطاراً من ذهب؟!!! وكم سيفرض الدعاة لتحرر المـرأة عـلى الرجل أن يـدفع للمرأة مقابل حبها وحنانها وعطفها ورعايتها وصلاتها ودعاءها وابتهالها إلى اللـه أن يحفظ الـزوج والأب والأخ والابن من كل مكروه ويسدد خطاه ويوفقه إلى كل ما يسعى اليه؟ وكم ستدفع المرأة بدورها للرجل مقابل كل ما يقدمه لها كـأب وكـأخ وكـزوج وكـابن مـن حب وحنان وعطف ورعاية لها ولهفة عليها؟ ما دامت العلاقة بينهما مادية وبـأجر!!! يا الهي أي منقلب نحن اليه منقلبون؟!! وأي ضلال نحن اليه مسيّرون؟!!!

2- العمل المنزلي مبلد للذهن ولا يساعد على الابداع

لقد برر دعاة تحرر المرأة من العمل المنزلي دعوتهم هذه بالاضافة لكونه عملاً غير منتج!! بأنه أيضاً عمل لا يحتاج إلى ذكاء، بل هو مبلد للذهن وخالي من الابداع، معتمدين في ذلك على أقوال بعض من المفكرين في الدول الغربية، سواءً في البلاد الاشتراكية أو الرأسمالية، وكل لغرض يخدم نظامه ولا يخدم المرأة أو الأسرة أو المجتمع ككل. فقد قال لينين مثلاً: إن (وضع المرأة -عبدة بيتية- تهدر طاقاتها في كدح غير منتج إلى حد غير معقول، حقير، مثير للأعصاب، مبلد وساحق الوطأة)[1] وقد قال أيضاً: إن (حقارة الأعمال المنزلية تسحقها وتخنقها وتبلدها وتحطمها وتقيدها بالمطبخ وغرفة الأطفال وتبدد تعبها وكدها في عمل لا منتج إلى حد البربرية، حقير، مثير للأعصاب، مبلد ومحط...) ولذا فقد رأى أن التحرر الحقيقي للمرأة، الشيوعية الحقيقية يبدأ فقط (يوم يبدأ النضال الجماعي... ضد حقارة العمل المنزلي، وبعبارة ادق يوم يعاد تنظيم هذا العمل على أساس جماعي، على أساس تنظيم اشتراكي)[2] ومن هنا جاءت الدعوة في الاتحاد السوفيتي لتحرير (المرأة بقدر الامكان من عبء الأعمال المنزلية عن طريق شبكة روضات الأطفال والمطاعم المغاسل العامة...)[3]. ولكن يبقى السؤال، هل إن الأعمال التي انيطت بالمرأة في الاتحاد السوفيتي والتي قسم كبير منها لا يتعدى كنس الشوارع وتنظيف الدوائر والمحال التجارية والأسواق وغيرها، وازالة الثلوج والعوائق الأخرى من فوق السكك الحديدية وغيرها من أعمال مشابهة تنمي عقل المرأة ولا تبلده؟!! والسؤال الأهم هو، هل تعوض رياض الأطفال والمطاعم والمغاسل الخ... عن دور الأم وربة البيت بحنانها وعطفها الذي تقدمه مع ما تقدم لعائلتها؟ وهل تستطيع هذه المؤسسات من أن تخلي الأم وربة البيت من مسؤولياتها الكثيرة والمتنوعة والتي لا حصر لها لكي تتفرغ للأعمال الأخرى خارج منزلها؟ ثم ماذا عن غريزة الأمومة والعطاء والرغبة في أن يكون للمرأة مملكتها التي تعتني بها بنفسها والتي هي غريزة طبيعية في كل امرأة سوية وطبيعية؟! وما هي

---

[1] جزيل حليمي: قضية النساء ص183.

[2] جورج طرابيشي: المرأة والاشتراكية ص234.

[3] ذات المصدر.

الأسرة؟!! أهي مجرد عدد من الأفراد يسكنون معاً في ما يشبه الفندق، يذهب كل إلى عمله في النهار وقد يلتقون او لا يلتقون في مطعم على العشاء وقد يلتقون أو لا يلتقون في الليل عند النوم؟!! مع العلم أنه في الاتحاد السوفيتي نفسه كان تروتسكي يرى (إن هذه الخدمات التي كان يفترض فيها أن تقوم مقام الأسرة وتحل محلها عملت على أسوأ نظام، فالجودة تدنت والكيفية قلت والاهتمام يكاد يكون معدوماً، الأكل في المطاعم رديء رديء والغسيل في المغاسل يتلف أو يسرق ووضع الأطفال في دور الحضانة أسوأ من وضعهم في البيت)[1] ولذلك ساد الاعتقاد في الاتحاد السوفيتي (بأن الأعمال المنزلية ورعاية الأطفال هما من اختصاص النساء وحدهن. وإذا كان من النادر أن نجد... من يدفع بحاجياته إلى المغسلة الجماعية أو من يتوجه إلى المطاعم... فان من الأندر أن يشارك الزوج زوجته وعن اقتناع بالمساواة في ادارة شؤون البيت فيتحمل بعض ما تنوء به من أعباء)[2]. ولتجنب كل هذا عملت فرنسا على تشجيع المرأة (على أن تبقى في بيتها بدلاً من العمل) وتعوضها مادياً عن كل ولد تنجبه واذا صاروا اربعة نالت راتباً شهرياً... ويرفع عن كاهلها عبء الضرائب ما دامت متفرغة لشؤون بيتها، فاذا عملت عادت اليها الضرائب[3] ولكن، وبغض النظر عن كل ما حدث ويحدث هناك من سلبيات عمل المرأة خارج بيتها واستغلالها واستعبادها من قبل المؤسسات الحكومية أو الخاصة. معاً، وفي النظم الرأسمالية والاشتراكية على حد السواء، كل بطريقته ولخدمة نظامه، نقل المفكرون والدعاة عندنا هذه الدعوة وبرروها بذات المبررات. فهذا سلامة موسى، على سبيل المثال، يقول مؤكداً مسألة كون العمل المنزلي مبلداً لذهن المرأة إن (الإنسان الذي يمضي عليه الف عام لا يفكر إلا في تنظيف البيت وطبخ الطعام وتهيئة الفراش لا بد أن كفايته تنقص. لأن العضو الذي لا يستعمل ينقرض)[4]. ويقول في مكان آخر: إن المرأة العربية عاجزة عن الابتكار والتفكير الأصيل وان علة هذا العجز هو أن المرأة (لا تمارس من

---

[1] نعيم اليافي: وضع المرأة ص98.

[2] ذات المصدر ص161.

[3] ذات المصدر ص98.

[4] سلامة موسى: اليوم والغد ص30.

الأعمال سوى تلك التي تتصل بالبيت، وهي أعمال لا تحتاج إلى ذكاء...)[1] ولذلك فهو يمتدح هنريك ابسن الذي يحث المرأة (...على أن تخرج من البيت وتبني شخصيتها. تتعلم وتتعرف إلى الدنيا والمجتمع وتكسب وترتزق وتحيا حياتها. ولا تحيا تلك الحياة التي يطالبها بها زوجها والمجتمع)[2].

أما قاسم أمين، فقد قال، قاصداً المرأة: إن (من عوامل الضعف في كل مجتمع انساني أن يكون العدد العظيم من أفراده كلا عليه لا عمل له فيما يحتاج اليه وان عمل كان كالآلة الصماء او الدابة العجماء لا يدري ما يصدر منه...)[3]. أما نوال السعداوي فقد اعتبرت أعمال البيت ليست اعمالاً محترمة بل هي في نظرها (أحط الأعمال في سلم الحياة الاجتماعية. وهي أعمال لا تحتاج إلى ذكاء او مهارة، وهي أعمال قذرة تغوص فيها اليدين طوال الوقت في الماء والبصل والثوم والقذارة...)[4].

عندما يحقر الرجل عمل ربة البيت قد يكون له عذره، لأنه قد يكون في حالة دفاع عن الذات، فهو يجد أن يوم عمله يتحدد بساعات، طالت أم قصرت، بينما يجد المرأة تعمل في بيتها طوال النهار وجزء غير قليل من الليل ولا تهدأ إلا لتنام ولساعات عدة، فيشعر بانها تعمل أكثر منه فيحاول الدفاع عن نفسه واقناعها واقناع الآخرين بان عمله أكثر انتاجية وأكثر مردوداً ويحتاج من الجهد العضلي والفكري ما لا يحتاجه العمل المنزلي الخ... هذا غير أنه في وقت ما ساد نظام الأمومة الذي كانت النساء فيه يتمتعن بسلطة فائقة وكانت ذريتهن تنسب اليهن او إلى قبيلتهن. ولكن مع تطور الحياة وتطور وسائل العيش لتشمل التعدين وصناعة الأدوات المعدنية وغير ذلك مما يتطلب جهداً ووقتاً كبيرين لم يعد من الممكن للمرأة توفيرهما لمشاغلها الأخرى وعلى رأسها الأمومة ومتطلباتها تولى الرجل هذه المسؤوليات وبدأ عصر ـ هيمنته. ولما كان لكل جديد بريقه فقد انبهر الرجل بهذه المسؤوليات وبدأ ينظر إلى عمل المرأة في المنزل على أنه أقل شأناً من سائر

[1] سلامة موسى: مقالات ممنوعة ص56.

[2] ذات المصدر ص24.

[3] قاسم أمين: تحرير المرأة ص23.

[4] نوال السعداوي: الوجه العاري للمرأة العربية ص190.

اعماله فبدأ يحط من قدرها وقدر ما تقوم به من أعمال. واستمر هـذا التوجـه حتى يومنا هذا فلم يعد يستطيع اعطاء عمل ربة البيت حقه من التقدير والاحترام إلا مـن كان على درجة عالية من العقلانية والموضوعية والاحساس بـالآخرين. امـا أن تفعل المرأة ذلك وباسم التقدم والتحديث والتحرر فهنا تكمن المغالطة التي لا تبرير لهـا إلا شعور هذه المرأة بالنقص والدونية ومحاولة التشبه بالرجـال لمعالجـة شعورهـا هـذا، الذي هو شعور خاص بها ولا أصل له عند عامة النساء. لأن كونه عمـلاً لا يحتاج إلى ذكاء ومهارة هي مغالطة كبيرة، بل العكس هو الصحيح، فنظراً لكونه متنوعاً ويشمل نشاطات عديدة فهو يحتاج إلى ذكاء ومهارات عديدة أيضاً. فاذا كان المطلوب مـن الموظف او العامل أيا كان، امرأة أو رجل، أن يتقن صنعة واحدة، كأن تكون الهندسـة أو القانون أو التعليم أو النجارة أو الحدادة أو تشغيل آلة مـا الـخ... فـان عـلى ربـة البيت أن تتقن عدة نشاطات وكل واحدة منها هي فن وعلم في ذات الوقت. فالطهي فن وعلم ويحتاج بالاضافة إلى فنه الخاص بكيفية صنع أنواع المـأكولات، والتـي هـي موسوعة بحد ذاتها وتقديمها بشكل جميل ومشهي، إلى عـدة علـوم، اذ تحتـاج ربـة البيت أن تعرف كيفية التعامل مع المواد المختلفة مـن لحـوم وبقـول وخضـر وفواكه وأعشاب الخ... وكيفية حفظها وقيمة كل منها الغذائية، وكيفية طبخ كـل منهـا وكم تحتاج لنضجها حتى لا تفقد طعمها وقيمتها الغذائية وما يحتاج أفراد الأسرة مـن كـل منها ليكون غذاءه متوازناً. وفي حالـة وجـود حـالات مرضية في الأسرة مثل السكر والضغط الخ... عليها أن تعرف وفقاً لخصائص هذه المواد ما يصلح لهم فتوفره وما لا يصلح فتمنعه عنهم والى غير ذلك من أمور التغذية مـما يحتـاج إلى معرفـة او اطلاع، على الأقل، على علوم مختلفة. كما يتطلب مهارة في التعامل مع كل هذه الأمور.

أم التنظيف! فهو الآخر يحتاج اليوم إلى معارف كثيرة منها كيفية التعامل مع موجودات البيت مـن المـواد المختلفة، الخشبية كالأثـاث والمعدنيـة كـأواني الطهـي والفضيات والنسيجية كالسجاد والفرش والملابس الخ... ومـا يصلح لكـل منهـا ومـا لا يصلح من مواد التنظيف المختلفة وكيفية التعامـل مـع مـواد التنظيف هـذه بشكل فعال يحفظ لموجودات البيت نظافتها ويحتفظ برونقها ويديمها بأحسن حال ويحافظ على صحة وسلامة الأسرة الخ...

أما ترتيب البيت (والحديقة المنزلية إن وجدت) وتنسيقه فهو الآخر فن وذوق وعلم في ذات الوقت بحيث أصبح اليوم له فروع في الجامعات ومؤسسات التعليم تحت اسم فن الديكور او فن تنسيق الزهور والحدائق الخ... وهي الأمور التي كانت حتى المرأة الجاهلة تقوم بها بنفسها فتصنع من الستائر والأغطية والفرش والمطرزات ما أصبح البعض اليوم يبحث عنه ليحتفظ به كتراث! هذا غير الزهور وتنسيقها وزرعها والعناية بها، أن كانت طبيعية، وكلها أمور تطبع البيت بطابع ربته الخاص بها فلا يشعر الداخل اليه أن صاحبة البيت نفسها هي قطعة من مواد الديكور وضعها المصمم في بيت لا علاقة لها به وأحياناً كثيرة تكون هي قطعة نشاز لا تنسجم مع ما حولها، كما يشعر المرء اليوم وهو يدخل بعض قصور المترفين المتشابهة بحسب مصممها. وعمل هذه الأمور يحتاج إلى معارف ومهارات كثيرة تتعلق باختيار ما يناسب من المواد ومن الألوان وانسجامها مع بعضها الخ...

هذا غير الخياطة والحياكة والتطريز فهي الأخرى كلها فنون وتحتاج إلى مهارات كثيرة. ثم تأتي على رأس ذلك وقبل كل ذلك تربية الأطفال وما يحتاج ذلك من علوم ومهارات لا حصر لها، على رأسها معلومات صحية واسعافات أولية وتربية الطفل وعلم النفس الخ... هذا غير فن الضيافة والتضييف والعلاقات الانسانية التي لا حصر لها وكل هذا يحتاج إلى ذكاء ومهارات وقدرات وعلوم متنوعة وعلى رأسها القدرة على النظيم والتخطيط بكل أنواعه، تخطيط للوقت وللمصادر المالية وللطهي وكيفية تدبيره بأقل ما يمكن من الكلفة وبما هو متوفر لها من مواد وتعويض المواد غير المتوفرة بأخرى متوفرة من دون المساس بحاجات الأسرة الغذائية. والاستفادة من ملابس الأسرة إلى أقصى الحدود وتحويرها بشكل يوفر للجميع الأناقة والتنوع بأقل ما يمكن من الكلفة إلى آخر ذلك مما لا يمكن عده أو حصره. وفي كل ما ذكر أعلاه من نشاطات مجالات للابداع والتطوير ما لا يمكن أن يوجد من أي عمل من الأعمال خارج المنزل. فأين كل هذا، مثلاً من عمل كاتبة الطابعة التي تقضي نهارها في الضرب على الحروف ومن غير وعي وبشكل تلقائي في الغالب. أو العاملة التي تقف امام آلة تفهم عملها أكثر مما تفهمه العاملة نفسها، أو البائعة التي تقضي نهارها في انتظار زبون قد

يأتي او لا يأتي. أو حتى المهندسة او الطبيبة التي لا تعرف شيئاً مـما هـو خـارج مجـال تخصصها الذي مهما اتسع يبقى محدوداً نسبة لما تحتاج ربة البيت مـن معلومـات ومهارات. مع العلم أن كثيراً من هذه المعلومات والمهارات كانت كثيرات من الأمهات والجدات يمارسنه حتى وان لم يكن يعرفن مسميات ما يقمن بـه كمقولـة التخطيـط والتنظيم وعلم النفس الخ... ويعلمنه لبناتهن. وكـان الهـدف مـن الـدعوة إلى تعليـم المرأة في المدارس في أول الأمر هو تزويدها بهذه المعلومـات والمهـارات بشـكل علمـي لزيادة كفاءتها كرب بيت ولهذا قال الشاعر:

المرأة مدرسة إن أنت أعددتها   أعددت شعباً طيب الأعراق

وقال قاسم أمين داعياً إلى تعليم المرأة: (لقد ترقت المعيشة وكثرت الحاجات وتشعبت طرق المنافع وبلغت فيها ادارة المنزل. إلى درجة إدارة مصلحة مـن كبار المصـالح، فالمرأة التي يسلم لها زمامها لا يمكنها أن تديرها إلا بالتعليم والتربيـة الحقيقيـة، إن إدارة المنزل صارت فناً واسعاً يحتاج إلى معارف كثيرة مختلفة... (مما) يستدعي عقـلاً واسعاً ومعلومات متنوعة وذوقاً سليماً...)[1] وأكد بالاضافة إلى ذلك على أهمية دورها كأم فقال: (بالغنا في نسيان أن الأولاد هم صناعة الوالدين وأن الأمهات لهن النصيـب الأوفر في هذه الصناعة)[2].

3- أعمال المنزل قذرة

أما كون أعمال المنزل هي (أعمال قذرة... تغوص فيها اليـدين... في المـاء والبصل والثوم والقذارة) كما ذكرت نوال السعداوي ومر ذكره وكما يـردد غيرهـا مـما جعلوه من مبررات خروج المـرأة للعمل خـارج منزلهـا والتعالـي علـى أعمـال المنـزل. فبحسب ما هو معروف إن أيدي رباب البيوت تغوص طوال اليـوم بالمـاء والمنظفـات المختلفة وليس بالقذارة حتى أن هناك نوع مـن الحساسية سـميت بحساسية ربـات البيوت لكثرة ما تصاب بها ايدي ربات البيوت نتيجة تعرضها للماء والمنظفات. أما ان كان البصل والثوم الخ... قذارة في نظرهم فلماذا يأكل الدعاة والداعيات هذه القذارة التي لايخلو طبق منها ويرفضون ان تلمسها ربات

─────────────

[1] قاسم أمين: تحرير المرأة ص42-43.

[2] ذات المصدر.

البيوت؟!! واذا لم تتعامل معها ربة البيت من يتعامل معها وهي موجودة شئنا أم ابينا؟! أما كان الأجدر بالدعاة (رجال ونساء) لتحرير المرأة من العمل المنزلي ليكونوا صادقين مع انفسهم ومع الآخرين ان يدعوا الناس للسكن عراة في العراء وان يأكلوا الحشائش كالبهائم وان يصدروا قراراً ثورياً تقدمياً بذلك؟! لأنه ما دام هناك سكن أياً كان فهو يحتاج إلى تنظيف وترتيب وما دامت الناس تلبس الملابس وتنام على فرش فلا بد من وجود من يعدها ويغسلها ويعتني بها، وما دامت الناس تأكل طعاماً مطهياً فلا بد من وجود من يعده. فمن يكون هذا الذي يقوم بهذه الأعمال القذرة كما يصفونها؟!! أن ترفعت ربة البيت عن القيام بها لنفسها ولأسرتها؟! أتقوم بها امرأة اخرى، او حتى رجل، باجر وعندها الا يكون ذلك استعباد لهذه المرأة (او لهذا الرجل) اكبر مما قامت به ربة البيت لنفسها ولاسرتها؟! ثم هل هذا سيزيل قذارة وحقارة هذه الاعمال فتصبح عندئذ اعمالاً مبدعة وخلاقة؟! وحتى ان صارت هذه الاعمال على اساس جماعي عن طريق شبكة روضات الاطفال والمطاعم والمغاسل العامة كما دعا لينين وتبعه الدعاة عندنا، الا يعني هذا ان هذه الاعمال القذرة! موجودة ولابد ان يكون هناك عبيداً ومستعبدين!! للقيام بهذه الاعمال القذرة الحقيرة والمملة والتي لا تحتاج إلى عقل ومهارة في هذه المؤسسات؟ ام أن دعاة تحرر المرأة من استعباد الاعمال المنزلية (القذرة!) يريدون تحرر طبقة معينة من النساء واستعباد غيرها؟!! ثم ماذا عن الاعمال الاخرى التي تلوث الايدي بشكل او باخر؟الا تتلوث ايدي الفلاح بالطين والاسمدة وغير ذلك من القذارة؟ فهل هذا يعني أن ندعو الناس إلى ترك الزراعة؟ وماذا عن الطبيب والطبيبة والممرض والممرضة وغيرهم ممن يعملون في الخدمات الطبية الا يتعاملون مع الجروح والحروق المتقيحة والنتنة ومواد تنظيفها هذا غير العمليات والولادات الخ... فهل هذا يعني اننا نطالب بالغاء الخدمات الطبية ونطلب ممن يمارسها التخلي عنها والبحث عن عمل اخر خارج مجالها لانها اعمال تغوص فيها اليدين بالقذارة باكثر مما تغوص فيها ايدي ربات البيوت؟ هذا غير الكثير من الاعمال الاخرى والتي لا مجال لحصرها والتي كلها يقيمها الناس على اساس فائدتها للمجتمع وليس على اساس ما تلوث من الايدي. وعمل ربة البيت يبقى على رأس كل الاعمال الاخرى فائدة للمجتمع خاصة وقد ثبت ان

لا رياض الاطفال ولا المطاعم وغيرها تعوض عن دور ربة البيت مما جعل كثير من المفكرين يدعون الى بقاء المرأة في منزلها لتربية ابنائها والعناية ببيتها بعد ان ظهر واضحاً اضرار الحضانات وضرر المطاعم والتي كلها ساهمت بتفكيك العائلة وأدت الى اضرار صحية كثيرة اقلها (زيادة نسبة السكريات والدهنيات وما يرافق هذه الزيادة الملحوظة من امراض التوتر العصبي والقلب والشرايين وانواع عدة من السرطانات اضافة الى امراض الاسنان واللثة)[1].

4- العمل خارج المنزل من اجل التفاعل والنضج

قال سلامة موسى، داعياً المرأة الى العمل: إن (المرأة الشرقية هي انسان بلا اخطار. هي انسان بلا حوادث. هي انسان بلا تربية. لان الذي يربينا نحن الرجال هو الاخطار والحوادث)[2]. وعلى المرأة من اجل ذلك في نظره، ان تعمل لانه حتى الاعمال المتواضعة (خير الف مرة من بقاء المرأة بالبيت معطلة تتعفن وتركد ولا تنمو ولا تتربى بالمعرفة والاختلاط...)[3] ونسي هو وغيره من الدعاة لعمل المرأة خارج المنزل انه ان كان من الصحيح ان التفاعل مع العالم هو وسيلة الانسان للنضج وبناء الشخصية فإنه ايضاً من الصحيح ان العمل خارج المنزل لا يوفر الا القليل من فرص التفاعل والنضج وما يوفره محدود في الغالب بحدود العمل الذي يمارسه المرء. خاصة، وان اليوم هناك مجالات كثيرة للتفاعل مع الحياة وتحقيق النضج، لمن اراد ذلك مثل وسائل الاعلام المختلفة المسموعة والمرئية هذا بالاضافة للقراءة والمكتبات والندوات والمؤتمرات والنوادي والزيارات والعلاقات الاجتماعية المختلفة والسفر والسياحة الخ... مما يجعل العكس هو الصحيح. فأن الانشغال بالاعمال خارج المنزل بساعات عملها المقررة والمحددة بأوقات معينة تقلل من فرص التفاعل حتى بالنسبة للرجل فكيف هي بالنسبة للمرأة التي يضاف الى مسؤولياتها هذه في العمل مسؤوليات كثيرة في بيتها ولاسرتها واطفالها؟!!

---

[1] مجلة ابعاد ص 286 عن كتاب احلام عوالمية لريتشارد بارنت وجون كافاناغ العدد الرابع كانون اول 1995

[2] سلامة موسى: المرأة ليست لعبة الرجل ص 40

[3] ذات المصدر ص 54

أن التفاعل مع الحياة والنضج هو اختيار للفرد نفسه امرأة كان او رجل.
فقد تتفاعل ربة البيت مع الحياة ومع ما يحدث حولها وتنوع من اهتماماتها وتوجد
الفرص لذلك وقد لا تفعل ذلك امرأة عاملة خارج منزلها حتى وان كانت تمارس عملاً
من الاعمال المرموقة كالطب والهندسة وغيرها، وعذرها في الغالب ضيق الوقت.
فالنضج يعتمد على امور كثيرة ليس هنا مجال مناقشتها وعلى رأسها التربية. ثم هل
كل الرجال متفاعلون مع الحياة وبالتالي ناضجون؟!! هناك من النساء من العاملات
ومن ربات البيوت من هن انضج من كثير من الرجال. صحيح أن العمل (ضرورة
للانسان، ذكراً ام انثى وانه بدون عمل لا تتفتح الشخصية البشرية ولا تنصقل ولا
يشعر الانسان بأنه له حقوق وعليه واجبات...) كما ذكر فاخر عاقل، ولكن ليس
صحيحاً ما قاله في ان (النساء القواعد بالذات يشعرن بتفاهة حياتهن وفراغها
فتنحرف شخصياتهن ويعشن على هامش الحياة)[1].فكثير من العاملين والعاملات
يعيشون على هامش الحياة. وقد يشعرون او لا يشعرون بتفاهة حياتهم! والعمل
المنزلي هو عمل له كل مواصفات العمل المنتج والمبدع والذي يقي من هذا الشعور.

5- العمل من اجل تحقيق الذات

من المعلوم ان تحقيق الذات لا يحدث الا من خلال العمل المنتج والابداع
والشعور بالتفرد والشعور بالانجاز وغير ذلك من مشاعر تميز الانسان مما يشعره
بتحقيق الذات. وفي عمل المنزل، كما مر ذكره كثير جداً من مجالات الابداع والانجاز
والتي تستطيع المرأة من خلالها تحقيق ذاتها، وقل ان يتوفر مثلها في العمل خارج
المنزل والذي هو محدود في الغالب في مجال واحد تنظمه لوائح وقوانين محددة
تجعل منه في الغالب عملاً روتينياً لا يحقق الشعور بالانجار الذي بدوره يحقق الذات
الا اذا اعتبر المفكرون الاجر هو الانجاز الذي يحقق الذات، وتباً له من انجاز وهمي،
ليس لانه انجاز مادي لا يستحق ما يهدر في سبيله من القيم وانجازات أخرى خاصة
بالنسبة للمرأة ولكنه ايضاً، وفي الوقت الحاضر بالذات، لم يعد انجازاً يحقق الذات
وذلك لان الاجور اصبحت في كثير من الاحيان

_____

[1] فاخر عقل: التربية قديمها وحديثها ص 410-416

لا تفي بتحقيق حاجات الانسان المتزايدة مما يسقطه كانجاز يحقق الـذات. ولكن مع ذلك استمر الدعاة يدعون المرأة إلى العمل خارج منزلهـا مـن اجـل تحقيـق ذاتها! ثم عن أي الاعمال يتكلم المتكلمون؟! هل كل النساء سيعملن وزيرات ونائبـات ورئيسات لمجالس ادارة الشركات والمؤسسات وغـير ذلـك مـن الاعـمال التـي يمكـن أن توفر فرصاً لتحقيق الذات بشـكل او بـآخر؟! ان دعـوة الخـروج للعمـل خـارج المنـزل جعلت المرأة تقبل أي عمل ايا كان تواضعه (كما دعا الدعاة) مما يثير التساؤل هل ان كنست المرأة ونظفت الشارع او المكاتب الخ... تشـعر بالانجـاز وتحقيـق الـذات وان نظفت بيتها لاسرتها لا تحقق ذاتها؟ وان طبخت وغسلت الصحون في مطعـم تحقـق ذاتها اكثر مما لو فعلت ذلك لاسرتها؟ ام ان قضت يومها بائعـة في متجـر، لا تسـتطيع حتى الجلوس ان شعرت بالتعب، لان قوانين عملها تمنعها مـن ذلـك سـتحقق ذاتهـا؟! وكذلك حال الكاتبة على الآلة الطابعة والعاملة في مصنع وغير ذلـك الكثـير جـداً مـن الاعمال الروتينية التي لا انتاج ولا ابداع فيها! يمكن ان يوفر الشـعور بتحقيـق الـذات. فقول البعض (ان الخبرة والممارسة والتفاعل في ميدان العمل) يمكـن ان يشـبع (ارقـى الحاجات الانسانية كالحاجة الى تحقيق الذات والى الانجـاز والاسـهام في تطـور الحيـاة الاجتماعية..)[1] قول مردود على اصحابه.

6- العمل من اجل اختيار افضل للزوج.

يقول سلامة موسى (تعلمي صناعة واحترفي قبل الزواج حتى تختـاري زوجـك عن حب وتقدير وليس لانه سيعولك... واجعـلي هـدفك ان يكـون هـذا الـزوج زوج العمر...)[2] فهو وكثيرون غيره فسروا الزواج تفسيراً مادياً، فهـو بالنسـبة للمـرأة وسـيلة لاعالتها وبالنسبة للرجل فهو توفر من يخدمه! ولذلك عزف كثير من المفكرون الاوائـل عن الزواج ما دام هناك من يخدمهم ويلبي طلباتهم من الاهل او من الخـدم. مـع ان الزواج في الموروث العربي والاسلامي هو مودة ورحمة وسكن لكل مـن المـرأة والرجـل وبغض النظر عن مسألة الاعالة والا لامتنعت النساء

---

[1] سلامة موسى: المرأة ليست لعبة الرجل ص 11-12

[2] محمد سلامة آدم: المرأة بين البيت والعمل ص 50

الموسرات عن الزواج. وهو نصف الدين ولذلك فهو امر لابد منه بغض النظر عن كل هذه الامور المادية. وهذا التفسير المادي للزواج جعلهم يعتقدون ان المرأة تتبرج وتجمل شكلها وسلوكها من اجل اقتناص الزوج قبل الزواج ومن اجل الاحتفاظ به بعد الزواج ولذلك قال سلامة موسى انه رأى النساء العاملات ولم يجد واحدة منهن متبرجة في (طلاء الوجه، والتبرج في الملابس التي تجعل المرأة عارية وهي كاسية، والتبرج في الكلمة والايحاء) كما لم يجد (واحدة منهن تدخن او يعلو صوتها في خشونة...)وذلك لانها لا تحتاج للتبرج بينما المرأة غير العاملة تحتاج الى ان ترصد (كل وقتها واهتمامها لزيادة محاسنها التي تغري وتجذب حتى يتحقق لها الزواج وبعد الزواج تحتاج ايضاً الى الاسراف في العناية بمحاسنها ومفاتنها حتى تستبقي زوجها)[1]. وتهافت هذا الرأي الشائع بين كثير من الدعاة يدل عليه تبرج النساء العاملات اليوم الذي وصل حداً، عند البعض منهن، إلى درجة لم يعد يعرف المرء من هي السيدة المحترمة ومن هي غير ذلك!! كما يدل عليه كثرة صالونات الحلاقة والتجميل ومواد التجميل والعطور ودور الازياء وتجارها والتي وصلت الى حد من الاسراف يثير القرف والاشمئزاز. هذا غير ان بعض المؤسسات تفرض على العاملات الآتي يعملن معها ان يتبرجن وقد تمنحن مخصصات اضافية من اجل ذلك!!

7- عمل المرأة من اجل زيادة دخل الاسرة

برر البعض عمل المرأة خارج المنزل بكونة يسهم في زيادة دخل الأسرة وذلك لعدم (إمكانية إعالة الأسرة بالاعتماد على دخل الزوج فقط)[2] في ظل مجتمع الاستهلاك الذي فرضه اتباع الحضارة الغربية الاستهلاكية على المجتمع بالدعوة لان نعيش الحياة كما تعاش في أوربا وأمريكا، مفترضين أن هذا هو التقدم!! فقد كان هذا البعض يعتقد (أن المرأة بعملها إلى جانب الرجل تستطيع أن تقدم دخلاً إضافيا لا يكفي لقضاء حاجاتها... فحسب وإنما يساعد كذلك على زيادة دخل الأسرة ورفع مستوى حياتها)[3]. هذا صحيح نظرياً ولكن الواقع يدحضه، فتواضع

---

[1] ذات المصدر ص 72-73

[2] لويزا: المرأة العربية والعصر ص 102

[3] فاخر عاقل: التربية قديمها وحديثها ص 410-416

الأجور في بلادنا والازدياد المتواصل للاستهلاك، وغلاء الأسعار المستمر، يجعل مساهمة المرأة مادياً ليست فقط قليلة بل معدومة في كثير من الأحوال، وبخاصة أن كانت المرأة من المسرفات في اللباس والتبرج الخ...، إلا أن قامت المرأة بالدورين في آن واحد، كأن تقوم بدورها في البيت كاملاً كما كانت تقوم به ربة البيت من صنع لكل ما تحتاج الأسرة كالطبخ والمخللات والمربيات والمحفوظات الأخرى والمعجنات والخياطة والتطريز الخ... وان تقوم بدورها في العمل خارج المنزل، وهذا إرهاق شديد للمرأة، ليست كل النساء قادرات عليه.

والغريب أن كثير من مّن يريد أن يكون وسطياً ومعتدلاً! فيضع نفسه في منزلة بين المنزلتين! المتخلفين الرجعيين! والمتحررين المتنورين! يؤكد على ضرورة عمل المرأة من اجل نضجها ومساهمتها في دخل الأسرة ولكنه في ذات الوقت يؤكد على أهمية العمل المنزلي والذي يجب أن يأتي بالدرجة الأولى للمرأة المتزوجة، ويدعو للعمل خارج المنزل فقط للمرأة غير المتزوجة او التي كبر أولادها وانفصلوا عنها! كما فعل فاخر عاقل[1] وهو أمر يثير الدهشة أولاً: لكون غير المتزوجات في المجتمعات العربية هن قلة وبالتالي لا تستحق الدعوة كل هذا الاهتمام الذي من الواجب أن يوجه إلى مشكلات اكثر أهمية. ثانياً: أن الأم التي كبر أطفالها فهي أيضاً قد كبرت وإما انها نضجت أو إنها تعايشت مع عدم النضج هذا! ومن جهة أخرى فقد خفت مسؤوليات الأسرة المادية فإن كانت قد استطاعت أن تدبر حالها مع وجود الأطفال ومتطلباتهم فهي من باب أولى تستطيع ذلك بعد أن كبروا وانفصلوا عنها! هذا غير أن معظم قوانين العمل تحدد سن ادنى للتوظيف تكون هذه المرأة قد تجاوزته فلن تجد من يرضى تشغيلها إلا اذا كان يريد استغلال ذلك ليعطيها اجراً اقل او ظروف عمل أسوأ! هذا غير، ماذا يمكن للمرأة أن تفعل وقد احيلت على التقاعد من اعمال المنزل!! وتربية الاولاد!! سوى بعض الاعمال الخيرية، أن كانت قد تبقى لها من الصحة ما يمّكنها من ذلك! ولم تبدأ بعد شكواها من امراض الكهولة؟!

---

[1] ذات المصدر.

8- عمل المرأة من أجل حريتها واستقلالها

إن كانت كل المبررات السابقة هي مبررات واهية وغير واقعية ولا عقلانية، فإن هذا المبرر هو الاكثر في كل ذلك. فليس هناك من هو حر ومستقل ما دام يعيش في مجتمع له قوانينه وأعرافة والتزاماته، ويعيش في أسرة له فيها حقوق وعليه واجبات تجاهها. فهل الرجل حر ومستقل حتى نريد للمرأة أن تعمل مثله حتى (تجد الكرامة وتجد الاستقلال وتجد الامل والثقة)[1] فلا تقلق على مستقبلها؟ أن الرجل ليس حراً ولا مستقلاً في حياته، فهو مرتبط بالعمل ومستلزماته والاسرة ومتطلباتها المادية والمعنوية والمجتمع ايضاً وما يفرضه من قوانين واعراف الخ... اما إن كانت الحرية وكذلك الاستقلال هنا ايضاً مرتبط في ذهن الدعاة بالدخل المادي، فإن الرجل في هذا ايضاً ليس حراً ولا مستقلاً عن أسرته سواءً أكانت زوجة وأولاد أم والدين واخوة وأخوات هو ملزم باعالتهم وتوفير ما يستطيع لهم حتى وان اقتضى الامر التقتير على نفسه، وان لم يفعل ذلك من ذاته وشعوره بالمسؤولية تفرضه عليه القوانين وتعاقبه إن لم ينصاع لها. فلماذا نطلب للمرأة العمل من اجل حريتها واستقلالها! وهل يعفيها الدخل المادي الخاص بها من التزاماتها المادية والمعنوية تجاه اسرتها بتقاليدها واعرافها وتقاليد المجتمع وقوانينه لتكون حرة ومستقلة؟!

اما مسألة الكرامة والامل والثقة وعدم القلق على المستقبل، فهذه امور قد يفتقدها الرجل كما قد تفتقدها المرأة، وعلاجها لا يكون بالعمل خارج المنزل او داخل المنزل وإنما بالقوانين والضمانات الاجتماعية والتي اهملها مفكرونا، مع انها امور يحفل التراث العربي والاسلامي بشواهده الكثيرة. وحتى عندما نقلوا عن الغرب قوانينه وطريقة حياته نقلوا كل الافكار المشوشة مثل الديمقراطية والاشتراكية والثورية الخ... ولكنهم لم ينقلوا اهم ما عند الغرب المتقدم اليوم، وهو بالاضافة للعلوم والتقنيات، الضمان الاجتماعي! وطوروه بشكل يجعله افضل مما هو عند الغرب بحيث لا يضام الرجل ولا تضام المرأة وعندها لا يقلق أي منهما على مستقبله. لان فقدان الكرامة وفقدان الامل والقلق على المستقبل اصبحت اليوم

---

[1] سلامة موسى: المرأة ليست لعبة الرجل ص 72

من امراض العصر، تصيب الرجل كما تصيب المرأة، وقد تصيب الرجل بشكل اكبر مما تصيب المرأة التي لا يزال هناك في بلادنا من الرجال من يعتبر نفسه مسؤولاً عنها!

تهافت هذه المبررات وعدم صدقها على واقع الحال

ولو حلل المرء الواقع في مجال عمل المرأة لظهر له واضحاً تساقط هذه المبررات وعدم مصداقيتها. فالتنمية وزيادة الإنتاجية والتي كانت من مبررات الدعوة على أساس أنه لا يمكن للمجتمع أن يتقدم ونصفه عاطل عن العمل! صار قلة في الإنتاج وزيادة في الإستهلاك. فبعد أن كانت المرأة، كما مر ذكره، تنتج وهي ربة بيت كل ما تحتاج الأسرة صارت اليوم مستهلكة لكل ما ينتجه الآخرون من بضائع وخدمات، مما هو مستورد ومحلي، وبذلك تعطلت عن الإنتاج وعطلت معها أعداداً كبيرة من الأيدي العاملة التي كان يمكن أن تعمل في مجالات أكثر إنتاجية من الخياطة وتصفيف الشعر وصنع المأكولات الجاهزة، المحفوظة أو الطازجة وخدمة المنازل ورعاية الأطفال (الخدم والمربيات). هذا غير ما تستهلك هي نفسها من مواد زينة وثياب وما تشغله من وسائط النقل سواءً العامة أو الخاصة وما تسهم فيه بذلك من أزمة مرورية وتلوث في البيئة وهدر لدخل الأسرة وللدخل القومي، ومن أجل ماذا؟ لتعمل عاملة في مصنع تحرك يدها كالآلة الصماء أو لترد على هواتف السيد المدير أو لتقف ساعات طويلة في متجر تنتظر مجيء زبون لتخدمه!! وغير ذلك من الأعمال التي لا تنتج شيئاً وبمقدور أي كان القيام بها. وحتى لو كانت طبيبة أو مهندسة أو مديرة عامة فهذه كلها أعمال خدمية ومن فروض الكفاية وهناك من يستطيع تأديتها للمجتمع بدلاً منها ولا تستحق أن تترك المرأة من أجلها الوظيفة التي لا يستطيع غيرها القيام بها، ألا وهي رعاية أسرتها وتربية أطفالها.

ومبرر الإسهام في إعالة الأسرة لعدم كفاية دخل الزوج كذلك يسقط أيضاً لأن الواقع أثبت أن استهلاك الأسرة، وكما يبدو أعلاه، يزيد مع خروج المرأة للعمل، وقلة هن النسوة اللاتي يسهمن بإعالة الأسرة بشكل حقيقي وفعال في بلادنا، وذلك لا يكون إلا بالاقتصاد الشديد وبالقيام بأعباء الوظيفتين. وهذا تكون نتيجته

الارهاق وما يسمى بصراع الدور والذي ينعكس غالباً على شكل توترات في الأسرة يقلقها ويحرمها سعادتها.

وكذلك مبرر تحقيق الذات والانجاز يسقط هو الآخر لكون المرأة اليوم تقوم في غالب الأحيان بأعمال لا تحقق ذاتها ولا تشعرها بالإنجاز ولا تستطيع أن تحقق لها ولو جزء بسيط مما يمكن أن يوفره عمل ربة البيت في بيتها من مجالات الإبداع التي هي أساس الشعور بالإنجاز وتحقيق الذات.

وأعتقد البعض أن عمل المرأة سيؤمن لها الحرية والاستقلال عن الرجل وهو الأمر الذي اتضح أنه لا يمكن لأن المرأة والرجل وجهين لعملة واحدة هي الإنسان الذي هو مادة الأسرة ومادة المجتمع وبالتالي لا يمكن أن يستقلا عن بعضهما. والحياة الأسرية هي ليست علاقة مادية تقوم على الإنفاق والدرهم والدينار، بل هي علاقة مودة ورحمة وسكن وتكامل، فكل من المرأة والرجل يشعر بالخواء بدون الآخر ويشعر بالنقص حتى يكمل دينه فيسد هذا الخواء وهذا النقص. فالذي حدث أن المرأة لم تستقل بالعمل وتتحرر من الرجل الذي هو الزوج والأب والأخ والإبن والذين علاقتها بهم جميعاً لا يمكن أن تكون علاقة عبودية تسعى للتحرر منها، وإنما بخروجها للعمل وقعت في فخ عبودية حقيقية لرجل لا علاقة أسرية لها به، وعبودية للدرهم والدينار الذي يتمثل بالأجر، وعبودية للمنتجات المختلفة التي يوفرها المجتمع الاستهلاكي اليوم، وللشهوة في امتلاكها وعبودية للتقاليع في السلوك واللباس ومواد الزينة، خاصة وقد كان نبذ التبرج من الأمور التي أمل الدعاة في تحقيقه بعمل المرأة مما جعل سلامة موسى يقول (أصبحت أصد في اشمئزاز ذهني، عن المرأة المؤنثة المغناج واحترم المرأة العاملة الكاسبة التي تصرـ على أن تحيا وأن تعرف وتختبر) [1] وسيمون دي بوفوار كانت تعتقد أن عمل المرأة سيخلصها من هاجس أنوثتها والتركيز على جسدها باعتباره وسيلتها لمعالجة حرمانها من الانتماء لعالم الرجال، (عالم الملكية والاستقلال الاقتصادي والسلطة) هذا الحرمان الذي يجعلها توجه اهتمامها لتلميع (وتسريح شعرها

---

[1] سلامة موسى: تربية سلامة موسى ص106.

وترطيب بشرتها...)[1]الخ... ولكن الذي حدث اليوم هو أن التبرج والتزين والتغنج صار أكثر شيوعاً بل أصبح عاماً شمل العاملة وغير العاملة والسافرة وبعض من المحجبات!

ثم أين الحرية مع تأكيد الدعاة على ضرورة العمل خارج المنزل واعتبار عملها في بيتها تخلفاً ورجعية وعملاً مبلداً يجب التخلي عنه؟ فحتى (يمارس الإنسان حريته يجب أن يكون هناك مجال للاختيار بين ضدين)[2]، فكيف يتسنى للمرأة أن تختار بحرية مع كل هذا الإرهاب الفكري، المعنوي، الذي ضيق عليها وجعل العمل المأجور خارج المنزل هو الخيار الوحيد لها؟ وفي غيره العبودية والدونية؟!! هذا غير الاتهام بالرجعية والجهل والتخلف! مع أن الدونية والشعور بالنقص، الذي استخدموه لحث المرأة للعمل وإثارة حماسها له، لا يوجد إلا في ذهن بعض الدعاة ينقلونه الى المرأة بدعوتهم الى الاستقلال والتحرر. فالمرأة كما يرى بعض المفكرين ويؤكده واقع حال المرأة، عندما كانت تسير وراء رجلها لم يكن يقودها بل كانت هي التي تسوقه! فقد أكد عبد الرحمن الكواكبي هذا الأمر عندما أكد على تأثير النساء على الرجال من الأزواج فقال لا يغر الرجل (أنه أمامها-أي أمام زوجته- وهي تتبعه فيظن أنه قائد لها والحقيقية التي يراها كل الناس من حولهما دونه، أنها إنما تمشي وراءه بصفة سائق لا تابع)[3] ويُذكر أن (غلبة النساء على الرجال في القرن الرابع (الهجري) أمر مسلم به، فقد ذكر التنوخي أن الناس كانوا يتذاكرون في مجالسهم غلبة النساء...) وتحدث أبو المطهر الأزدي عن مناكفة الزوجة لزوجها الى حد الحاق الأذى به ولم تكن المرأة في العصر العباسي بشكل عام في موضع الضعف أو الدونية[4]. ويذكر عادل ثابت في كتابه فاروق الأول، الملك الذي غدر به الجميع: عن مكانة أمه وسلطتها عليه، فقد كانا عاملين قويين في حياته (وهو أمر لا غرابة فيه، لأنه يتفق مع الدور العام للأم في المجتمع الإسلامي، وقد كتب الكثير من الهراء عن وضع التبعية للمرأة في الإسلام

---

[1] عزيز جاسم: المفهوم التاريخي لقضية المرأة.

[2] محمد شحرور: الكتاب والقرآن ص436.

[3] العقاد: الرحالة ك (الكواكبي) ص221.

[4] فهمي عبد الرزاق: العامة في بغداد ص236.

الى حد حجب الحقائق... المتعلقة بالموضوع) إن احترام الوالدين وخاصة الأم مبدأ أساسي في العقيدة الإسلامية فينشأ المسلم وهو يسمع أن الجنة تحت أقدام الأمهات مما يجعل الحب (البنوي للأمهات سمة عامة في العالم الإسلامي) وهذا يجعل (في خلفيات أغلب الزعماء شخصية أم بارزة... جديرة بالطاعة والاحترام كأمر طبيعي تؤكد عليه التقاليد والدين) وهناك أمثلة كثيرة على ذلك في التاريخ الإسلامي مثل شجرة الدر، (آخر ملكات الأيوبيين وأول ملكة المماليك، فقد أبقت نبأ موت زوجها سراً حتى يتمكن أبنها الغائب في سوريا من العودة إلى مصر، وخلال ذلك أدارت أمور البلاد بنجاح، وأنزلت الهزيمة بالحملة الصليبية السادسة عام 1250 وأخذت ملك فرنسا أسيراً)[1]. وهناك شواهد كثيرة، ولا يتسع المجال لسردها، على مكانة المرأة في الأسرة وفي المجتمع مما لا يجعلها في حاجة للعمل خارج منزلها للحصول على مكانة لها كما ذكر أحد الكتاب عندما قال: (لقد منح العمل المرأة فرصاً واسعة لتعزيز مكانتها على طريق اللحاق بالرجل في بعض الحقوق المتاحة له...)[2]. وبمثل هذه الأقوال يتأكد لنا أن مسألة الدونية هي في ذهن الدعاة الرجال انفسهم فقط، فهم الذين يعتقدون بعلو مكانتهم وسمو دورهم فيدعون أن تلحق بهم المرأة تعطفاً عليها! واصطلاح اللحاق بالرجل وحده يهين المرأة ويضعها في موقع التابع الأقل مكانة وهو أمر غير صحيح لأن المرأة مساوية للرجل وتسير معه خطوة بخطوة فله دوره ولها دورها الذي لا يقل أهمية عن دوره فلماذا تلحق به؟! وليس للرجل من الحقوق والواجبات ما ليس للمرأة مثلها أو موازية لها لتغبطه عليها وتهرول من أجل اللحاق به! وإن عاشا في مجتمع قمعي فان القمع يصيب الرجل والمرأة وان عاشا في مجتمع الحق والعدالة والتكافؤ فستفرد هذه القيم جناحيها على كل من الرجل والمرأة على حد السواء. فلماذا هذه الدعوة؟ وما هو هدفها؟

---

[1] عادل ثابت: فاروق الأول ص68.

[2] عزيز جاسم: المفهوم التاريخي لقضية المرأة ص138.

هدف الدعوة

من خلال بحث أجرته كاميليا عبد الفتاح ـ في مصر ـ ظهر أن دوافع المرأة للعمل جاءت مرتبة على النحو التالي:

1- تأكيد الذات والشعور بالمسؤولية.

2- شغل اوقات الفراغ.

3- المشاركة في الحياة العامة.

4- رفع المستوى الاقتصادي للأسرة.

5- الحصول على مكانة اجتماعية.

6- نتيجة للتطور وتعليم البنات.

7- تفضيل العمل الخارجي على عمل البيت المرهق!!

8- عدم ضمان ظروف الحياة[1].

هذه أهداف المرأة العاملة ذاتها وهي كلها أهداف واهية ومردود عليها من خلال ما مر ذكره. ولكن ما هو هدف الدعاة لعمل المرأة خارج منزلها؟ ماذا كانوا يريدون بتحرير المرأة من العمل المنزلي بالعمل خارج المنزل؟ هل كانوا يريدون فعلاً خير المرأة الذي هو لا ينفصل عن خير المجتمع ككل ويعتقدون فعلاً أن هذا هو السبيل إلى ذلك؟ أم هو مجرد نقل وتقليد للغرب وتشويش للعلاقات الصحية في المجتمع؟ أم كان الهدف هو تحرر المرأة من العمل المنزلي غير المأجور لاستعبادها من خلال الأجر واستغلالها كل لأغراضه الخاصة؟ الله اعلم. ولكن إن نحن أخذنا بنظر الاعتبار مقولات بعض المفكرين والدعاة في هذا المجال لوجدنا أن الهدف الأخير هو الأقرب للمنطق. إذ نجد منهم من يريد استغلالها لأغراض سياسية أو اقتصادية أو اخلاقية (جنسية) أو جميعها معاً، إذ يصعب في الكثير من الأحوال فصل غرض عن آخر ولكن يبقى الاستغلال واحد في كل ذلك. فالرأسمالية مثل الاشتراكية والشيوعية، جعلوا من الدعوة لعمل المرأة خارج

---

[1] محمد سلامة آدم: المرأة بين البيت والعمل ص50.

منزلها وبأجر هدف وسيط يوصل الى احكام قبضتهم عليها من خلال الأجر واستغلالها لخدمة مصالحهم السياسية والاقتصادية بالدرجة الأولى. ففي الغرب الرأسمالي، بدأت الدعوة لتحرير المرأة من العمل المنزلي ولعمل المرأة المأجور خارج منزلها مع نمو الرأسمالية وظهور حاجتها لتوفير الأيدي العاملة بكلفة أقل واحلالها محل الرجال الذين تحتاجهم الرأسمالية في حروبها الاستعمارية لتوفير المواد الأولية والأسواق لمنتجاتها. وعندما نادى ماركس وانجلز بسقوط البرجوازية والرأسمالية لم يعتبرا المرأة سوى أداة انتاج مثل أي من أدوات الإنتاج الأخرى واعتبرا اسهامها هو الطريق لتحررها... ولذلك تبنى مؤتمر الأمية الأول في جنيف في أيلول 1866 هذا الاتجاه الماركسي- فأكد على (إن اتجاه الصناعة الحديثة الى اشراك الأولاد والمراهقين من الجنسين في قضية الإنتاج الاجتماعي الكبرى هو اتجاه صحيح ومشروع وعلامة من علامات التقدم بالرغم من أن هذا الاتجاه يصبح في ظل سيطرة رأسمال، شراً فظيعاً)[1]! ورغم أن من أهم المآخذ على الرأسمالية في ذلك الحين، كان هو استخدام الأطفال من الجنسين إلا أن المؤتمر المذكور أعلاه أكد على ضرورة استخدامهم من خلال التأكيد على أنه في (مجتمع حسن التنظيم يجب أن يكون كل ولد بدءاً من العام التاسع، عاملاً منتجاً... حتى تتاح لنا إمكانية المأكل لا العمل الفكري فحسب بل أيضاً الجسماني)[2]!

وحتى هذه الأغراض الاقتصادية لم تكن لذاتها ومن أجل الاقتصاد فقط، بل كانت هي الأخرى وسيلة لأغراض أخرى سياسية وأخلاقية جنسية واطئة. فالماركسيون مثلاً أرادوا تحرير المرأة من العمل المنزلي غير المأجور لاستعبادها من خلال الأجر واستغلالها كقوة سياسية ضاغطة تساعد حركتهم العالمية، إذ تذكر كلارا زتكين أن لينين قد قال لها: إن من أول واجباتنا أن نخلق حركة نسوية عالمية (...وعلينا نحن الشيوعيين، أن نتمسك في هذه المسألة بكل نقاوة مبادئنا... أننا لا نملك حركة نسوية عالمية وعلينا أن نتوصل إلى انشائها بأي ثمن وبدون هذه الحركة، سيكون عمل امميتنا وشُعبها ناقصاً وسيبقى ناقصاً...)[3]. ولذلك فان

[1] جورج طرابيشي: المرأة والاشتراكية ص56.

[2] ذات المصدر.

[3] ذات المصدر ص73.

انتشار الماركسية والشيوعية في الاتحاد السوفيتي، رغم أنها غيرت علاقات الإنتاج إلا أنها لم تغير كما ترى جيزيل حليمي (الذهينات والعلاقات الإنسانية تغييراً يذكر) فالمهام التي أوكلت للمرأة في المكتب السياسي للحزب الشيوعي الذي لا توجد فيه أية امرأة اقتصرت على (توزيع النشرات وصنع المغلفات واعداد وجبات الطعام والقهوة وتنظيف المقر، بينما استأثر الرجال بالسلطة الحقيقية...)[1].

والمرأة الأمريكية المعاصرة اليوم ليست لها السلطة التي كانت لها في المجتمع قبل تحررها وخروجها للعمل. لأن السلطة تتناسب والدور، فأين دورها اليوم من دورها الكبير السابق في بناء المجتمع الأمريكي، والتي كانت خلاله ترضع طفلها وترعى أسرتها وتصنع كل ما تحتاجه الأسرة ثم تساعد، بالاضافة لكل ذلك، الرجل في حرث الأرض وزراعتها وتربية المواشي وحمل السلاح للدفاع عن أرضها وأسرتها، وأحياناً كثيرة كانت تقوم بكل ذلك منفردة في غياب الزوج أو الأب. وكان كل ذلك من غير أجر غير أجر المودة والرحمة. أما اليوم فقد أصبحت موضوعاً للجنس وترويج تجارة الجنس ورمزاً للاستهلاك بكل أشكاله، فهي تستهلك وتشجع الاستهلاك عن طريق الإعلان فصارت تخدم الاستهلاك بثلاث أشكال (أنها تُشترى، وتحض على الشراء وتشتري)[2]. ولذلك قال دونالد ريكان، رئيس الإدارة الأمريكية على عهد رونالد ريكان، أنه في العشرينات من هذا القرن (العشرين) وعندما (كان الزواج هو مستقبل الإناث، أعطى دور الأمومة النسوة في ذلك الوقت مركزاً مرموقاً وقوة لا يتمتعن بهما صاحبات المراكز الإدارية والمحاميات في الثمانينات من هذا القرن...)[3]. ويذكر أن والدته لم تكن تقل مكانة عن والده في الأسرة إذ كانت تتولى الشؤون المالية وكل ما يخص شؤون أولادها من مأكل وملبس ومسلك.

وفي فرنسا، ورغم أن الثورة الفرنسية حررت المرأة وألغت حق البكورية في عام 1790 وأباحت الطلاق في عام 1792 إلا أنها لم تعط النساء حق الانتخاب إلا في عام 1942 وذلك كان لأسباب سياسية لاستفادة الأحزاب من

---

(1) جيزيل حليمي: قضية النساء ص9.

(2) ذات المصدر ص52.

(3) دونالد ريكان. DONALD T. REGAN, FOR THE RECORD, P.104.

صوتها[1]! أما في النرويج، فالبعض يفسر اعطاء المرأة حق الانتخاب كان لاستغلالها سياسياً أيضا وذلك عندما تحولت النرويج (في نظامها الانتخابي من اقتراع دافعي الضرائب إلى الاقتراع العام، سارعت البرجوازية، تخوفاً من اقتراع -حفاة الأقدام- إلى منح النساء البرجوازيات حق الانتخاب لتعديل كفة الميزان الجديد...)[2].

وهكذا اختلطت أهداف الدعوة لتحرر المرأة من العمل المنزلي والعمل خارجه بحسب الدعاة، أفراداً أو أحزاباً وتجمعات، كل يريد ذلك لغرض في نفسه ولكن الجميع زايد على المرأة بهدف استعبادها واستغلالها بشكل أو بآخر. وبخاصة في مجال السياسة والجنس فمنهم من جعل من التحرر الجنسي طريقاً للوصول إلى أهداف سياسية أو بالعكس، جعل تحقيق أهداف سياسية طريقاً يوصل في النهاية إلى تحرر جنسي يلغي الزواج والأسرة. فبعد أن فسر رايش، الشيوعي الألماني، على سبيل المثال، السلوك الإنساني على أساس العلاقات الجنسية فقال: (إن أكثر أناس حضارتنا مصابين باختلالات جنسية وعصابية) ألح على ضرورة الثورة الاجتماعية (بوصفها شرطاً مسبقاً للتحرر الجنسي) وأكد على ضرورة (تسييس هذه المسألة الجنسية) وتحويل تمرد الشباب الجنسي الخفي أو العلني، إلى نضال ثوري ضد النظام الاجتماعي الرأسمالي وقال: (إذا كنت تريد إزالة البوس الجنسي إذن فناضل في سبيل الاشتركية)[3] فالتيار الاشتراكي يؤكد (بقوة أن الحرية الجنسية ستكون أحد مركبات الحرية الاشتراكية...والماركسية الثورية تعتبر النضال من أجل تحرر البروليتاريا، الضمانة الوحيدة والشرط الضروري للتحرر الجنسي)[4]!!

إن تفسير السلوك الإنساني على أساس العلاقات الجنسية والذي ساد النظامين، الرأسمالي والاشتراكي (وحتى الشيوعي) جعل من المرأة، التي هي طرف لا بد منه في التحرر الجنسي المطلوب، موضوعاً للجنس بشكل أو بآخر،

---

[1] جيزيل حليمي" قضية النساء ص98.

[2] ذات المصدر ص92.

[3] جورج طرابيشي: المرأة والاشتراكية ص153.

[4] ذات المصدر.

حتى وإن عملت ووصلت إلى أرقى المستويات الفكرية أو الوظيفية. ومن الأمثلة على ذلك ما حصل لرئيسة وزراء فرنسا في 1991-1992م اديث كريسون، والتي شنت عليها حملة على أساس أنها (غير مؤهلة وقد وصلت إلى منصبها هذا عن طريق وسائل شخصية غير أخلاقية) وعلاقات مشبوهة مع رؤسائها!! و الله أعلم[1]. وفي بريطانيا يذكر وليام مانجستر في كتابه، حياة تشرشل (الجزء الأول)[2] بعضاً من التسيب الخلقي وكيفية استخدام كبار الساسة، ومنهم تشرشل نفسه، لنسائهم، أمهات وزوجات للوصول الى ما يريدون. وهكذا اهدرت كرامة المرأة ليس فقط كأم وكزوجة أو إبنة وإنما أيضاً كإنسان وكأنثى. ولم يحصل المجتمع إلا على هدمه وتخريبه ولم تحصل المرأة إلا على الاستعباد والامتهان لدورها والاستغلال لقدراتها، مما جعل حتى لينين، الذي طبق الماركسية وما تدعوا إليه من تحرر جنسي، ينتقد ممارسة الشباب الثوري الجنسية ويعتبرها (مظهر من المظاهر العديدة لماخور بورجوازي) وقال: إن (شبيتنا مستكلبة، مستكلبة بالمعنى الحرفي للكلمة... إن الظمأ لا بد أن يشفى غليله. لكن هل ينبطح إنسان سوي في ظروف سوية أيضاً، على بطنه على أرض الشارع ليشرب من مستنقع ماء وسخ؟ أو حتى من كأس لوثت حوافها عشرات الشفاه الأخرى[3]؟

إن الشواهد على استغلال تحرر المرأة وعملها لأغراض الجنس واللهو كثيرة جداً. فقد ذكر التلفزيون الفرنسي في احصائية له أن عدد الأمهات العازبات يصل إلى مليون امرأة وإن (هناك طفلاً غير شرعي بين كل 15 طفلاً وإن حوادث الاغتصاب تصل إلى 22 ألف حادثة في السنة)[4] وفي استفتاء لجامعة كورنل عام 1975 ظهر أن 70% من العاملات في الخدمة المدنية تعرضن لمضايقات من جانب الرجل وان 56% منهن اعتدي عليهن اعتداءات جسمانية خطيرة. وفي استجواب آخر لـ 875 من السكرتيرات العاملات في الأمم المتحدة أجابت 50% منهن أنهن تعرضن للمضايقات والاعتداءات الجنسية. كما استجوبت 333 شرطية

---

(1) أنظر جريدة الرأي الأردنية 1993/11/20 من كتاب امرأة في الفخ للكاتبة اليزابيث شملا.

(2) THE LAST LION P.87.

(3) جورج طرابيشي: المرأة والاشتراكية ص153.

(4) بدرية العزاز: المرأة ماذا بعد السقوط ص76.

فأجابت 50% بأنهن تعرضن للاعتداءات الجنسية من رؤسائهن، وإن من لا ترضخ لرئيسها في هذا الأمر تتعرض لعقوبات مختلفة ولا تعامل معاملة طيبة كمن تقبل ذلك... فالابتزاز الجنسي منتشر في كل مكان... فلمن تقبله العلاوات والترقيات، ولمن ترفضه الخصم من راتبها، واتهامها بالتقصير حتى تضطر -إن ظلت متمسكة برأيها- إلى الاستقالة من عملها[1]. وإن كان المرء يستطيع تجاهل كل ما تقدم أو يشكك فيه فهو لا يستطيع أن يتجاهل مغامرات بيل كلنتون المتعددة مع مرؤوساته وخاصة قضية لوينسكي!!

وهناك الكثير من مظاهر استغلال المرأة في الغرب واستعبادها مما لا يتسع المجال لذكره ومما جعل البعض يرى في دعوة حقوق المرأة واحترامها وإجلالها من قبل الرجل الغربي ما هي إلا نوع من الضحك عليها و (مخادعتها وجعلها أداة للهو واللعب، حتى إن اشتراكها في أعمال الرجال الذي هو معدود من فوزها وانتصارها ما هو إلا احتمالها لأعباء الحياة القاسية...) وخدعة من الرجل الغربي الذي (ضاعف واجبات المرأة وجعلها تحتمل مسؤوليات مثل مسؤولياته الى جانب متاعب البيت وأعباء الحمل وتربية الأولاد... فصار يستغلها ويخفف عن نفسه من الواجبات التي حوّلها على المرأة ثم جعل ذلك تحريراً للمرأة وفوزاً لها بالمساواة المزعومة)[2].

أما في بلادنا فان الدعوة لتحرير المرأة من العمل المنزلي بالعمل خارج المنزل لم تكن سوى صداً لما حدث ويحدث في الغرب وذلك اما لانتماء الدعاة لذات الاتجاهات الفكرية والسياسية السائدة هناك مثل الماسونية والشيوعية والاشتراكية بأطيافها والليبرالية بأطيافها، وبالتالي صاروا ينشرون ذات الفكر لتحقيق ذات الأغراض. وأما لانبهار الدعاة بالغرب ورغبتهم في أن تعيش المجتمعات العربية الحياة كما تعاش هناك لتحقيق ما نشكو اليوم منه من تبعية وتغريب، وعليه فان أغراضهم لم تختلف كثيراً عن أغراض أمثالهم هناك. والأمثلة على ذلك كثيرة ولا حصر لها! فنجد سلامة موسى، على سبيل المثال يقول: أن

---

[1] ذات المصدر ص142...

[2] نور الدين عتر: ماذا عن المرأة ص20.

العرب يسعون الى ثلاث نهضات؛ التعليم العام والتصنيع وتحرير المرأة. وعن تحرير المرأة يقول: (وهذه النهضة حبيبة إلى قلب كل عربي مستنير لأن أبرز ما يفصل بين الشعوب الشرقية والشعوب الغربية هو حال المرأة بينهما)[1]!! وحرية المرأة التي اعجبته في أوربا وأراد نقلها إلى بلاده تظهر في قوله: (وعلى الرغم من الشهرة التي تتمتع بها باريس بشأن حرية المرأة فقد وجدت أن المرأة الانجليزية أكثر حرية. والشبان والفتيان يتحابون ويتغازلون جهرة في الحدائق العامة. بل أحياناً في الشوارع ولكن الشلل النفسي الذي احدثته التربية الشرقية فينا حال دون استمتاعنا نحن المصريين بهذه المسرات في لندن...)[2]. ورغم أنه كتب كتاباً أسماه المرأة ليست لعبة الرجل، إلا أن، كما يبدو، جعل المرأة لعبة الرجل هو ما كان يحرك دعوته لتحرير المرأة ولذلك نجده، مثلاً، عندما أعجب بمي زيادة لم يعجب بفكرها وما يمكن أن تقدمه في هذا المجال، وإنما أعجب بجمالها ودلالها وتحررها إذ قال:

> (عرفتها في 1914 وكانت حوالي العشرين من عمرها حلوة الوجه، مدللة اللغة والايماءة، تتثنى كثيراً في خفة وظرف. وكان الدكتور شبلي شميل يحبها ويعاملها كما لو كانت طفلة بحيث كانت تقعد على ساقيه وكان يؤلف عنها أبياتاً ظريفة من الشعر للمداعبة، وما هو اكثر من المداعبة وكنت أصدر في ذلك الوقت مجلة أسبوعية باسم المستقبل وكنت أنا وشبلي شميل على نية معينة مبيتة في اصدارها من حيث مكافحة الخرافات الشرقية، ونشرت في أحد أعدادها حديثاً مع مي اطريتها فيه إطراء عظيماً وكان القارئ لكلماتي يلمح أكثر مما يرى من الاعجاب الأدبي)[3].

وهذا النوع من التحرر، كما يبدو، كان وراء التجمع حول مي زيادة، وهو ما كان يحرك البعض للكتابة في تحرير المرأة وفي مكافحة الخرافات الشرقية وجعل المرأة من خلال هذا التحرر!! أداة جنس وأداة متعة للرجل. وحتى مي

---

[1] سلامة موسى: مقالات ممنوعة ص113.

[2] سلامة موسى: تربية سلامة موسى ص92-93.

[3] ذات المصدر ص341.

زيادة نفسها، كما يبدو، كانت لا ترى نفسها إلا كذلك لأنها، بحسب ما يذكر سلامة موسى نفسه (ما..أن تجاوزت الخامسة والأربعين وبدأت خطوط الحلقة الخامسة ترتسم على وجهها وما... أن أحست أن جمهور المعجبين قد شرع يتناقص حتى ركبها الهم والقلق بل الخوف والرعب من ذهاب جمالها وذبول حلاوتها... فابتأست وتزعزعت شخصيتها وشرعت تخلط بين الحقائق والأوهام مما أوصلها الى مستشفى المجانين مقيدة...)[1].

أما النية المعينة والمبيتة المذكورة أعلاه ومكافحته، هو وشبلي شميل، للخرافات الشرقية فتظهر واضحة في دعوته للتزاوج بالأوربيين والاندماج بهم وفي قوله:

(فإذا كنا نضحي بأنفسنا لأجل مصر ـ فيجب أن نضحي بمصر ـ لأجل العالم... ويجب أن تكون غاية كل شاب مصري أن يكون باراً بالعالم فقد برت أوربا العالم... وحقنا في الحياة والبقاء لا يكون إلا بنسبة ما نستطيع أن نزود العالم من هذا البر السامي... لأن العالم هو الأمة الكبيرة... هو وطننا الأكبر... وليست مصر سوى أحد اعضائه... فيجب أن نضحي بمصر لأجل العالم... ولن تكون خدمتنا للعالم شيئاً سوى مساعدته على النهوض والسير في الحضارة الغربية...)[2].

وحتى سلبيات دعوة تحرر المرأة الأوربية وعجزها لم يكتشفه سلامة موسى بنفسه كما فعل داعية آخر للتحرر وللحضارة الغربية، وهو جرجي زيدان، الذي عندما شاهد (في رحلته إلى أوربا سنة 1912 الحرية البالغة التي تتمتع بها المرأة الفرنسية وتجاوزها الدور في إساءة استعمال هذه الحرية، حمد الله على حال المرأة العربية وصار يرضى لها حتى بالحجاب والجهل، مع أنه كان أشد القوم... مناصرة لحركة تحرير المرأة...)[3].

---

[1] ذات المصدر ص341-344.

[2] سلامة موسى: اليوم والغد ص246-256.

[3] علي عثمان: المرأة العربية عبر التاريخ ص134-135.

أما سلامة موسى فهو لم يستطع رؤية سلبيات حياة المرأة في أوربا أو يتنبه الى سوء حالها إلا بعد أن نبهه الى ذلك المفكر الأوربي ابسن وعندها قال:

(كنت أدمن التفكير في حال المرأة المصرية والمرأة الأوربية، وكنت كثير الإعجاب بحرية الثانية في باريس ولندن وانها تملك جزءاً كبيراً من مصيرها وتقرره. ولكن دراما ابسن -بيت اللعبة- كشف لي حقائق مرة، وبسطت لي آفاقاً جديدة لان ما كنت أتوهمه من حرية المرأة واستقلالها في أوربا إنما هو في نظر إبسن لم يكن سوى طلاء سطحي يخفي حقيقة الاستعباد القائمة. لأن المرأة لا تجد في المجتمع سوى التدليل لأنها لعبة الرجل. أو هي كالعروس من الخشب يلعب بها الأطفال... وعندئذ انجابت عن ذهني غشاوة. واتضح لي أن المرأة الأوربية كالمرأة الشرقية في الاستعباد. وهو استعباد بعيد أحياناً عن أية رحمة أو رأفة، لأن المرأة التي تعمل كالرجل لا تحصل على أجره. وفي أقطار أوربية كثيرة كانت لا تحصل على ميراثه. وكانت الجامعات ترفض قبولها طالبة. كما كانت ترفض الدولة قبولها ناخبة او مرشحة لعضوية المجالس النيابية)[1].

وهنا أيضاً يظهر تحامله على الحضارة الشرقية وعلى دور المرأة فيها لأنه أغفل حقيقية كون أن المرأة العربية (الشرقية) لم تعاني من كثير من هذه السلبيات التي ذكرها.

ورغم كل ما حدث في الغرب من آثار سلبية لدعوة تحرر المرأة من عادات وقيم مجتمعها ومنها دورها ضمن أسرتها وعملها كربة بيت، إلا أن دعاة تحرير المرأة من العمل المنزلي في بلادنا نقلوا ذات الدعوة وبرروها بذات المبررات لتحقيق ذات الأهداف السياسية والأخلاقية! فبدلاً من أن يجهدوا أنفسهم في تحليل ما حدث هناك وما هو واقع عندنا والخروج بأفضل الحلول التي تجنب المرأة في بلادنا ما حدث لمثيلتها هناك من امتهان لكرامتها واستغلال لجهودها وتحميلها ما لا يجب عليها من مسؤوليات وتجريدها من أرقى أدوارها وهو دورها

---

[1] سلامة موسى: تربية سلامة موسى ص104-105.

كزوجة وأم، وهو الدور الذي يميزها ويحدد شخصيتها المتميزة بدلاً من أن تكون تابعاً يلهث من أجل منافسة الرجل على دوره وكأنها عضو لا قيمة له ولا دور في المجتمع فيبحث لنفسه عن دور، عملوا هم أيضاً على استغلال الدعوة بذات الطريقة التي حدثت في الغرب.

فنجد نوال السعداوي، مثلاً، تريد للمرأة أن تعمل خارج بيتها لاستغلالها كوسيلة توصلها للعمل السياسي وتكوين حركة نسائية لا يستفيد منها، ككل الحركات في العالم، إلا قلة من نساء طبقة معينة في المجتمع فتقول:

(إن المرأة مكبلة ليل نهار بأعمال البيت والطبخ والأطفال لن يكون لديها الوقت ولا الجهد لكي ترفع رأسها وتتنفس. فما بال أن تشارك بجهودها في الحركة النسائية ولهذا فإن على الحركة النسائية أن تتبنى أهدافاً انتقالية تحرر النساء من وطأة العمل داخل البيت...)[1]!

ولم تكتف باستغلال جهد المرأة الذي يصرف في إدارة البيت لأغراضها السياسية بل تريد أيضاً استغلال تحررها الاقتصادي، من خلال الأجر، والذي تدعو اليه، لجعلها أداة متعة وأداة جنس باسم حريتها في جسدها! فنجدها تنتقد المجتمع العربي لأن العمل بأجر والذي يساعد على تحرر النساء وبخاصة اللواتي يحملن مؤهلاً تعليمياً عالياً (لم يحرر المرأة العربية بل اضاف اليها أعباءً وهموماً ومشاكل جديدة)[2] ففي نظرها أن التحرر الاقتصادي هذا لم يكن كافياً ما دامت المرأة العربية محكومة (جسدياً ولا تملك حرية التصرف في جسدها)[3]. إذ لا يزال الزواج كما تقول (هو الوسيلة الوحيدة أمام المرأة العربية لممارسة الجنس. فالعلاقات الجنسية قبل الزواج ممنوعة تماماً بالنسبة للبنت العربية في أي بلد عربي حتى اليوم)[4]! ولذلك فهي تدعو المرأة العربية أن تتحرر اقتصادياً واجتماعياً بمعنى:

---

[1] نوال السعداوي: المرأة العربية، العرب والعالم ص10.

[2] نوال السعداوي: الوجه العاري للمرأة العربية ص128-129.

[3] المصدر السابق.

[4] ذات المصدر: ص158.

(أن تكون المرأة مستقلة اقتصادياً، لها عملها الذي تختاره... ولها جسدها الذي تملك حريته بالكامل فتحمل حين تريد وتجهض نفسها حين تريد، وتمنح أسمها لطفلها حين تريد وتختار شكل العلاقة الشخصية بينها وبين الرجل، وتتزوج حين تريد وترفض الزواج حين تريد، وتتحرر من أعباء عمل البيت وتربية الأطفال حين تريد، أن تفعل كل ذلك باختيارها وارادتها وهي تتمتع بكامل كرامتها وشرفها في المجتمع)[1].

ولا أود هنا مناقشة معنى الشرف والكرامة وماهية حدودهما الدنيا، وهل لمن تمنح نفسها لكل عابر سبيل تريده ويرضى هو بما تعرضه عليه، أو لمن تحمل متى تريد وممن تريد وتجهض كذلك! أي شرف أو كرامة؟! فهذه أمور نسبية تحددها قيم الفرد والمجتمع الذي يعيش فيه ما دام هذا الفرد، رجلاً أم امرأة، لا يعيش في البراري كالحيوانات. إلا أنني أتساءل عن المسؤولية والواجب والالتزام، فهل، مثلاً، للطبيب الذي اختار مهنة الطب ولا يؤدي ما يفرضه عليه دوره هذا من واجبات معالجة المرض ولا يلتزم بأخلاقيات المهنة، شرف أو كرامة؟! أو هل للقاتل الذي يقتل من يشاء ومتى شاء شرف أو كرامة؟! وهل يمكن للمجتمع أن يحترم مثل هذا القاتل حتى يحترم المرأة التي تقبل دور الزوجة والأم وتتخلى عن كل ما يتطلبه هذا الدور من رعاية للأسرة وللأطفال أو التي تحتفظ بحملها متى تشاء وتقتل جنينها متى تشاء؟! فأي دور هذا الذي أعطته نوال السعداوي للمرأة وهي تريد لها الشرف والكرامة؟!! ولا أريد أن أدخل في تفاصيل العيش في مجتمع وما يتطلبه من مسؤوليات!

ودعوة نوال السعداوي هي ليست إلا مثالاً من أمثلة لا يتسع المجال لذكرها من دعوة دعاة تحرير المرأة واستغلالها بالعمل خارج المنزل لأغراض سياسية أو جعلها أداة جنس وأداة استهلاك بدلاً من أن تكون أداة انتاج ووسيلة استقرار للأسرة وللمجتمع! حتى انتشرت هذه الدعوة بين شابات اليوم وصرنا نسمعها منهن هنا وهناك مما يجعل أمر معالجتها وتصحيح ما يشوبها من تشويش ودس وتخريب أمراً عاجلاً ومصيرياً للأسرة وللمجتمع الذي نريد.

---

[1] ذات المصدر ص129.

وإن كان البعض يرى أن تحرير المرأة يتطلب (قيام وعي جديد والانخراط في حركة ثورية شاملة) وإن حل مشكلة المرأة (هو في الثورة وبمشاركة المرأة فيها في سبيل اقامة نظام جديد تكون فيه كائناً بذاته وانسان لا دوراً أو وظيفة...)[1]! فإني أرى أن المرأة والمجتمع ككل هما في حاجة الى حركة توقف هذا الضلال، فما قيمة الإنسان من غير دور يؤديه؟ إن قيمة الكائنات جميعاً ومنها الإنسان تأتي من قيمة الأدوار التي يؤدونها في الحياة وأهمية الدور تأتي من فائدته في نماء المجتمع وإعمار الأرض ومن تفرده وتميزه عن بقية الأدوار حتى تتكامل ولا تتشابك هذه الأدوار أو تتعارض أو تتكرر بشكل قد يصل إلى ارباك المجتمعات وعرقلة تطورها. وعمل المرأة خارج منزلها ومنافسة الرجل على دوره يؤدي الى هذا التشابك في الأدوار مما يؤدي بدوره إلى ارباك المجتمع وزعزعة استقراره. ثم أي دور للمرأة أكبر وأهم من دورها كأم وزوجة وربة بيت، إن قامت بهذا الدور أحسن قيام وأدت ما عليها فيه؟ مما يتطلب إعدادها إعداداً جيداً للقيام بهذا الدور؟! وليس اهماله. فقيمة المرأة ككائن تأتي من قيمة دورها الذي خلقت مزودة بكل ما يجعلها قادرة عليه ومتفردة بذلك عن أدوار غيرها من الكائنات والذي هو دورها كزوجة وأم وربة بيت. فمن خلال هذا الدور سادت فيما مضى من الزمان وصارت لها السلطة العليا وانتسب اليها الأبناء وليس من خلال دورها في كنس الشوارع وغسل الصحون في المطاعم أو تقديم الطعام والشراب وهي شبه عارية أحياناً!!

فليس من الحكمة ولا من المصلحة معاداة دور ربة البيت كما أنه ليس من الانصاف التقليل من شأنه وأهميته أو اعطائه موقعاً متدنياً في سلسلة الأعمال التي يحتاجها المجتمع. فهذه، على سبيل المثال، مارجريت ثاتشر والتي عملت طوال حياتها في السياسة ووصلت الى أعلى المواقع السياسية في بلادها وهو موقع رئيسة وزراء ورئيسة حزب تقول:

> (إنني لم أكن في يوم من الأيام من الذين يعتبرون عمل المرأة كأم وربة بيت فقط، يأتي بالدرجة الثانية. ومثل هذا التنويه يغضبني سواء

---

[1] ندوة المرأة ودورها في حركة الوحدة العربية ص67.

أكان ذلك قبل أن أصبح رئيسة وزراء أم بعده لأنني اعتبر العمل كأم وربة بيت هو من أرقى الأعمال... ويجب أن يكون البيت هو محور حياة المرأة ولكن ليس من الضروري أن يكون محدداً لطموحاتها...)[1].

وإعطائها عمل المرأة كربة بيت المقام الأول ظهر واضحاً عندما بدأت، على عهدها، المطالبة باعطاء النساء العاملات خارج منازلهن امتيازات لخفض الضرائب ولدور الحضانة والمربيات وغير ذلك فرفضت مارجريت ثاتشر اعطاء هذه الامتيازات والتي لا تستفيد منها النساء ربات البيوت واللاتي يقمن بالعناية بأطفالهن ويدبرن حياتهن بدخل الزوج فقط، واعتبرت اعطاء امتيازات للعاملات أمراً غير عادل بالنسبة لربات البيوت ويغمط حقهن لأنهن الأجدر بالدعم من العاملات.

ثم إن عمل المرأة أمر يخص الأسرة ذاتها والمجتمع فعندما تحتاج الأسرة الى عمل المرأة خارج بيتها فلا يجب أن يكون هناك ما يعيقها بعد الاتفاق مع أفراد الأسرة ومن يهمه ويتأثر بهذا العمل من أفرادها، على أن يكون العمل مما هو مقبول دينياً واجتماعياً. وكذلك الأمر أن احتاج المجتمع لعملها هذا وكان ضرورة ملحة له. فقد سمح الرسول **صلى الله عليه وسلم** للنساء بمرافقة جيوش الفتح للعمل في تضميد الجرحى وتوفير الماء والغذاء للمحاربين. ولا يجب أن يكون لعمل المرأة أي سبب آخر. فالأعمال هي بالنسبة للأسرة أو للمجتمع هي من فروض الكفاية فان اكتفت الأسرة بعائلها يسقط الفرض عن المرأة والطفل في هذه الأسرة، وكذلك بالنسبة للمجتمع.

إلا أن خروج المرأة للعمل خارج منزلها في المجتمعات الحضرية في بلادنا لم يأتي تلقائياً ونتيجة لحاجات وظروف أسرية أو اجتماعية تستدعيه، ولا حتى نتيجة تطور طبيعي وحقيقي للمجتمع وقيمه وأسلوب حياته. بل جاء بفعل عامل خارجي تمثل في دعوة دعا اليها الأجانب أولاً لهدم المجتمع وخلخلة قيمه لتسهيل أمر اختراقه واحتلاله، وتلقفتها ثلة ممن اتصلوا بالثقافة الغربية فانبهروا بها

---

[1] MARGARET THATCHER, THE PATH TO POWER, P.80-81.

وسعوا الى تقليدها وتشكيل المجتمع العربي على نمطها من غير دراسة عميقة لهذا النمط المطلوب ومعرفة ايجابياته لزيادتها وسلبياته لتجنبها ومن غير اعتبار للمجتمع العربي ذاته وحاجاته وإمكاناته وقيمه وعاداته وما يريد لنفسه. فقد كانت هناك، كما يرى البعض، (أصابع آثمة وراء الحركات النسائية في الشرق، تحاول أن ترفع الحجاب الإسلامي عن المرأة وتدعوها الى السفور...) والخروج للعمل والذي يراه هذا البعض (كارثة على البيت، قد تبيحها الضرورة، أما أن يتطوع الناس بها وهم قادرون على اجتنابها، فتلك هي اللعنة التي تصيب الأرواح كما تصيب الضمائر والعقول في عصور الانتكاس والشرود والضلال)[1]. ولهذا لم يؤدي عمل المرأة خارج بيتها ما كان يؤمل منه من زيادة في الإنتاج وتطور صناعي وتقني الخ... فتساقطت مبررات الدعوة اليه. أما أهداف الدعاة المستترة! فان تمسك الغالبية من أبناء المجتمع العربي الإسلامي بكثير من قيمهم وعقائدهم أفشل الى درجة ما تحقيق الأهداف السياسية والجنسية اللاأخلاقية التي توخاها بعض الدعاة من هذه الدعوة أو على الأقل آخر انتشارها بعض الشيء مما يستدعي العمل على تعزيز هذه القيم والعقائد ونشرها أكثر فأكثر بين أجيال الشباب المتغرب الذي لا يزال يستلهم أهدافه ووسائل تحقيقها من أهل الغرب مؤملاً أن يعيش الحياة كما تعاش هناك رغم كل مساوئها.

_____

[1] عبد الله شحاتة: المرأة في الإسلام، في الماضي والحاضر ص196.

الفصل الثاني

المساواة

"يا أيها الناس اتقوا ربكم الذي خلقكم من نفس واحدة وخلق منها زوجها وبث
منهما رجالاً ونساءً واتقوا الـلـه الذي تسآءلون به والأرحام إن الـلـه كان عليكم
رقيبا"

النساء(1)

المرأة في الحضارات الأخرى

عانت المرأة في كثير من الحضارات الكثير مـن التحقيـر والتقليـل مـن شأنها
ومن شأن دورها ومكانتها. فنجد على سبيل المثال، إن كونفوشيوس قـد قـال: (المرأة
كائن خاضع للرجل لأنها قاصر أبدية فإن أولادهـا أنفسـهم لا يخصونها...)(1). وتـردد
بوذا في قبول المرأة لتكون من اتباعه، إذ كان يرى في ذلك خطراً على المجتمـع البـوذي
وقد قال: (لو لم نضم المرأة لدام الدين الخالص طويلاً أما الآن بعد دخـول المـرأة بيننـا
فلا أراه يدوم طويلاً) ودعا جماعته من بعده على (طرد النساء إذا رأوا مـنهن خطـراً
على الدعوة)(2). ولم يكن الهنود يرون للمرأة مكاناً في المجتمع مـن دون زوجها ولهـذا
كانوا يحرقون المرأة حية مع جثمان زوجها المتوفى. وتحرم الهندوسية المرأة من المـيراث
فهي لا ترث والدها ولا زوجها(3).

وقال فيثاغورس: إن (مبدأ الخير... خلق النظام والنـور والرجـل ومبدأ الشـر
خلق الفوضى والظلمات والمرأة) وقال ابقراط: (إن المرأة هي في خدمة البطن) فقـط،
ويرى أرسطو بأن (الأنثى أنثى بسبب نقص معين لديها في الصفات)(4) وهي أقل عقلاً
ولذلك يجب أن تكون للرجل أمور الدولة وللمرأة أمـور المنـزل والأولاد تحت عنايتـه
واشرافه)(5). أما افلاطون والذي اعترف بتشابه

---

(1) جورج طرابيشي: المرأة والاشتراكية ص256.

(2) احمد شلبي: مقارنة الأديان/ أديان الهند الكبرى ص175-176.

(3) ذات المصدر.

(4) جورج طرابيشي: المرأة والاشتراكية ص19.

(5) احمد الحصين: المرأة ومكانتها في الإسلام.

الاستعدادات عند كل من الرجل والمرأة إلا أنه (دعا إلى مشاع النساء) وبحث في اشتراكية المرأة والطفل وحرمان بعض النساء والرجال من التناسل من أجل تحسين النسل وفوضى الطبقة الحاكمة بتنفيذ ذلك وشكر اللـه أنه لم يخلق امرأة فقال: (أشكر اللـه انني خلقت يونانياً لا غير يوناني وإنني ولدت حراً لا عبداً وإنني خلقت رجلاً لا امرأة)[1]. وقال سقراط (إن وجود المرأة هو أكبر منشأ، ومصدر للأزمة والانهيار في العالم وإن المرأة تشبه شجرة مسمومة ظاهرها جميل ولكن عندما تأكل منها العصافير تموت حالاً)[2]. ولذلك كانت المرأة في اليونان بضاعة تباع وتشترى فاقدة لحريتها وكرامتها. وفي الحضارة الرومانية كان الرجل هو السيد صاحب كل الحقوق والامتيازات (يتصرف بزوجته وأولاده كما يشاء يبيع من يشاء ويقتل من يشاء ويعذب من يشاء)[3].

ولذلك شاعت في الغرب فكرة اعتبار المرأة ناقصة وإن (المرأة يجب أن تخجل من كونها امرأة) وإن المرأة هي الموجود ذو الشعر الطويل والعقل القصير وإن (المرأة آخر موجود وحشي دجنه الرجل) وإن (المرأة نقله بين الحيوان والإنسان الـخ...)[4]. وحتى بعض دعاة التحرر أكدوا على نقصها وعجزها مثل فرويد الذي أكد على نقص المرأة وبرهن على عجزها ونقص قدراتها بادعائه بأنها لم تسهم في الحضارة ليست لأنها (منهية عن الإسهام فيها، وإنما لأنها عاجزة تكوينياً عن فعل ذلك)[5]. فهي كما يراها (كائناً متوحشاً نكد المزاج عائقاً في وجه التقدم الاجتماعي)[6]. ولذلك لم تعط المرأة في بلادهم أية حقوق ولم تكن إلا أداة للخدمة وأداة للجنس. حتى الأسرة وتربية الأولاد لم يكن لها المقام الأول في حياة المرأة، ولذلك انتشرت الخيانات الزوجية إلى درجة أصبح وجود الخليل للزوجة والخليلة للزوج أمراً شائعاً ومقبولاً في أوربا.

---

[1] مرتضى المطهري: نظام حقوق المرأة في الإسلام ص148.

[2] احمد الحصين: ذات المصدر ص15.

[3] ذات المصدر ص16.

[4] مرتضى المطهري: نظام حقوق المرأة في الإسلام ص146.

[5] جيزيل حليمي: قضية النساء ص221.

[6] ذات المصدر.

كما شاعت فكرة عدم (إرضاع الأم لأطفالها خوفاً من انصراف الزوج عنها لان صدر المرأة في نظره هو زينة لها من أجله وحده وليس كنزاً طبيعياً له حرمته ودوره)[1]. ولذلك كان من أدب الثورة الفرنسية ومنشوراتها وخاصة في الخمسينيات من القرن الثامن عشر تشجيع الأمهات على إرضاع أطفالهن رضاعة طبيعية، وذلك لأنه آنذاك، كانت واحدة من عشرين من النسوة فقط ترضع طفلها رضاعة طبيعية من صدرها أما الباقيات فقد كن يرسلن أطفالهن إلى مرضعات في القرى حيث يموت طفل من كل اثنين من الجوع والإهمال والقذارة[2]. ولم يكن اهتمام كتاب الثورة ومنهم جان جاك روسو بالرضاعة الطبيعية ناتج فقط عن الاهتمام بالصحة العامة وتقليل وفيات الأطفال لتمكين فرنسا من زيادة سكانها والتخلص من ظاهرة نقص السكان، وإنما جاء ذلك الاهتمام، أيضاً، لتغيير القيم السائدة والتي تجعل المرأة ملك خاص يملكه الرجل مع ما يملك.

فهي لم تكن تعد إنساناً أصلاً، ولذلك فقد عقد اجتماع (في عام 516 في فرنسا يبحث شأن المرأة وما إذا كانت تعد إنساناً أو لا تعد إنساناً وبعد النقاش قرر المجتمعون أن المرأة إنسان ولكنها مخلوقة لخدمة الرجل) وحتى الثورة الفرنسية التي جاءت وسادت باسم الحرية والتحرر لم تعط للمرأة حقوقها والتي بقت منقوصة في كثير من المجالات حتى النصف الأول من القرن العشرين حيث (صدر قانون في فبراير 1938 يلغي القوانين التي كانت تمنع المرأة الفرنسية من بعض التصرفات المالية، وتجيز لها لأول مرة في تاريخها، بدون إذن القاضي أن تفتح حساباً جارياً باسمها في البنك وأن توقع بالتالي على شيكات الصرف وأن تمضي العقود المالية، وتستولي على الإرث)[3].

وفي انكلترا (حرم هنري الثامن على المرأة الانجليزية قراءة الكتاب المقدس، وظلت النساء حتى سنة 1850 غير معدودات من المواطنين وظللن حتى سنة 1882 ليس لهن حقوق شخصية، فلا حق لهن في الملك الخالص، وإنما كانت

---

(1) SIMON, CITIZENS, P.147.

(2) ذات المصدر Opt. Cit

(3) احمد شلبي: مقارنة الأديان/ الإسلام ص204-206.

المرأة ذائبة في أبيها أو زوجها...)[1] وكان البعض يحرم عليها التعلم حتى أن نابليون كان يرى أن المرأة أن تعلمت فقدت براءتها! ولهذا لم تستطع المرأة الأوربية الحصول على التعليم الأولي إلا في نهاية القرن التاسع عشر، وكان الاتجاه في تعليمها هو التأكيد على العلوم المنزلية لجعلها ربة بيت كفوءة ومقتصدة ومربية أولاد جيدة. وقد واجهت صعوبة كبيرة للحصول على التعليم الأولي والثانوي.

وكان حصولها على حق دخول الجامعات والتعليم العالي أكثر صعوبة، فجامعة اوكسفورد لم تقبل امرأة في صفوفها إلا في سنة 1920 وكيمبرج في سنة 1948[2] ولم تساوي جامعة اوكسفورد بين الطالبات والطلاب في الحقوق (إلا بقرار صدر في 26 يونيو سنة 1964)[3].

أما عندما بدأت المرأة الأوربية العمل في المدن فقد كان العمل المتوفر لها إما خادمة أو غانية. ففي عام 1881 كان هناك في انكلترا واحدة من كل ثلاث فتيات ما بين سن 15-20 تعمل خادمة، وكان مخدوميهن يشكون من عدم امانتهن واضطرارهن للسرقة لفقر عوائلهن وعيشهن في ظروف سيئة جداً[4]. ولما ظهرت المصانع وظهرت معها الحاجة الى الأيدي العاملة استغلت النساء في المعامل أسوأ استغلال، وذلك باعطائهن أجوراً أقل وساعات عمل أطول. هذا غير الأمور الاجتماعية الأخرى والتي كلها كانت مجحفة في حقها، فلم يكن لها حق التصرف في أي من أمورها الخاصة حتى حق التصرف في مالها الخاص كانت محرومة منه ويصبح هذا الحق لزوجها حال زواجها. وحتى اليوم فان المرأة الغربية تفقد اسم عائلتها حال زواجها مما جعل حركات التحرر النسوية تطالب بحق المرأة بالاحتفاظ باسمها. وقد اندهشت اليزابيث فيرنا عندما زارت مصر عام 1996 وعلمن أن المرأة في مصر يمكنها أن تأخذ أرضاً من الدولة لاستصلاحها وزراعتها تماماً مثل الرجل بينما في أمريكا لا تسمح معظم الولايات بذلك فيما عدا

---

(1) ذات المصدر.

(2) WOMEN & SCHOOLING, ROSEMARY DEEM.

(3) احمد شلبي: مقارنة الأديان/ الإسلام ص206.

(4) WILLIAM MANCHESTER, THE LAST LION P.76.

الولايات المتأثرة بالقوانين الأسبانية التي كانت سائدة قبل الاحتلال الأمريكي لها وهي القوانين المأخوذة عن العرب في اسبانيا[1]. ومن هنا بدأت فكرة مساواة المرأة بالرجل باعتبارها انسان لا يقل عن الرجل قدرة وكفاءة إذا ما تساوت معه بالدربة والتعلم وبالتالي لها الحق في التصرف في شؤونها وفي التعليم وفي الأجر المساوي لأجر الرجل الخ...

وحتى اليوم فان مساواة المرأة بالرجل في الحقوق والواجبات لا تزال منقوصة رغم كل ما يتنظرون به ويدّعون فهي لا تزال تطالب بعدم التمييز ضدها في الأجور وفي احتلال المناصب العليا الخ... وقد أكد كثير من الكُتاب على وجود التمييز ضدها ومنهم جون هاريكان الذي أكد في كتابه السياسة والأساليب السياسية في الولايات والمجتمعات على وجود التمييز العنصري والجنسي في المجتمع الأمريكي مما يجعل النساء يحتجون على الأساليب التي تستثني رسمياً وتقليدياً، المرأة من تولي المناصب العليا. وفي الستينات حاولت الحكومة ضمان حقوق المرأة (والأقليات) وتوفير فرص متساوية لهم ولكن رغم أن هذه المراسيم صدرت عام 1970 إلا أن ذلك لم يزد من عدد النساء (والأقليات) في مواقع صنع القرار[2] ويقول في مكان آخر أن المرأة والشباب وكبار السن والأقليات العنصرية والفقراء لا يمثلون إلا قليلاً في المجالس البلدية.

[1] FERNA E. WARNOCK, IN SEARCH OF ISLAMIC FEMINISM P.67.

[2] JOHN, J. HARRIGAN "POLITICS AND POLICY IN STATES AND COMMUNITIES P151-152.

المرأة في بلادنا

أما في بلادنا فان المرأة لم تعاني من كثير من هذه المشكلات، فهذه الأمور كلها لم تكن من مشكلاتنا ولا وجود لها في قيمنا وتراثنا ولا من حيث حاجات مجتمعاتنا لها. فمنذ أن بدأ انتشار التعليم المدرسي في نهاية القرن التاسع عشر وأوائل القرن العشرين والدولة ومعلمات المدارس يشجعون الفتيات على التعلم في المدارس إلى حد الذهاب إلى بيوتهن لاقناع أهلهن بإدخالهن المدارس. ولما بدأت المرأة العمل خارج منزلها لم تجد اختلافاً في المعاملة أو الأجر وإن وجد فيكون لصالح المرأة وليس العكس. فلماذا وجدت هذه الدعوة وغيرها في مسألة حرية المرأة وحقوقها؟ وإن كانت المرأة في بلادنا تعاني فهي لا تعاني مما تعاني منه المرأة الغربية وبالتالي فان علاج معاناتها لا يكون باستيراد ذات علاج المرأة الغربية وفرضه على المرأة وعلى المجتمع العربي، بالترغيب أو بالترهيب. وإنما علاج معاناة المرأة في بلادنا يتطلب منا العودة الى قيمنا وتراثنا وتنقيتهما مما اعتراهما من شوائب المجتهدين والمفسرين ومن في قلوبهم زيغ.

المرأة في الفكر الاسلامي

فالشرع الإسلامي، الذي يعتبر الأساس والهادي لكل سلوكنا في هذه الحياة، سبق (كل شريعة سواه في تقرير مساواة المرأة للرجل فأعلن حريتها واستقلالها يوم كانت في حضيض الانحطاط عند جميع الأمم، وخولها كل حقوق الإنسان واعتبر لها كفاءة شرعية لا تنقص عن كفاءة الرجل في جميع الأحوال المدنية من بيع وشراء وهبة ووصية من غير أن يتوقف تصرفها على إذن أبيها أو زوجها. وهذه المزايا التي لم تصل الى اكتسابها حتى الآن بعض النساء الغربيات كلها تشهد على أن في أصول الشريعة السمحاء احترام المرأة والتسوية بينها وبين الرجل)[1].

---

[1] قاسم أمين: تحرير المرأة ص12.

فقد ساوى الإسلام بين المرأة والرجل على أساس الخلق من نفس واحدة إذ قال سبحانه وتعالى: (**...خلقكم من نفس واحدة ثم جعل منها زوجها...**)[1] وقال: (**إتقوا ربكم الذي خلقكم من نفس واحدة**)[2]. وبما أنهما من نفس واحدة فهما متساويان بالأهمية وبالأهلية وإن اختلفا بالتكوين. واختلاف التكوين هذا هو اختلاف يستدعيه اختلاف الدور. وقوله تعالى: (**وليس الذكر كالأنثى**)[3] يعني في التكوين وفي الدور ولكن ليس في الإنسانية أو الأهمية أو التقدير. إذ لكل من المرأة والرجل خصائصه التي تميزه وتؤهله لأداء دوره هذا في الحياة، ولكل من المرأة والرجل نصيبه من الثواب والعقاب بقدر ما ينجز من هذا الدور. وقد قال تعالى: (**وللرجال نصيب مما اكتسبوا وللنساء نصيب مما اكتسبن**)[4] واختلاف التكوين واختلاف الدور هذا لا يعني مطلقاً أن المرأة أقل شأناً ومكانة أو أقل أهلية من الرجل. ولو كان ذلك حقاً، كما يعتقد البعض وكما يفسر بعض الآيات والأحاديث، لكان تكليفها بما كلف به الرجل وتساويها معه في الثواب والعقاب من قبل الشارع الأكبر سبحانه وتعالى، ظلماً لها، وحاشا الله جل وعلى، والذي هو الحق والعدل والرحمن والرحيم من أن يظلم عباده ويكلفهم بما لا طاقة لهم به. فالمرأة، كالرجل، مكلفة بذات تكاليف الرجل، فقد طلب منها التفكر والتعقل والاعتبار والايمان والقنوت والصدق والصبر والخشوع والتصدق والصوم والصلاة والعفة الخ... مثل الرجل تماماً فقال تعالى:

(إن المسلمين والمسلمات والمؤمنين والمؤمنات والقانتين والقانتات والصادقين والصادقات والصابرين والصابرات والخاشعين والخاشعات والمتصدقين والمتصدقات والصائمين والصائمات والحافظين فروجهم والحافظات والذاكرين الله والذاكرات أعد لهم مغفرة وأجراً عظيماً)[5]. وقال أيضاً: (**من عمل صالحاً من ذكر وانثى...**)[6]. وكما ساوى

---

[1] الزمر: 6.

[2] النساء: 1.

[3] آل عمران: 36.

[4] النساء: 32.

[5] الأحزاب: 35.

[6] النحل: 97.

بينهما الله بالثواب ساوهما أيضاً بالعقاب فقال: **(والسارق والسارقة فاقطعوا أيديهما جزاء بما كسبا نكالاً من الله و الله عزيز حكيم)**[1]. وقال أيضاً: **(...والزانية والزاني فاجلدوا كل منهما مائة جلدة)**[2]. وقال أيضاً: **(ولهن مثل الذي عليهن بالمعروف)**[3].

وكون المرأة والرجل خلقا من نفس واحدة جعلهما متساويين ليس بالتكاليف وبالثواب والعقاب فحسب وإنما جعلهما متساويين بالخُلق، أيضاً، والذي يشمل المحاسن والمفاسد. فالزلل، مثلاً، ليس من صفات المرأة لنقص في عقلها كما يحلو للبعض أن يدّعي، من دون الرجل، إذ جاء في القرآن الكريم **(أزلهما الشيطان)**[4] وجاء أيضاً **(فوسوس لهما الشيطان)**[5]. فكلاهما معرض للزلل ومعرض للوساوس والانقياد للشيطان. والكيد هو الآخر ليس صفة خاصة بالنساء دون الرجال، فقد وصف القرآن الكريم امرأة فرعون وصديقاتها وقال: **(إن كيدهن عظيم)** كما وصف أخوة يوسف بالكيد **(فيكيدوا لك كيدا)**، وكذلك الخبث والطيبة والنفاق كلها صفات قد يتصف بها الرجل كما قد تتصف بها المرأة. فقد قال تعالى: **(والخبيثات للخبيثين... والطيبات للطيبين)**[6] وقال أيضاً: **(المنافقون والمنافقات بعضهم من بعض يأمرون بالمنكر وينهون عن المعروف)**[7]. فكل ذلك وغيره يدل على أن المرأة في نظر الإسلام هي ليست أقل عقلاً من الرجل ولا أقل شأناً، كما هي في نظر الحضارات الأخرى. فبالتالي هي ليست أقل مكانة في المجتمع. فقد كرس لها القرآن الكريم كثيراً من السور والآيات وأوصى بها خيراً وجعلها (مسؤولة عن صلاتها وصيامها وزكاة مالها وحجها وتصحيح عقيدتها. وعن الأمر بالمعروف والنهي عن المنكر والاستباق الى الخير...)[8] ولها استقلالها المادي والمعنوي

---

[1] المائدة: 38.

[2] النور: 2

[3] البقرة: 228.

[4] البقرة: 36.

[5] الأعراف: 20.

[6] النور: 26.

[7] التوبة: 67.

[8] عبد المتعال محمد الجبري: المرأة في التصور الإسلامي ص53.

فليس (للرجل أخذ مال زوجته إلا أن تطيب له نفساً، كما ليس لها أن تأخذ من ماله شيئاً... وللمرأة أن تعطي من مالها ما أرادت بغير أمر زوجها...)[1]. وعن الرسول ﷺ انه قال: (يا أبا هريرة لا يحل لك من مال امرأتك شيء غصباً إلا شيئاً تعطيه بطيبة نفسها من غير أن تسألها...) وقال له أيضاً (يا أبا هريرة قل للنساء لا يحل لهن أن يتصدقن من بيوت أزواجهن إلا بشيء رطب يخفن فساده، إذ كان غائباً). وهنا أيضاً تظهر المساواة فكما أنه لا يحق للمرأة التصرف بمال زوجها من دون إذنه فكذلك الرجل ليس له أن يتصدق من مال زوجته (ولا يشتري وينتفع إلا برأيها وإباحة منها... ولا يجوز له أن يطعم منه ما لا تحب مثل ربيب أو زوجة له أخرى أو خادمة... أو ينتفع بشيء من ذلك إلا بأمرها وإباحة منها وعليه ضمان ذلك)[2]. وليس وليس للرجل إكراهها على شيء حتى ولا في مسألة دينها، فمن تزوج كتابية ليس له (إكراه زوجته الكتابية على ترك شريعتها...) وإن دعاها إلى مذهبه (فلم تقبل فليس له لعنها) أو إساءة معاملتها[3].

وقد أعطى الإسلام المرأة كل حقوق الرجل، فلها حق الانتخاب الذي تمثل آنذاك في مبايعتها للرسول ﷺ إذ قال تعالى: (يا أيها النبي إذا جاءك المؤمنات يبايعنك)[4]، وحق تولى المناصب العامة وقد ضرب الله مثلاً على ذلك ببلقيس التي تولت أمر اليمن (وكانت ذات حزم وفراسة وقوة كشف للأمور والتخلص من كل ما فيه ضرر عليها وعلى قومها وبلادها)[5]. ولم ينكر القرآن الكريم عليها هذا الدور ويتوعدها بعذاب عظيم لأجله. وقد مثلت امرأة النساء في المجلس النبوي، إذ يروي أن أسماء بنت يزيد بن السكن الأنصارية، أتت النبيﷺ فقالت: (إني رسول من ورائي من جماعة نساء المسلمين يقلن بقولي وعلى مثل رأي، إن الله بعثك إلى الرجال والنساء فآمنا بك واتبعناك...)[6] ثم ناقشت الرسولﷺ بما جاءت من أجل

---

[1] الكندي: المصنف ج2 ص622.

[2] ذات المصدر ص266.

[3] ذات المصدر ص265.

[4] الممتحنة

[5] ابراهيم النشار: الإسلام والمرأة ص24.

[6] الكتاني التراتيب ج2 ص119.

معرفته. وقد كلفهن الـلـه سبحانه وتعالى بالأمر بالمعروف والنهي عن المنكر إذ قـال: (...**المؤمنون والمؤمنات... يأمرون بالمعروف وينهون عن المنكـر**)[1]، وهـي مسـؤولية عامة. ولذلك نجد أن الدول الإسلامية فيما مضى لم تخل مـن وجـود نسـاء شـاركن في النشاطات الإجتماعية المختلفة (فكان منهن مـن يشـاركن الرجـال في مجـالس الـوعظ التي يعقدها الواعظون...) كما (مارست بعض النساء وظيفة الواعظة، فقـد اشـتهرت ستيتة/ ت377هـ/ وهي أم القاضي أبي الحسين المحاملي وكانت تلـم بـالفرائض وأنـواع العلوم الدينية... واشتهرت منهن الواعظة ميمونة بنت ساقولة/ت393هـ/ وقـد نقـل عنها ابن الجوزي بعضاً من أقوالها ومواعظها. واشتهرت مـنهن مضـغة ومخـة وزيـدة، أخوات بشر بن الحارث وكن عالمات زاهدات. واشتهر من النساء من عملن في الكتابة، منهن منية الكاتبة بمكتب لام ولد المعتمد على الـلـه)[2]. وغيرهن كثيرات.

وللمرأة في الإسلام، حق البيع والشراء مباشرة من غير تـدخل أحـد، فقـد قـال الرسـول ﷺ لعائشـة (اشـتري واعتقـي)[3]. وقـد خرجـت النسـوة الى الأسـواق لشراء حاجاتهن (كما أن الفقيرات والأرامل خرجن لبيع غزلهن وما انتجنه داخل بيوتهن)[4].

وقد ساوى الإسلام بين الرجل والمرأة في حـق طلـب العلـم والـتعلم والتعلـيم فقد (فرض على كل امرأة التفقه فيما يخصها...)[5] مثلها في ذلك مثل الرجل. فكـما أن أن المرأة والرجل (سواء في الخطاب التكليفي فهما سواء في علم ما يجـب علـيهما مـن فرائض الإسلام وخصال الإيمان وفي طلب العلم بما يلزم لصلاح معادهما ومعاشهما وبما تحسن به المعاملة مع من يتصل بهما)[6] ولذلك فقد منع الإسلام

---

[1] التوبة: 71.

[2] فهمي عبد الرزاق: العامة في بغداد ص237-238.

[3] محمد بيهم: المرأة في الإسلام ص73.

[4] فهمي عبد الرزاق: العامة في بغداد ص237-238.

[5] محمد فتحي عثمان: من أصول الفكر السياسي الإسلامي ص258.

[6] محمد عبده: الأعمال الكاملة ج3 ص227.

الرجل من العمل على حرمان المرأة من التعلم فان لم يستطع تعليمها بنفسه (فلها الخروج للسؤال، بل عليها ذلك ويعصي الرجل إن منعها)[1].

ولم يخص القرآن الكريم بدعوته للتعقل والتفكر والتعلم، الرجل دون المرأة، وفي المواقع التي لم يذكر فيها المرأة بالأسم فهي مشمولة بما جاء ضمناً. وكذلك السنة النبوية الشريفة. وضرورة تعلمها لا تحتاج إلى اجتهاد، إذ يؤكدها كونها مأمورة بالأمر بالمعروف والنهي عن المنكر وهذا يتطلب منها أن تعرف ما هو المعروف وما هو المنكر لتأمر بالأول وتنهي عن الثاني. وقد طلبت النساء من الرسول ﷺ تخصيص وقت لهن يتعلمن فيه أحكام دينهن فأجابهن إلى ذلك إذ قالت: (النساء للنبي ﷺ غلبنا عليك الرجال فاجعل لنا يوماً من نفسك فوعدهن يوماً لقيهن فيه فوعظهن)[2]. وقد (خصص لهن بابا يسمى -حتى الآن في مسجد الرسول بالمدينة- باب النساء)[3] وذكر البلاذري في فتوح البلدان أن نساء مسلمات تعلمن القراءة والكتابة يبلغ عدد المعروف منهن نصف عدد المعروف من الرجال والكتُاب)[4]. وفي أيام الدولة الأموية (زاحمت المرأة الرجال في طلب جميع العلوم والمعارف... فأتقنتها أيما اتقان. وفي عهد هشام والوليد لم تكن النساء تختلف عن الرجال)[5] في هذا الأمر ولم يقتصر دور المرأة المرأة على التعلم فقط وإنما مارست التعليم وقد روي أن الرسول ﷺ طلب من الشفاء العدوية، من قبيلة بني عدي، رهط عمر بن الخطاب (أن تعلم زوجه أم المؤمنين حفصة بنت عمر بن الخطاب تحسين الخط وتزيين الكتابة)[6] وقد كانت سكينة بنت الحسين بن علي رضي الله عنه سيدة سيدات عصرها... وكان منزلها كعبة الأدباء والعلماء)[7].

---

[1] محمد بيهم: المرأة في الإسلام والحضارة الغربية ص76.

[2] البخاري: العلم ج1 ص36.

[3] عبد المتعال محمد الجبري: المرأة في التصور الإسلامي ص53.

[4] المصدر السابق.

[5] سهيلة الكيال: تطور المرأة عبر التاريخ ص88.

[6] عبد المتعال محمد الجبري: ذات المصدر ص54.

[7] المصدر السابق.

حتى الجهاد في سبيل الله لم تمنع المرأة عنه لولا مسؤولياتها الأهم في البيت ورعاية الأولاد، وقد جعل الله لهن في ذلك أجر الرجال، إذ جاء في القرآن الكريم **(وللرجال نصيب مما اكتسبوا وللنساء نصيب مما اكتسبن)**[1]. وقد أسهمت المرأة المسلمة في حروب المسلمين ونشر الدين الإسلامي، وخرجت للجهاد وقدمت ما تستطيع في هذا المجال سواء في القتال والمدافعة أم في تضميد الجرحى ورعايتهم ودعم المجاهدين ورفع معنوياتهم، إلا أن (الجهاد على النساء ندب لا فرض)[2] وذلك لمسؤولياتها المذكورة سابقاً في رعاية البيت والأطفال وحفظ غيبة الزوج والأب أو الأخ والابن ورعاية الأسرة نيابة عنهم.

وللمرأة في الإسلام حق اختيار الزوج وتزويج نفسها متى بلغت سن الرشد كما تستطيع (أن تخالع الرجل وتطلق نفسها منه شرعاً على أن تتنازل عن مهرها الذي تسلمته من الرجل أن هي أدركت استحالة دوام الحياة الزوجية معه)[3]، وهذا كله وغيره يدل على أن الإسلام يساوي بين المرأة والرجل ولا يعتبرها أقل من الرجل في شيء وبخاصة من حيث القدرات العقلية والحكمة وسداد الرأي. فقد ذكر التاريخ الإسلامي سيدات فاضلات تمتعن بسديد الرأي والذكاء والحكمة. والتراث الإسلامي يحتوي الكثير مما يدل على احترام رأي المرأة ويدل على ذكائها وما قول عمر (أصابت امرأة وأخطأ عمر) إلا دليل على ذلك الذكاء والحكمة. وقد كان الرسول ﷺ (يصدر عن رأي زوجه خديجة وأم سلمة ومثل ذلك صدور عبد الله بن الزبير عن رأي أسماء، وصدور الوليد بن عبد الملك بن مروان عن رأي زوجه أم البنين بنت عبد العزيز ابن مروان...الخ)[4].

وقد ذكر القرآن الكريم كيف استطاعت احدى بنات شعيب أن ترى بفطنتها ما يتمتع به موسى من أمانة وصدق وخلق كريم. كما اكتشفت امرأة فرعون ضلال زوجها بعقلها وفطنتها فقالت: **(ربي ابن لي عندك بيتاً...ونجني من فرعون)**[5] وإن

---

(1) النساء 32.

(2) محمد فتحي عثمان: من أصول الفكر السياسي الإسلامي ص258.

(3) عابد توفيق: مدخل إلى التصور الإسلامي للإنسان والحياة ص191.

(4) ابراهيم النشار: الإسلام والمرأة ص74.

(5) مريم: 11

وجد اختلاف في القدرات فانما ذلك يعود الى اختلاف الأدوار وبالتالي اختلاف الاهتمامات وإلى التدريب واستخدام الاستعداد الفطري الذي أوجده الله في كل من الرجل والمرأة. يقول سيد قطب في كتابه العدالة الاجتماعية في الإسلام، لقد كفل الإسلام (للمرأة مساواة تامة مع الرجل من حيث الجنس، ولم يقرر التفاضل إلا في بعض الملابسات المتعلقة بالاستعداد والدربة أو التبعة، مما لا يؤثر على حقيقة الوضع الإنساني للجنسين. فحيثما تساوى الاستعداد والدربة والتبعة تساويا، وحيثما اختلف شيء في ذلك كان التفاوت بحسبه)[1].

فالمرأة المسلمة هي، بالاضافة لكونها عماد الأسرة فهي عضو فاعل ومتفاعل في الحياة العامة، فقد آمنت بالله وبرسوله مع المؤمنين، وجلست الى الرسول ﷺ تسأل وتتعلم مع الجالسين اليه وتحدثت بما تعلمت منه مع المتحدثين وهاجرت بدينها مع المهاجرين وجاهدت في سبيل الله مع المجاهدين، سواء في الحروب مشجعة ومداوية ومقاتلة أم راعية لبيتها وأولادها في غياب الرجال المجاهدين، فاستحقت لكل ذلك أجر المجاهدين وتساوت معهم. ولم يمنعها الدين الإسلامي من شيء ما دامت تتحرك ضمن الحدود التي حددها الله سبحانه وتعالى لعباده. وهي بذلك أيضاً كالرجل فخيركم اتقاكم، (إذا كانت المرأة أشد تقوى من الرجل فهي الأفضل، وإذا كانت المرأة أشد حرصاً على أحكام كتاب الله واقامة شرعه على الأرض فهي الأفضل وإذا كانت أشد حرصاً على العفة والطهارة والنزاهة والترفع عن دنايا الأمور فهي الأفضل)[2]. أما إذا كان الرجل هو الأشد حرصاً في كل ذلك فهو الأفضل. وهكذا نرى أن المرأة في الإسلام ليست مساوية للرجل فقط، بل هي يمكن أن تكون أفضل منه إن هي كانت أكثر إيماناً وعملت على أن تكون أرجح عقلاً وأكثر انتاجية وفائدة لأسرتها ولمجتمعها، وعلى هذا فليتنافس المتنافسون! وقد قال الله سبحانه تعال: **(لهم قلوب لا يفقهون بها ولهم أعين لا يبصرون بها ولهم آذان لا يسمعون بها...)** وقال: **(إن شر الدواب...الصم البكم...)** وبهذا عنى النساء والرجال فليتنافسوا لئلا يكونوا كذلك. وعلى هذا الأساس يتفاضلون.

---

[1] سيد قطب: العدالة الاجتماعية في الإسلام ص54-55.

[2] ياسر فرحات: المواجهة ص75.

القـــوامة

أما قوامة الرجل على المرأة والتي جاءت في قوله تعالى: **(الرجال قوامون على النساء...)**[1] والتي جعل منها أعداء الإسلام حجة عليه وفهموها على أنها درجة رفعة للرجل وموقع اذلال للمرأة، فهي كما يؤكد الفقهاء (درجة تكليف لا تشريف وتحمل لأمانة المسؤولية عن الأسرة، لا تعسف ولا تسلط...)[2] وليس فيها شيء مما يمس حرمة المرأة وكرامتها. فالقرآن الكريم لم يقل أن الرجال سادة على النساء ليكون في ذلك معنى العبودية ومعنى السيطرة على الجانب الآخر وإنما اختار (لفظة قوامون ليفيد معنعالياً بناءً، يفيد أن يصلحون ويعدلون لا أنهم يستبدون ويتسلطون)[3]. فلفظة قوامون كما يرى البعض تعني (أنهم مكلفون برعايتهن والسعي من أجلهن وخدمتهن الى كل ما تفرضه القوامة من تكليفات...)[4] ودليلهم على أن القوامة تكليفاً وليس تفضيلاً هو قوله سبحانه وتعالى **(بما فضّل الله بعضهم على بعض)** ولم يقل بما فضل الله الرجال على النساء. مما يدل على أن لكل من الرجل والمرأة فضله في الدور الذي يقوم به ويتناسب وطبيعته لتتكامل الأدوار فتستقيم الحياة ولا تتعارض فيحل الخلاف والشقاق. (فليس من العدل أن تتحمل المرأة ما لا تطيق... وليس من الحكمة أن يكون للسفينة قائدان في وقت واحد... فان ذلك أدعى لوقوعها في مهب الريح)[5]. ويرى محمد الغزالي أن كون الرجل في شريعة الله رب البيت وقيم الأسرة هي (ميزة تكليف أكثر مما هي ميزة تشريف والغرض منها أن يسير البيت وفق نظام سائد، لا وفق مآرب متدافعة ورغبات متنازعة ومن العبث أن تكون أي شركة من غير رئاسة مسؤولة)[6]. ويبقى هذا الأمر نظرياً. فالرجل ليس دائماً وفي كل الأسر هو الذي له القوامة

---

(1) النساء 34.

(2) بدرية العزاز: ماذا بعد السقوط ص22.

(3) نور الدين عتر: ماذا عن المرأة.

(4) ياسر فرحات: المواجهة ص84.

(5) محمد علي البار: عمل المرأة في الميزان ص54.

(6) محمد الغزالي: هذا ديننا ص165.

الحقيقية وهو الذي يقود سفينة الأسرة وإنما قد يحدث على أرض الواقع أن (يستنوق الجمل، أو أن تكون المرأة أبين قدرة من رجلها وهنا تسقط منه الرياسة أو يسقط هو من الرياسة وتنتقل إمرة البيت إلى المرأة)[1].

فالرجل عندما اختص بالقوامة وصارت له الكلمة العليا في البيت وقيادة الأسرة من دون المرأة (رغم أن هذا الأمر نظريا ولا يصح دائماً وفي كل الأحوال كما جاء أعلاه) فان ذلك (إن حدث) ليس لما حباه الله به من عقل أرجح وقدرات أكثر وإنما لأنه ليس عنده ما يشغله عن هذه المسؤوليات مما يشغل المرأة من حيض وحمل ورضاعة ورعاية أطفال الخ... مما يعرقل قيامها بالمسؤوليات التي تفرضها القوامة. هذا غير أن كل هذه الأمور تقلل من فرص تفاعلها مع ما يحدث في مجتمعها مما له أثر على نضجها الاجتماعي وهو الأمر الذي باتت تعترف به اليوم كثيرات من النساء سواء من ربات البيوت أم من العاملات خارج بيوتهن واللاتي يؤكدن أنهن لا وقت لهن لقراءة الجريدة اليومية أو سماع المذياع أو حتى التلفاز ومن تملك الوقت وتفعل ذلك فهي تبحث عما يسليها ولا يرهقها بالتفكير مثل الأغاني الخفيفة والنكات الهابطة الخ... وقلة منهن من تهتم وتتفاعل مع ما يحدث خارج بيتها أو خارج مجال عملها، إن كانت تعمل. حتى صارت هذه التفاهات تشغل البعض منهن حتى عن مسؤولياتهن تجاه أسرهن، بحجة التخفيف عن أنفسهن من متاعب الحمل والولادة وتربية الأولاد أو متاعب العمل إن كن يعملن! مع أن ما يحدث في المجتمع وفي العالم ويهملن الاهتمام به هو مما يؤثر بشكل مباشر او غير مباشر على أسرهن!!

وخلاصة القول، فان المرأة شريكة الرجل في الأسرة وقد يختلف دورها عن دوره ولكن هذا لا يعني أن دورها أفضل من دوره أو أن دوره هو الأفضل حتى وإن كانت له القوامة تماماً كما يحدث لرجلين اشتركا في تأسيس مؤسسة ولا بد ومن أجل مسائل تنظيمية أن يدير أحدهما هذه الشركة بينما يقوم الآخر بدور آخر كأن يكون المساعد التنفيذي أو المالي الخ... ولكن هذا لا يعني أن أحد الشريكين أفضل أو أكثر أهمية من الآخر، ولا تكون الأهمية إلا بنسبة اسهام كل

[1] ذات المصدر.

منهما في هذه الشركة من مال وجهد والمرأة التي تريد أن تكون مشاركة على قدم المساواة مع الرجل عليها أن تسهم بجهدها وبمالها، إن كانت تملك مالاً أو كانت عاملة بأجر، وأن تقتصد وتدبر أمور بيتها بشكل يوفر للأسرة ضمان حاضرها ومستقبلها وكلما فعلت هذا كلما كانت أكثر مساواة بالرجل وقد قال تعالى: **(الرجال قوامون على النساء بما فضل الله بعضهم على بعض وبما أنفقوا من أموالهم...)**[1] فلتجعل الانفاق على أقله.

وهذا قليل من كثير مما يدل على أن الإسلام ساوى بين المرأة والرجل في الحقوق والواجبات ولم يفرق بينهما (بل جعلهما متساويين في القيمة الإنسانية...) وبعد أن كانت توأد في الجاهلية وهي صغيرة ويرثها أبناء زوجها مثل باقي التركة من دون أن يكون لها حق الإرث الذي كان من حق الرجال فقط، منحها الإسلام حق العلم والتعليم والعمل كما منحها حقوقاً اقتصادية ومدنية أخرى[2] وقد قال سبحانه وتعالى **(هن لباس لكم وانتم لباس لهن)**[3] وقال الرسول ﷺ (... إن لكم على نسائكم حقاً ولهن عليكم حقا)[4] مما لا يستدعي المطالبة بالمساواة فقد قال تعالى: **(ولا تتمنوا ما فضل الله به بعضكم على بعض للرجال نصيب مما اكتسبوا وللنساء نصيب مما اكتسبن...)**[5]. ولكنهما مع ذلك مختلفين، ولكن لا على أساس أن أحدهما أفضل من الآخر وإنما يختلفان ليكمل أحدهما الآخر وليكون لكل منهما دور يكمل دور الآخر في هذه الحياة من أجل استمرارها ونمائها وتطورها لا ليتنافسا على ذات الدور.

إلا أن حياة المسلمين دخلت فيها كثير من العادات والتقاليد غير الإسلامية مع دخول أبناء حضارات مختلفة الى الدين الإسلامي، هذا مع ما ساد من الترف والرفاه والتسابق على اقتناء الجواري المختلفات الأصول والمعتقدات وانتشار الفساد بينهن مما استدعى اعادت كثير من القيود والتي كانت المرأة المسلمة قد

---

[1] النساء: 34.

[2] توفيق وهبة: الإسلام شريعة حياة ص56-61.

[3] البقرة 187.

[4] محمد الغزالي: فقه السيرة.

[5] النساء: 32.

تخلصت منها بفعل الإسلام. هذا غير قصر نظر بعض المجتهدين والمفسرين وعجزهم عن إحقاق الحق كما أمر به الدين الحنيف، أو غلبة الأنانية عند البعض الآخر مما جعلهم يتعامون عن كثير من حكم القرآن الكريم وأهدافه في إحداث التكامل وسيادة مفاهيم المودة والرحمة بين الرجل والمرأة. فسنّوا بعض القوانين التي لا تمت للإسلام في شيء مثل بيت الطاعة الذي يقول به بعض الفقهاء، والذي لم أجد له أي دليل في القرآن الكريم، بل هو يتعارض مع أوامر رب العالمين التي تؤكد على ضرورة معاشرتهن بمعروف ومفارقتهن باحسان. فالإسلام الذي رفع المرأة وكرمها لا يمكن أن يسجنها مكرهة في بيت يخلو من المودة والرحمة التي أمر الله بها وجعلها أساساً للزواج وتكوين الأسرة. فالإسلام كما يقول لوبون و (الذي رفع المرأة كثيراً بعيد من خفضها)[1] وإنما كان ذلك كما يرى بسبب خلفاء ومجتهدين لا يفهمون عبقرية دينهم وإن كان في رأيه (أن حالتهن الحاضرة[*] أفضل من حالة أخواتهن في أوربا) ولذلك فهو يرى أن نقصان شأنهن حدث خلافاً للقرآن، لا بسبب القرآن على كل حال[2]. مما يجعل الأجدر بدعاة وداعيات حقوق المرأة العودة الى الإسلام الذي يسيطر بشكل أو بآخر على حياة المسلمين ولا يرضون بغيره بديلاً في تحسين أوضاع المرأة بدل نقل مفاهيم الغرب وقيمهم في هذا المجال. ولكننا مع الأسف نجد أن المفكرين عندنا، عندما أرادوا تصحيح أوضاع المرأة في بلادنا لم يعودوا الى ما دعا اليه الإسلام من حقوق للمرأة وواجبات لا بد لها من القيام بها بل انشغل كثير منهم بما لا ينفع المرأة بل يضرها ويضر المجتمع.

---

[1] حضارة العرب ص404-405.

[*] في القرن التاسع عشر.

[2] ذات المصدر ص404.

المرأة في الفكر النهضوي العربي

لقد انشغل بعض من المفكرين النهضويين، وخاصة في أول عهدهم بالدعوة، بالمقارنة بين الرجل والمرأة وأيهما أفضل وفي أوجه التباين والاختلاف بالقدرات والتكوين والخلق الخ... وهو الأمر الذي كان ولا يزال مجرد صدى لما حدث ويحدث في الدول الغربية، ينقلونه الى بلادنا. فمنهم من أكد على أنها أقل عقلاً وذكاءً من الرجل مثل شبلي شميل الذي يرى أن المرأة لا يمكن أن تكون مساوية للرجل (لأن الغلبة دائماً للذكر جسدياً وعقلياً وأدبياً...) وعليه فانه يعتقد أن نساءنا لن (يتغلبن على رجالنا أو يساوينهم) ولكنه مع ذلك لا يريد أن يحقر المرأة كما فعل شوبنهور الألماني الذي كما يقول شميل (...جعلها تحت العجماوات وقال انها شر المخلوقات...) بل أنصفها وجعلها (عضواً لازماً للهيئة الاجتماعية تابعة للرجل في ارتقائه مساعدة له متممة ما نقص من كماله مخففة عنه مشاق الحياة...)[1] ويستشهد بكتاب وعلماء من الغرب ليؤكد أن دماغ الرجل أثقل من دماغ المرأة وإن مقدم الدماغ الذي هو مقر القوى العاقلة الرفيعة أصغر في المرأة منه في الرجل) واستشهد أيضاً بدارون وبعالم الانثروبولوجي، بروكا، ليؤكد أن (المرأة أقل ادراكاً من الرجل) ولذلك فإن المرأة والرجل (إن تجاريا فالسابق السابق هو) الرجل فيقول: (وهل للضالع شأو الضليع؟) وليؤكد أن المرأة غير مساوية للرجل فقد أكد على اختلافهما (من الوجه الأدبي) إذ يقول أنه من المتفق عليه (أن المرأة أقل ارتكاباً للجرائم من الرجل... وهي أحيل من الرجل وأخدع منه...) إلا أنها (محبة ومحسنة أكثر من الرجل)!!

ويعارض شبلي شميل زعماء المساواة الذين يؤكدون أن هذا الفرق بين المرأة والرجل جسدياً وعقلياً سببه عدم تساويهما في الرياضة والتعليم وأنه إذا تساوت أحوالهما المعاشية والتهذيبية تساويا في القوة والعقل. ويرى أن اعتراضهم هذا لا أساس له مستشهداً على ذلك بأنه لا يوجد في أوربا من نبغن في الموسيقى كما نبغ الرجال وكذلك في فن التصوير وحتى في صناعة الطبخ نفسها (لم يستطع النساء أن يبارين الرجال المتعاطين هذه المهنة)[2]. ولذلك فهو يرى أن المرأة لا

---

[1] شبلي شميل: فلسفة النشوء والارتقاء ص95-107.

[2] ذات المصدر ص103-104.

يمكن أن تكون مساوية للرجل (فالغلبة دائماً للذكر جسدياً وعقلياً وأدبياً)[1].

بينما نجد بالمقابل أن قاسم أمين وهو من ذات الجيل يقول: (الحقيقة أن المرأة أمام علم التشريح ليست أقل من الرجل ولا أرقى منه وإنما تختلف عنه لأن لها وظائف تقوم بها غير وظائف الرجل)[2] ويرجع قاسم أمين الفرق في القوى العقلية الى التربية والتدريب فيقول: (فالمرأة في رأي أعظم العلماء وأدقهم بحثاً مساوية للرجل في القوى العقلية وتفوقه في الاحساسات والعواطف وإنما يظهر للناظر وجود فرق عظيم بينهما في العقل لأن الرجال اشتغلوا أجيالاً عديدة بممارسة العلم فاستنارت عقولهم وتقوت عزيمتهم بالعمل بخلاف النساء فانهن حرمن من كل تربية...)[3]. فالنساء مثل الرجال في نظره (في حاجة الى معرفة الحقيقة والى اكتساب عقل يحكم على نفوسهن ويرشدهن في الحياة إلى الأعمال الطيبة النافعة...)[4].

والطهطاوي أكد ذات المفهوم عندما قال: إن المرأة مثل الرجل (سواء بسواء أعضاءها كأعضائه، وحاجتها كحاجته، وحواسها الظاهرة والباطنة كحواسه، وصفاتها كصفاته، حتى كادت أن تنتظم الأنثى في سلك الرجال. فإذا أمعن العاقل النظر... لم يجد إلا فرقاً يسيراً يظهر في الذكورة والأنوثة وما يتعلق بهما...)[5] ويؤكد أن ذكاؤهن ليس (مقصوراً على أمور المحبة والوداد، بل يمتد إلى إدراك أقصى المراد)[6].

وقد أكد محمود تيمور مسألة مساواة المرأة بالرجل فقال: (والذي يجب الاقرار به هو أن الطبع البشري واحد، وإن الموهبة ليست مقصورة على الرجال دون النساء بالمعنى الواسع. وقد أثبتت المرأة أن حظها من المواهب غير منقوص، ويرى أن عاملين حدا من تفوق المرأة: العامل الأول هو (أن المرأة تعنى بصنع

---

[1] ذات المصدر ص103-104.

[2] قاسم امين: المرأة الجديدة ص44-45.

[3] ذات المصدر ص47.

[4] ذات المصدر ص55.

[5] رفاعة رافع الطهطاوي: الأعمال الكاملة/ المرشد الأمين، ج1 ص205.

[6] المصدر السابق.

الأبناء فهذه مهمتها الأولى ووظيفتها الرئيسية التي تشغلها عن كل مهمة وكل وظيفة) والعامل الآخر هو (أن المراحل المدنية التي تقلبت فيها البشرية كانت تعمل بأوضاعها الاجتماعية على أن تكف المرأة عن التحليق في الآفاق فأصبحت الفرص أمامها محددة وسبيل الظهور غير رحيب)[1]. وقال الرصافي مؤكداً دور المجتمع في تأثيره على حال المرأة:

يقولون لي أن النساء نواقص
ويدلون فيما هم يقولون بالسمع
فأنكرت ما قالوه والعقل شاهدي
وما أنا في إنكار ذلك بالبدع
إذا النخلة العيطاء أصبح طلعها
ضعيفاً فليس اللوم عندي على الطلع
ولكن الجذع الذي هو نابت
بمنبت سوء فالنقيصة في الجذع[2]

وهكذا انشغل دعاة النهضة والتحرر والتغيير في بلادنا منذ أكثر من قرن من الزمان بمساواة المرأة بالرجل ولا يزالون مشغولون فيه، رغم خروج النساء للدراسة وللعمل جنباً الى جنب مع الرجل وبكفاءة لا تقل عن كفاءة الرجل. وظلوا يخلطون بين القدرات والتكوين والدور ومتطلباته بشكل شوش على المجتمع وعلى الفتيات بشكل خاص حياتهن فصارت كل منهن تفهم المساواة كما تشتهي أو كما يخدم أغراضها ووفق ما ينسجم وشخصيتها، مستهدين بما ينقل دعاة المساواة وحقوق المرأة من النساء والرجال، عن الغرب. فكل دعوة تظهر هناك تجد صدأً لها هنا في بلادنا!!

المساواة كما فهمتها بعض النساء

فالمساواة في نظر بعضهن هي ليست تكافؤ الفرص أو تساوياً في الأجر الخ... فهذه أمور لم تعاني منها كثيراً المرأة العربية كما عانت منها المرأة الغربية عندما شقت طريقها الى الحياة العامة بصعوبة، بل أن المساواة في نظر هذا

---

[1] محمود تيمور: بين المطرقة والسندان ص103-104.

[2] ديوان الرصافي في ص133

البعض هي المساواة في التحرر الجنسي- والمساواة في نوع العمل والمساواة في نوع التعليم والمساواة في ممارسة السلطة ومواقع اتخاذ القرار!!

1- المساواة في التحرر الجنسي

تعتقد بعض المتحررات أن التحرر الجنسي مسموح به للرجل وغير مسموح به للمرأة في المجتمعات العربية. وهو اعتقاد خاطئ لأن القيم الدينية والاجتماعية ترفض هذا النوع من التحرر للرجل كما ترفضه بالنسبة للمرأة. وقد حدد القرآن الكريم ذات العقوبة لكل من المرأة والرجل فقال سبحانه وتعالى **(الزاني والزانية فاجلدوا كل واحد منهما مائة جلدة ولا تأخذكم بهما رأفة... الزاني لا ينكح إلا زانية أو مشركة والزانية لا ينكحها إلا زان أو مشرك...)**[1] وكما أن الرجل لم يفلت من عقاب الدين بالجلد فهو أيضاً لم يفلت من احتقار المجتمع له والابتعاد عن صداقته أو مصاهرته إلا عندما فصل الدين عن الحياة وابتعد المجتمع عن تراثه وتقاليده وقيمه الدينية وحاول التشبه بالغرب المتحرر!! وحرية مثل هذا الرجل يقابلها حرية موازية لامرأة مثله خارجة عن دينها وقيم مجتمعها، فالرجل لا يستطيع التمتع بحرية جنسية لوحده! ثم إن أخطأ بعض من أفراد المجتمع لا يعني هذا مطلقاً التهاون في انزال العقوبات عليهم وسن قوانين تبيح المحظورات الاجتماعية وتسهل أمر هذا الخطأ ليسود!! ومسألة التحرر الجنسي بالذات، كانت سائدة عندما كانت الإنسانية في بدايتها وكان الإنسان لا يزال متوحشاً، فلا يُعقل أن نلغي جهد الحضارات المتعاقبة والأديان السماوية التي نظمت علاقات الإنسان المختلفة ومنها العلاقة الجنسية بشكل يرفعه عن البهيمية ويحفظ له صحته وكرامته ونعود به إلى همجيته الأولى. ومن الأجدر بالدعاة أن يدعو إلى اعادة الشواذ الى الطريق القويم لا جعلهم القاعدة والأساس الذي يبنون عليه، خاصة وإن إشاعة الحرية الجنسية هي مسألة تخص المجتمع ككل وتخرج عن دائرة الحرية الشخصية كما يحلو للبعض أن يراها، وذلك أن أضرارها الاجتماعية لا يمكن لهذا المجال الضيق أن يحصرها. ولذلك فان الممارس للجنس خارج أنظمة المجتمع وقوانينه وعقائده يجب أن يعاقب تماماً كما يعاقب القاتل والسارق والمزور الخ... إن لم يكن

[1] النور: 2-3.

بشكل أكثر شدة وفعالية وذلك أن ضرره على المجتمع أكبر من ضرر هؤلاء.

وحتى فكرة المساواة في الحرية الجنسية تختلف نسبة للدعاة. إذ هي عند بعض دعاة حقوق المرأة، حرية المرأة في ممارسة الجنس من غير قيود الزواج والأسرة، متى شاءت ومع من تشاء! مثل نوال السعداوي، التي تدعو لعلاقات جنسية خارج نظام الزواج والأسرة وتقول: إن المرأة العربية رغم حصولها على بعض الحقوق الجديدة في الآونة الأخيرة إلا أنها لا تزال تخضع لقوانين الزواج والطلاق فالنساء (محكومات في حياتهن داخل الأسرة وخارجها بالتقاليد العتيقة والقيم الأخلاقية المزدوجة التي تدين المرأة وحدها، وتتحمل البنات والنساء... فوضى الرجال الجنسية، وتعدد الزوجات، والطلاق بغير سبب، ومآسي العذرية والشرف والختان، والخوف من الحمل داخل الزواج وخارجه...)[1] وتنتقد كون الزواج وحده وسيلة لممارسة الجنس فتقول: (ولا يزال الزواج هو الوسيلة الوحيدة أمام المرأة العربية لممارسة الجنس. فالعلاقات الجنسية قبل الزواج ممنوعة تماماً بالنسبة للبنت العربية في أي بلد عربي حتى اليوم. وزواج المسلمة بغير المسلم أيضاً ممنوع مع أنه مسموح به للرجل...)[2]. وحتى الدول الأوربية لم تسلم من انتقادها لهم لعدم شيوع التحرر الجنسي عندهم بما يكفي لأرضائها فتقول: (حتى الثورة الروسية لم تحرر المرأة من سيطرة الأسرة، إذ هي فرضت القيود على الطلاق وعلى الاجهاض وعلى الطفل غير الشرعي وانحصرت الاشتراكية داخل المفهوم الضيق المتعلق بالتحرر الاقتصادي الذي في ظله تتحول المرأة إلى أداة للعمل في المصنع وفي البيت أيضاً مما جعل أغلبية نساء الاتحاد السوفياتي لم يتحررن تحرراً كاملاً)[3] فالمرأة في الاتحاد السوفياتي (السابق) في نظرها لا تزال تعاني من قيود الاجهاض والعار الذي لا يزال يطارد الأم غير المتزوجة أو الطفل غير الحاصل على اسم أبيه، مما يدل على أن العمل بأجر مساو لأجر الرجل لا يكفي لتحرير المرأة تحريراً حقيقياً. إلا أن (في نظرها) وضع المرأة في هذه المجتمعات الاشتراكية أفضل بكثير من وضعها في البلاد الرأسمالية.

---

[1] نوال السعداوي: الوجه العاري للمرأة العربية ص142-158.

[2] ذات المصدر.

[3] ذات المصدر ص140.

أما البعض الآخر فيرى أن منع الحمل وحرية الاجهاض، وغير ذلك مما جاء اعلاه، لا تكفي ولا توحي بقيام المساواة الجنسية ما دامت (علاقات السائد-المسود قائمة) وترى أن المساواة هي أن يكن (متحررات من الشعور بالذنب، من الخجل، من انضباطهن الذي لا يكل ولا يمل. أن ينفضن عنهن المعوقات ويتملكن جسدهن ويتمتعن بملء طاقاتهن الخ...)[1] ويفسر هذا البعض تأييد الرجال وهتافهم نيابة عن النساء بحرية ومجانية منع الحمل والاجهاض هو بالنسبة لهم (التمتع الحر بجسد المرأة) من غير التزام وشعور بالذنب تجاه المرأة[2].

وهذه الفكرة الأخيرة ليست بعيدة عن الواقع ولهذا نجد كثير من دعاة تحرر المرأة هم أكثر الناس تشدداً عندما يخص الأمر بناتهم أو أخواتهم أو زوجاتهم! فنجد، على سبيل المثال لا الحصر، إن جورج طرابيشي- الذي دعا في محاضرة له في مؤسسة شومان في الأردن، في نهاية عام 1998، الى التحرر الجنسي واعتبر عدم التحرر الجنسي من معوقات الديمقراطية فقال: لا يمكن أن تكون هناك ديمقراطية في غياب التحرر الجنسي- يقول في مقدمة ترجمته لمقالات في المرأة والاشتراكية أن (المرأة مساوية للرجل بالتأكيد. ولكن هل خطر لنا مرة أن نتعمق في معنى هذه العبارة؟ هل خطر لنا أنه تعني أن كل ما نبيحه، نحن الرجال لأنفسنا، يجب أن يكون مباحاً للمرأة؟ لزوجاتنا وأخواتنا وبناتنا؟)[3]. ولهذا يؤكد أن المناداة بمساواة المرأة يتطلب الجرأة من المرأة ومن الرجل على حد السواء!!

هذا فقط نموذج لما يدعو له دعاة التحرر الجنسي والمساواة فيه! وما صار يدور في اذهان بعض المتحررات من النسوة وخاصة من الأجيال الشابة، مما يستدعي التساؤل: أما كان من الأجدر بالدعاة، إناثاً وذكوراً، أن يدعوا إلى التعفف الذي يحفظ كرامة الإنسان، ذكراً أم اثنى، ويؤكد إنسانيته ويحفظ صحته ويحقق الصحة والتوازن للمجتمع الذي يعيش فيه مما يحقق، أيضاً، المساواة بين الرجل والمرأة، المساواة في التعفف والخلق القويم الذي يرضاه الفرد لنفسه

---

[1] جزيل حليمي: قضية النساء ص160.

[2] ذات المصدر ص172.

[3] مقالات في المرأة والاشتراكية ص120.

ولمجتمعه؟! وبخاصة وإن هذه الدعوة، دعوة التحرر الجنسي، والتي نقلها الدعاة إلى بلادنا عن بلاد الغرب قد قامت عندهم لخدمة أغراض سياسية واقتصادية ليست لبلادنا مثلها. إذ لم يكن تفسير السلوك الإنساني وما فيه من خلل وشطط على أساس الجنس وما فيه من تحرر أو تعفف، كما فعل فرويد ورايش وغيرهما، إلا غطاءاً يخفون وراءه أغراض سياسية واقتصادية لئيمة. فقد عالج رايش (الشيوعي الألماني) مسألة الأمراض النفسية فقال: (إن أكثر أناس حضارتنا مصابين باختلالات جنسية وعصابية) وذلك في نظره، بسبب التربية العائلية (الرعوية والقمعية من وجهة النظر الجنسية) وللوقاية من هذه الأمراض لا بد، في رأيه، من إحداث انقلاب في هذه المسائل التي تتصل بالأخلاق والتعفف الجنسي. وقد لخص تجربته مع الشبيبة الألمانية الشيوعية والشبيبة الاشتراكية النمساوية في كراس يلح فيه كما مر ذكره، على ضرورة (الثورة الاجتماعية بوصفها شرطاً مسبقاً للتحرر الجنسي) وضرورة (تسييس هذه المسألة الجنسية) وتحويل تحرر الشباب الجنسي الخفي أو العلني، إلى نضال ثوري ضد النظام الاجتماعي الرأسمالي، فقال: (إذا كنت تريد إزالة البؤس الجنسي إذن فناضل في سبيل الاشتراكية)[1]. ومن أقواله أنه (إذ كان الجوع قد انتج السرقة، فان التنسك الحديث قد ولد العنف الجنسي)[*]. والفوضى الجنسية في نظره هي:

1- الاستنجاد في فراش الزوجية...

2- عقد صلة جنسية لمدى الحياة بدون معرفة جنسية مسبقة بالشريك[2].

وقد ساد هذا المفهوم للجنس فكر كثير من دعاة التحرر في بلادنا. وبالرغم مما حدث ويحدث في الدول الغربية المتحررة والتي تسود فيها الحرية الجنسية كما جاءت أعلاه، من جنون جنسي وفوضى جنسية، لا تتمثل فقط بالنسبة العالية من الطلاق والعزوف عن الزواج الشرعي فحسب وإنما بشيوع حوادث الاغتصاب والتحرش الجنسي الذي انتشر جنونه ولم يصب النساء والرجال فقط

---

[1] جورج طرابيشي: مقالات في المرأة والاشتراكية ص153.

[*] مع أن العنف الجنسي والاغتصاب زاد مع التحرر الجنسي اضعاف ما كان عليه قبله.

[2] ذات المصدر ص164-170.

وإنما طال حتى الأطفال والقاصرات والقصر. وصارت الثقافة الجنسية التي كان يراد بها فهم أفضل للجنس ودوره في حياة الإنسان، (من أكبر وسائل اشعال الفتنة وايقاد الشهوة حيث تعم الفاحشة وتستشري الأمراض الفتاكة ويحل المنكر ولا يجني منه المجتمع إلا الشر المستطير)[1].

وكما شجعت الاشتراكية التحرر الجنسي لخدمة أغراضها السياسية، فقد شجعت الرأسمالية أيضاً التحرر الجنسي والتمرد على نظام الزواج والالتزام بالأسرة لهدمها وللسيطرة على النساء والرجال معاً لاستعبادهم من خلال العمل المأجور لخدمة رأس المال. واشغالهم بالجنس عن كل ما يحدث في المجتمع من شرور الرأسمالية. تلك الشرور التي تستدعي التمرد عليها وإحداث شغب وفوضى تعرقل مسيرة الرأسمالية وتقف في وجه طغيانها، لولا هذا الانشغال بالجنس وبتوافه الأمور. فصار هم الرجال والنساء في هذه البلاد البحث عن العمل بعد أن زادت الأيدي العاملة، بدخول المرأة ميدان العمل المأجور، عن المطلوب والبحث عن الجنس بغض النظر عن أي طريق وعن أية قيم عليا وسامية، بعد أن تراجعت قيم الزواج والأسرة، تماماً كحيوانات البراري. والمرأة بالذات صارت في هذا النظام عبدة لشهواتها وغرائزها حتى قيل كما مر ذكره أن المرأة في هذه البلاد الرأسمالية صارت (تشتري وتشترى وتروج للشراء) عن طريق الاعلان عن البضائع!

ولكن مع ذلك، نقل دعاة حقوق المرأة وتحررها كل ما حدث ويحدث هناك إلى بلادنا حتى الدعوة إلى قتل المرأة على خلفية شرف العائلة والذي هو أمر لم نسمع بحدوثه إلا نادراً مما لا يجعله من مشاكل المرأة العاجلة عندنا ولا من مشاكلنا الاجتماعية الأساسية حتى نخصص له كل هذه الكتابات والندوات. فما يحدث من ازهاق للأرواح من خلاله أو من خلال الاجهاض، هو كلا شيء نسبة لما يُزهق من الأرواح بسبب تلوث البيئة أو بسبب حوادث المرور ووسائط النقل أو بسبب نقص الخدمات الصحية أو سوئها وعجز المستشفيات وما يحدث فيها من أخطاء طبية قاتلة!! أو غير ذلك الكثير من ظواهر القصور! ولكن ما أن عقدت

---

[1] بدرية العزاز: ماذا بعد السقوط ص85.

اسرائيل عدة ندوات متلاحقة حول هذه المشكلة التي تواجهها المرأة العربية هناك والتي تزهق خلالها الأرواح العربية التي هي (إسرائيل) حريصة عليها!! وإثارتها في إعلامها وفي وسائل الإعلام العالمي المرتبط بها، حتى صرنا نسمع بها في بلادنا وصارت تعقد الندوات والمؤتمرات لحل هذه المشكلة التي لا مشكلة للمرأة العربية غيرها!! مما يستدعي التساؤل ماذا حدث؟ ولماذا؟ لماذا، ما أن شقت إسرائيل، التي قتلت وتقتل من العرب الفلسطينيين الآلاف، الجيوب ولطمت الخدود على هذه الأرواح العربية البريئة التي تزهق من غير حق!! حتى شق كتابنا ومفكرونا الجيوب وولولوا وصارت هذه هي مشكلة المرأة العربية في بلادنا وكأن لا مشكلة لها سواها؟!!. مع أن هذه العادة كانت سائدة في دول مثل جنوب فرنسا وايطاليا واسبانيا وغيرها من دول البحر المتوسط، إلى فترة قريبة، وما أن انتفت من حياتهم بدعوة التحرر الجنسي- وحقوق المرأة في جسدها!! حتى ساد التسيب الجنسي- والخلقي والذي أضر بالمرأة عندهم أكثر مما كانت تفعل هذه العادة.

2- المساواة في نوع العمل

ومن النساء، ولكثرة تهوين الداعين والداعيات للعمل المنزلي وتحقيره، والدعوة إلى التحرر منه فهمت المساواة على أنها منافسة الرجال في أعمالهم. والركون الى الكسل والاستهلاك والتواكل في غير ذلك، مما عاد على المجتمع وتوازنه بأكبر الأضرار الاقتصادية والاجتماعية. ورغم أن بعض دعاة التحرر والمساواة في الغرب نفسه يؤكدون على أن المساواة (لا تعني... ابداً بأن يعمل الرجل في المطبخ، بل تعني الاعتراف الفعلي بحقوق المرأة... في العلم والعمل...)[1]. ورغم أن هذه الحقوق معترف بها وموجودة بالفعل، فقد عملت النساء العربيات وتعلمن سواء قبل الإسلام أو خلال عصور إزدهاره أو حتى في العصور التي يصفونها بالتخلف، بحسب المفهوم الذي كان سائداً للعلم وللعمل. فقد تعلمت المرأة الغزل والنسيج والزراعة وصنع المواد الغذائية المختلفة والبيع والشراء والتوليد والتطبيب وغير ذلك مما يحتاج المجتمع وما كان سائداً من العلوم، وعملت بكل ما تعلمت ولولا ذلك لما استطاعت الأمة أن تبني لنفسها

[1] لويزا شايدولينا: المرأة العربية والعصر ص126.

حضارة تتغنى بأمجادها حتى اليوم وسادت اكثر من نصف العالم القديم. فلو كان نصفها عاطل جاهل كما يدّعون فمن كان يعمل ونصفها الآخر مشغول بالجهاد؟!! فالمرأة لا تمنع إلا من الأعمال التي تؤدي إلى تنقيص حق الزوج والأسرة والأضرار بهم أو التي تؤدي إلى خروجها من البيت من دون ضرورة (أما العمل الذي لا ضرر فيه فلا وجه لمنعها منه وكذلك ليس -للزوج- منعها من الخروج إذا كانت تحترف عملاً هو من فروض الكفاية الخاصة بالمرأة مثل عمل القابلة)[1].

ولكن مع ذلك التقطت كثيرات من النسوة العربيات هذه الفكرة من الغرب واعتقدن أنها تعني أن يعمل الرجل في المطبخ وتغيير حفاظات الأطفال وتحضير الرضعات الى آخر ذلك من مسؤوليات بالاضافة لمسؤوليات عمله ليتفرغ بعضهن ليس لعملهن خارج المنزل فقط بل لزياراتهن وحفلاتهن وسهراتهن وسفراتهن... ولقضاء ساعات طويلة عند مصفف الشعر والخياطة والمرور على المحال التجارية لالتقاط ما يمكن التقاطه من فضلات المنتجات الأجنبية من ملابس وأدوات زينة وما يحتجن وما لا يحتجنه من كل ذلك، هذا غير الساعات الطويلة التي يصرفنها في الدردشات (أو النميمة) على الهاتف أو مشاهدة ما يعرضه التلفاز من التوافه.

3- المساواة في العمل السياسي

أما البعض الآخر من النساء، وخاصة من الطبقة العليا وبعض المتعلمات من الطبقة الوسطى، فالمساواة بالنسبة لهن هي سلم للوصول إلى المراكز الوظيفية العليا مستغلين تهافت مراكز القوى المختلفة، نسبة للبلاد المختلفة، فقد تكون هذه المراكز حكومة تريد أن تثبت لغيرها أنها الأكثر تقدمية أو تحرراً الخ... أو أن تثبت للدول العظمى (الاستعمار سابقاً) المهتمة بتحرر المرأة في بلادنا!! إنها قد حفظت درسها جيداً وإنها على ذات درب هذه الدول تسير. أو أن يكون مركز القوة حزباً يريد أن يبز غيره من الأحزاب بالتقدمية والثورية والتحررية والتحديث الخ...!! وغير ذلك من مراكز قوى، كل لتحقيق غرض في نفسه! من غير أن يكون لوجودهن في هذه المراكز أي أثر فعال يختلف عن عدم وجودهن أو وجود

---

[1] السيد سابق: فقه السنة ج2 ص207.

رجل مكانهن. فما قيمة أن تكون هناك وزيرة (وزير!!) أو أكثر أو نائبة (نائب!) أو أكثر أو مديرة عامة الخ... بالنسبة لفعالية المجتمع وتقدمه ورفاهه؟ أو حتى بالنسبة للمرأة ككل؟ لا شيء. فوجودهن لا يقدم ولا يؤخر ولهذا نجد اليزابث فرنا تقول: إن امرأة تركية ريفية قالت لها أنها لا يهمها من يحكم إن كانت امرأة أو كان رجل (فالآن عندنا رئيسة وزراء امرأة فما هي حسنات ذلك؟ فهي لا تهتم بمشكلات الناس نساءً ورجالاً وإنما ما يهمها هو أن تبقى في السلطة) وبالنسبة للحجاب قالت لها هذه المرأة الريفية: ما العيب في لبس المرأة اللباس المحتشم (الشرعي) فمن حق المرأة أن تلبس ما تريد فلماذا تتحيز السلطة العلمانية في البلاد ضد من تلبس اللباس المحتشم هذا أو تفصلهم من وظائفهم مع أنها تنتقد رجال الدين في إيران عندما يمارسون الشيء نفسه ضد من لا تلتزم باللباس كما يريدونه[1]. وأكدت اليزابيث أن صديقتها التركية، الأستاذة في الجامعة، أكدت لها أن هذا الرأي أعلاه هو رأي أكثرية النساء في تركيا وخاصة في الريف وبانتقال هؤلاء من الريف الى المدينة تنتقل معهم أفكارهم وقيمهم هذه مما يعقد الأمور في تركيا[2].

فقد أصبح معروفاً للجميع أن كل امرأة في هذه المواقع لا تمثل إلا نفسها ولا تحقق إلا طموحاتها هي. فالفوائد لها وعليها المشاق، إن وجدت. فهذه بعض الدول، حكمتها عدد من النساء مثل الهند وسيريلانكا وباكستان. ولم يختلف حال المرأة في هذه البلاد عما كان عليه قبل حكمهن ولا عما صار عليه بعد ذلك من فقر وأمية وغير ذلك من مظاهر التخلف، ولم ينعكس وجودهن على رأس السلطة ايجابياً على حياة المرأة في بلادهن، بل العكس حدث، فقد سوقت بعضهن مواطناتهن كما تسوق المواشي ليعملن خادمات وغانيات في البلاد الأخرى، لجلب العملة الصعبة للبلاد من دون اعتبار لكرامتهن ولا لما يعانين في الغربة. وبعد أن كن يعملن في بيوتهن، يخدمن أسرهن ويربين أطفالهن صرن بعد تحرر المرأة في بلادهن ومساواتها بالرجل ووصولها الى مواقع السلطة، يعملن في خدمة الغير وينظفن بيوت الأجانب ويربين أطفالهم (الأجانب) بعيداً عن أوطانهن وأطفالهن

---

(1) ELIZABITH FERNEA, IN SEARCH OF ISLAMIC FEMINISM P.223.

(2) OPT. CIT.

وأسرهن ومن هم أولى برعايتهن، فماذا تحقق للمرأة بشكل عام من وصول النساء الى مواقع السلطة واتخاذ القرار في هذه البلاد؟ وهي الدعوة التي لا تنفك بعض النسوة في بلادنا من الدعوة لها كحق من حقوق المرأة. إن ما قامت به النساء في مواقع السلطة واتخاذ القرار هناك المئات بل الآلاف من الرجال المؤهلين الذين كانوا يستطيعون القيام به وبكفاءة لا تقل عن كفاءة هؤلاء النسوة، ولكن هل استطاعت مجموعة الخدم والمربين وغيرهم من الذكور والإناث والذين استخدمتهم هذه الوزيرة وتلك الرئيسة الخ... واستعبدتهم وعطلتهم عن العمل المنتج أن يقوموا بعملها كربة بيت؟ لا وألف لا، فكثير من الأبحاث التربوية والنفسية والصحية تقول أن هذا لا يمكن وإن أمكن مادياً فلا يمكن مطلقاً معنوياً وعاطفياً. فدور المرأة كأم وربة بيت أكده العلماء وتغنى به الشعراء فقال معروف الرصافي على سبيل المثال:

لم أرى للخلائق من محـــل

يهذبها كحضن الأمهـــات

فحضن الأم مدرسة تسامت

بتربية البنين أو البنـــات

وأخلاق الوليد تقاس حسنـاً

بأخـــلاق النسـاء الوالـدات

لاخلاق الصبي بك انعكاس

كما انعكس الخيال على المرآة

وما ضربات قلبك غير درس

لتلقين الخصال الفاضلات [1]

أما العلماء فهـم لا ينفكون يؤكدون على أهميـة وجـود الأم مـع أطفالها ويحـذرون مـن الأضرار الكثيـرة التـي تحدث لهم نتيجـة إهمالها وانشغالها عنهم وبخاصة علماء التربية الذين ترتفع أصواتهم اليوم في الغرب حيث تعمل المرأة خارج منزلها، مطالبة (بإعادة اللحمة للعلاقات الطبيعية بيـن الطفل وأمه، وذلك لان كل مبتكرات الحضارة الغربية بما فيها التلفزيون ووسائل التسلية والترفيه لا يمكن أن تعوض الطفل عن لحظة حنان من أمه). وقد وجدوا أن مقدرة الطفل على

_____

[1] معروف الرصافي: ديوان الرصافي.

اكتساب المهارات المختلفة يصعب تطورها بمعزل عن العلاقة الحميمة بين الطفل وأمه ومن هذه المهارات القدرة الكلامية فقد (لوحظ أن خروج المرأة للعمل وانهماكها الزائد باهتماماتها الخاصة، وضعف علاقتها بأطفالها... أدى إلى بروز ظاهرة... تأخر الأطفال في الكلام)[1].

ثم هناك تساؤل يفرض نفسه، هل كل الرجال في بلادنا هم في مواقع السلطة واتخاذ القرارات العامة حتى تريد المرأة أن تساويه في هذه الميزة؟ هذا إن كانت هذه ميزة! إن متخذي القرارات في بلادنا كما هي في كل بلاد العالم، هم حفنة من الرجال في المواقع العليا من السلطة، وإن وجدت امرأة بينهم أو حتى عشرة نساء أو عشرات... لا يغير ذلك من مركزية اتخاذ القرار والتي هي ضرورية لكل تنظيم سليم. كما أن وجودهن لا يفيد إلا أنفسهن، ولن يفيد المرأة بشكل عام في شيء إلا كنصف المجتمع يفيدها ما يفيد مجموعه ويضرها ما يضر مجموعه! ولذلك يكون من الأجدر بداعيات حق المرأة في المشاركة باتخاذ القرار أن تدعو كل واحدة لنفسها وتعلن صراحة انها تريد أن تصل الى هذه المواقع فتكون بذلك أكثر صدقاً مع نفسها ومع الآخرين. أما استغلال بقية النساء والجمعيات النسوية والاتحادات الخ... من أجل تحقيق طموحاتها الشخصية هذه فهي عملية استغلال وتضليل غير مقبولة أخلاقياً.

ثم أن هناك فرق بين اتخاذ القرار وبين صنع القرار. اتخاذ القرار هو أمر لا تصح فيه المشاركة وهو، سواء في الأنظمة الديمقراطية أو الفردية الدكتاتورية، من حق من هو على رأس السلطة في الدولة وليس لأحد غيره. أما صنع القرار فهو الذي تصح فيه المشاركة حيث تشارك فيه المجالس النيابية والاستشارية الأخرى كما يمكن لكل من هو مهتم بالأمور العامة من النساء والرجال المشاركة فيه. وهناك اليوم الكثير من وسائل المشاركة مثل وسائل الاعلام المختلفة ووسائل الاتصال المختلفة هي الأخرى والاشاعات والاستفتاءات الخ... وموقع المرأة كنصف المجتمع في مسألة صنع القرار هو مثل كل مهتم من رجال المجتمع سواء في التحفيز على اتخاذه أو في تعديله وتطويره بعد اتخاذه من غير حصر نفسها

---

[1] عن مجلة بلسم الطبية عدد 202 نيسان 1992.

فيما يحلو للبعض تسميته بقضايا المرأة. فليس هناك قضايا تخص المرأة وقضايا تخص الرجل، إن كنا نعتبر المرأة نصف المجتمع، وهي بلا شك كذلك، فكل قضايا المجتمع هي قضاياها كما هي قضايا الرجل: حتى قضايا مثل قضايا الطلاق وتعدد الزوجات والاجهاض وغير ذلك مما ينشغل الدعاة به هي ليست قضايا خاصة بالمرأة بل هي قضايا اجتماعية تخص الرجل كما تخص المرأة. وفي عملية صنع القرار يستطيع كل فرد في المجتمع له اهتمام بقضايا المجتمع وتطوره ونمائه أن يشارك برأيه، سواء أكان رجلاً أم امرأة. فالمهتم يستطيع طرح تصوراته من خلال الصحف والاذاعة أو الندوات والجمعيات ووسائل الإعلام والاتصال الأخرى مثل البرقيات والفاكس والانترنت وبغير هذه الطريقة لا يمكن المشاركة بصنع القرار. أما المشاركة عن طريق نواب الشعب فهي أمر لا يتسنى لكل أفراد الشعب أبداً لأن كل نائب لا يعبر إلا عن رأيه هو وليس رأي الآلاف التي انتخبته لاسباب، قد تكون، وخاصة في بلادنا، بعيدة كل البعد عن مسألة شؤون البلد السياسية والاقتصادية والاجتماعية الأخرى، وهي الأمور التي لكل من هؤلاء الناخبين رأي فيها مخالف لرأي الآخر. وبالتالي فان وصلت عشرات النساء الى مجلس النواب فهن لا يمثلن النساء، بل كل واحدة منهن تمثل نفسها وتعبر عن رأيها.

4- المساواة بنوع التعليم

هناك من النساء من فهمن المساواة على أنها مساواة في التربية والتعليم لا على أساس تكافؤ الفرص في دخول المدارس والجامعات، فان هذه لم تكن من مشاكلهن في بلادنا حيث شُجعت المرأة على الانتساب للمؤسسات التعليمية المختلفة ولم يقف شيء في سبيل ذلك إلا رغبتها وكفاءتها، حتى معارضة بعض من الأهل في أول الأمر كان من السهل جداً التغلب عليها، وإنما فهمن ذلك على أنه توحيد برامج التربية والتعليم فتتعلم المرأة ذات ما يتعلمه الرجل! حتى مواد مثل التدبير المنزلي وتربية الطفل التي كانت البنات تتعلمها في المدارس ثاروا ضدها وأسقطوها أو أهملوها! وهنا يكمن السخف وقصر النظر وتتجلى اللاعقلانية بعينها. فلو سألنا أي مربي عن هدف التربية والتعليم لأجاب بأنها إعداد الإنسان للحياة أو للتكيف مع الحياة. والحياة اليوم معقدة وكثيرة الحاجات والتكيف لها يحتاج إلى كثير من العلوم والمهارات، فكيف يمكن الالمام بكل ما تحتاج الحياة من غير

تقاسمها بين عضوي المجتمع، الرجل والمرأة؟ فهناك على سبيل المثال الإعداد للعمل في مهنة معينة وكسب الرزق من خلال الالمام بها، وهناك بالاضافة لذلك الكثير من الأمور التي لا بد للفرد من الالمام بها لتستقيم حياته كالسباكة والحدادة والنجارة والتعامل مع الأجهزة الكثيرة (الكهربائية وغير الكهربائية) التي أصبحت من لوازم حياته وعليه على الأقل فهمها وتشغيلها وإجراء التصليحات البسيطة عليها إن اقتضى الأمر. كما أن هناك السيارة والتي أصبحت اليوم من ألزم اللوازم! والتي هي الأخرى لا بد من الالمام بأوليات أجزائها وتشغيلها وما تحتاج لادامتها أو لتشغيلها بكفاءة. وغير ذلك الكثير جداً مما لم يذكر مما يحتاجه الفرد وتحتاجه الأسرة لتستقيم حياتها. وهناك من جهة أخرى ما يحتاج المجتمع أيضاً كأفراد وكأسر من طبخ وتنظيف ورعاية أطفال وتربية واسعافات أولية والمام ولو بسيط بالخياطة والحياكة وتصليح الملابس وغسلها وكيها وحفظها بشكل يزيد من فرص إدامتها واحتفاظها برونقها وهناك الإلمام بالتغذية الصحية وخواص المواد الغذائية المختلفة وطريقة التعامل معها وحفظها بشكل يحفظ الفرد (والأسرة والمجتمع) هذا غير ترتيب البيت وتجميله وجعله مكان سكن حقيقي يسكن إليه الإنسان وليس ملجأ للنوم فقط! وكل ذلك يجب أن يتم بأقل التكاليف! وغير ذلك الكثير جداً مما لا مجال لحصره. خاصة وقد ثبت أنه لا يمكن الاعتماد في كل ذلك على الغير ليس فقط لكلفته العالية التي تجعل أكثر الناس تعجز عن تحملها، بل أيضاً لسوء الخدمات المقدمة وخاصة في مسألة الطعام والشراب والتي أثبتت أبحاث مختلفة كثيرة أن كثيراً من الأمراض سببها الطعام المحفوظ، بمختلف الطرق أو الطازج الجاهز الذي لا تتوفر فيه الحدود الدنيا من الشروط الصحية، من حيث النظافة ولا من حيث جودة المواد المستخدمة في صنعه ولا من حيث طريقة تحضيره، ولذلك فقد أصبح الإلمام، على الأقل، بكل ما ذكر أعلاه من لوازم اعداد الفرد للحياة أمراً ضرورياً وملحاً. فكيف يتسنى لبرامج التربية والتعليم (الرسمي) أن تحتوي كل هذه الأمور بالاضافة لتعليم مهنة معينة لكي تعد كلا من الرجل والمرأة للحياة ومن خلال قيامهم بذات الأدوار؟ كما هو هدف التربية والتعليم اليوم! ثم كيف يستطيع أي فرد من عضوي الأسرة أو المجتمع ككل، أن يلم بكل هذه الأمور؟! ويتقن الكثير منها على الأقل لتستقيم حياته وحياة المجتمع؟

أليس من الأفضل لكل من الرجل والمرأة تقاسم الأدوار فيعرف كل واحد منهما دوره ومسؤوليات هذا الدور ليتعلم ما يجعله يقوم به على أكمل وجه بدل هذا التشابك في الأدوار وهذه الفوضى التي يدعو اليها بعض دعاة تحرر المرأة ومساواتها بالرجل؟ خاصة وإن تحديد الدور بوضوح وتحديد مسؤوليات الدور هو واحد من أهم أسباب صحة وسلامة أي تنظيم وكفاءته وبغيره تتدهور كفاءة التنظيم وتعمه الفوضى ويعمه الخراب. وهو الأمر الذي لا بد أن يتجنبه المجتمع ككل وتتجنبه الأسرة، كتنظيم اجتماعي يصح المجتمع بصحته ويخرب بخرابه. ولهذا نجد البعض يقول: (إن توحيد برامج التربية والتعليم بالنسبة للأولاد والبنات هو الغباء والسذاجة والجهل في أقبح صورة... ولا يمكن أن تكون برامج تعليم الأولاد والبنات واحدة. وإلا لكان الأمر أشبه بمصانع الأحذية التي تخرج شكلاً واحداً من الأحذية بالآلات...)[1]. وأدانوا التربية الحديثة هذه لأنها (لا تحترم أنوثة المرأة، وما هيأتها إلا كما هيأت الرجل تماماً للمعامل والوظائف والخدمات العامة، (و) إغرائها بمنافسة الرجل في كل الميادين وجميع ظروف الحياة)[2] وأهملوا إعدادها لتدبير شؤون بيتها وتربية أطفالها مما خرب حياة المرأة وأرهقها وألغى أنوثتها وخرب المجتمع.

وهناك من ينظر إلى الموضوع من جهة الاختلافات البيولوجية والتي تفرض على المرأة ظروفاً خاصة يجب مراعاتها، والتي تتعدى الحمل والولادة الخ...وإنما تنشأ من تكون الأنسجة ذاتها ومن تلقيم الجسم بمواد كيماوية محددة في أوقات مختلفة وفي مراحل العمر المختلفة مما يفرض على المربين (اهتماماً شديداً للخصائص العضوية والعقلية في الذكر والأنثى، كذا لوظائفهما الطبيعية) عند اعداد برامج التعليم للناشئة. ولقد أدى الجهل بهذه الحقائق، في نظر الكسي- كاريل (بالمدافعين عن المرأة الى الاعتقاد بأنه يجب أن يتلقى الجنسان تعليماً واحداً وأن يمنحا سلطات واحدة ومسؤوليات متشابهة...)[3] بينما ما يجب على المربين في

---

[1] محمد علي البار: عمل المرأة في الميزان ص211.

[2] عبد الرحمن النحلاوي: أصول التربية الإسلامية وأساليبها في البيت والمدرسة والمجتمع ص9.

[3] علي البار: عمل المرأة في الميزان ص133.

نظره، وهم يعملون من أجل انشاء عالم متمدن أن يراعوا هذه الاختلافات وأن يعيدوا للمرأة (وظيفتها الطبيعية التي لا تشتمل على الحمل فقط بل أيضاً رعاية صغارها) وأن تلقن الفتاة التدريب العقلي والمادي الذي يساعدها على أداء دورها هذا[1].

إن مما لاشك فيه هو أن تعليم العلوم المنزلية وإعداد المرأة لأداء دورها كربة بيت بكفاءة هو من أهم لوازم تعليم المرأة ويجب أن يأتي في المقام الأول في برامج التعليم. ولم يؤكد كثير من الرواد الأوائل على تعليم العلوم الأخرى للمرأة إلا كوسيلة لتثقيفها ولزيادة نضجها وكفاءتها في إدارة بيتها في الدرجة الأولى والاستفادة من تعليمها في كسب رزقها إن اضطرتها ظروف الحياة، اضطراراً وليس اختياراً، فقال قاسم امين: إن إدارة المنزل من طبخ وخياطة وغير ذلك من المعارف مفيدة بل لازمة لكل امرأة ولكني أقول... إنه مخطىء من يتوهم (إن المرأة التي لا يكون لها من البضاعة إلا هذه المعارف يوجد عندها من الكفاءة ما يؤهلها إلى إدارة منزلها). ففي رأيه أن المرأة لا يمكنها أن تدير منزلها (إلا بعد تحصيل مقدار معلوم من المعارف العقلية والأدبية...)[2]. وقد التقت باحثة أجنبية بعدد من المعنيات بشؤون المرأة في مصر عام 1996 وقد أكدن لها أن ما يهمهن بالدرجة الأولى هو المجموعة التي تكون النساء فيها جزء حيوي من الأسرة. وأنه لرفع مستوى المعيشة في الدولة، لا بد من الاهتمام بأمرين، الزراعة والاقتصاد المنزلي... لأن مستقبل المجتمع مرتبط بسعادة الأمهات والأطفال[3].

وقد ظل الاهتمام بتعليم العلوم المنزلية للبنات في بلادنا مستمراً، وإن لم يكن فاعلاً، حتى الستينيات من القرن العشرين إلا أنه بدأ يتراجع. وقد أظهر بحث أجرته منظمة اليونسكو أن الهدف الأساسي لتعليم البنات في المنطقة العربية حتى الستينيات، حيث أجري البحث، هو لاعدادهن للقيام بمسؤوليتهن في البيت، سواءً أكانت هذه المسؤولية عن البيت هي محور نشاطات المرأة أم كانت واحدة من نشاطات كثيرة تمارسها المرأة، وذلك لأن حاجتهن لمعرفة تدبير المنزل معروفة

---

(1) ذات المصدر.

(2) قاسم أمين: تحرير المرأة ص20.

(3) ELIZABETH FERNEA, IN SEARCH OF ISLAMIC FEMINISM P.266

في كل مكان ولا يختلف على أهميتها احد[1].

وإن كان تأهيل المرأة لأداء دورها كربة بيت ضرورياً في الماضي فهو اليوم أكثر ضرورة وذلك للأسباب التالية:

أ- كان للأسرة في الماضي دور كبير في تدريب الفتاة وإعدادها لحياتها الأسرية كربة بيت، ولكن اليوم ومع انتساب الفتيات للمؤسسات التعليمية المختلفة تنازلت الأسرة عن دورها هذا لهذه المؤسسات مما يفرض عليها (المؤسسات) أن تقوم بواجبها في هذا المجال وأن تعوض عن دور الأسرة الذي انتزعته هذه المؤسسات منها بطرق مختلفة لا مجال للخوض فيها[2].

ب- تعقد الحياة وزيادة مشكلاتها زاد من صعوبة تربية الأولاد ولما يتعرضون له من ملوثات بيئية واجتماعية وقيمية مما يستدعي وجود أمهات واعيات ومؤهلات للقيام بدورهن من جميع النواحي وخاصة مسألة الصحة الغذائية والتربية النفسية والاجتماعية، للتقليل من مخاطر هذا التلوث.

جـ- زيادة وتعقد الأدوات المستخدمة في المنزل عما كانت عليه سابقاً مما يحتاج إلى وقت ومعرفة وخبرة في التعامل معها.

د- غلاء الأسعار المتزايد للمواد وللخدمات التي تحتاجها الأسرة يزيد من أهمية دور ربة البيت في توفيرها بشكل أفضل وأقل تكلفة.

هـ- الاضطرار المتزايد للمرأة للقعود في البيت إما نتيجة البطالة وشحة فرص العمل خارج المنزل أو لتدني الأجور والذي يجعل من غير المجزي للمرأة أن تعمل خارج منزلها وغير ذلك من الأسباب الخاصة. وفي هذه الحالة لا تنتفع المرأة من علومها في الهندسة أو القانون الدولي الخ... فتجد نفسها خالية لا عمل لها لا داخل المنزل ولا خارجه فتشعر بالملل وما يترتب عليه من مخاطر لا مجال للخوض فيها ثم أن عدم إلمامها بأعمال تدبير المنزل يشعرها بالارتباك والفوضى والذي ينعكس فوضى وقلق وارتباك على حياة

[1] JACQUELINE CHABAUD, THE EDUCATION AND ADVANCEMENT OF WOMEN P.77

[2] انظر تفاصيل ذلك في أزمة التربية في الوطن العربي، تأليف مفيدة محمد ابراهيم ص95.

الأسرة فيسمم حياتها.

هذا غير أن المرأة في بلادنا كما هي في كل بلاد العالم لم يحررها عملها خارج المنزل من عملها داخله فصارت تؤدي دورين كما مر ذكره وإن كانت لم تؤهل لاداء دورها كربة بيت فان ذلك سيأخذ منها وقتاً أطول ويسبب لها ارباكاً أكثر مما لو أنها قد تدربت على هذا الدور مما هو بالتالي يسبب لها ارهاقاً أكبر وإزعاجاً أكثر ينعكس على الأسرة بصورة مشاكل وخلافات.

ثم أين هي المساواة في أن تتعلم المرأة ذات ما يتعلم الرجل؟ فلو نظرنا الى مفهوم التربية على أساس أنها إعداد الفرد للحياة ولأجل أن يؤدي دوره في الحياة بشكل أفضل، نجد أن تعليم الفتاة ذات العلوم التي يتعلمها الفتى هو اللامساواة بعينها، لأن الفتى يتعلم ليؤدي دوره بشكل أفضل ويعد لمهنة معينة بينما الفتاة لا تتعلم ما يجعلها تؤدي دورها بل تتعلم ما يجعلها تتطفل على دور غيرها في المجتمع مما يحدث خللاً في توازن المجتمع بالإضافة الى ما يُلحق من اضرار للمرأة نفسها، أقلها صعوبة قيامها بدورها بشكل يجعلها تشعر بالإنجاز وبتحقيق الذات وما يؤدي اليه هذا من استقرار لحياة المرأة وحياة أسرتها. فأين هي المساواة في أن تتعلم المرأة ذات ما يتعلم الرجل؟!! مرة اخرى!

فخلاصة القول إن تعليم العلوم المنزلية الذي كانت تقوم به الأسرة والذي بدأت المدارس في تدريسه، في بعض الدول العربية منذ الربع الأخير من القرن التاسع عشر حيث أفتتحت بعض المدارس لما سمي في حينه الفنون المنزلية، وهي المدارس التي سبقت المدارس التقليدية في هذه الدول إلى الوجود[1]، هو تعليم ضروري للمرأة مهما تعلمت وفي أي مجال عملت وبدونه ستبقى ثقافتها ناقصة وشخصيتها غير مكتملة سواءً عملت خارج منزلها أم لم تعمل. خاصة، وقد ظهر اليوم واضحاً أن دورها كربة بيت لا يمكن تعويضه وإن دورها خارج بيتها هو ليس فقط، عمل طارئ عليها ويمكن تعويضه، وهي نفسها تتخلى عنه بسهولة عندما تريد أو عندما تستجد في حياتها ظروف خاصة تستدعي ذلك، وإنما أيضاً ظهر واضحاً أن عملها خارج منزلها لم يحقق الثورة الثقافية والعلمية والصناعية

[1] نازلي صالح وعبد الغني عبود: تعليم المرأة في الوطن العربي.

والتقنية المرجوة للوطن كما توهم الدعاة الأوائل وكما لا يـزال الـبعض يتوهم مـما يفرض على الأسرة وعلى النظام التعليمي الرسمي وغير الرسـمي في بلادنا اعطاء هـذا النوع من التعليم ما يستحق مـن الاهتمام في بـرامج تعلـيم الفتيـات. وهـو يستحق الكثير ليس فقط مـن أجـل تحقيـق سـعادة المـرأة والأسرة وراحـتهما وإنمـا مـن أجـل تحقيق سعادة وتوازن المجتمع ذاته واستقرار الوطن.

ظلم المرأة وهدر حقوقها

انشغل كثير من الكُتاب والمفكرين، من الذكور والإناث، في بلادنا، بما أسموه حقوق المرأة، الكل ينقل ما تعرف عليه من الفكر الغربي وبغض النظر عن حاجة بلادنا لهذا الفكر في هذا المجال أو ذاك، أو حتى رغبة المرأة في ما يدعونها إليه. وكل منهم يبرر دعوته بأنها الطريق إلى النهضة والتقدم مثل قاسم أمين الذي أصدر كتابين، المرأة الجديدة وتحرير المرأة، يدعو من خلالهما إلى تحرر المرأة وعملها خارج منزلها باعتبار ذلك من حقوقها إلى كفلها لها الشرع وهدرها المجتهدون. وظهر كتاب آخر في عام 1894 في مصر يدعو إلى التحرر هو (المرأة والشرق) (لمؤلفه مرقص فهمي يدعو إلى ترك الحجاب وإباحة الاختلاط للمرأة المسلمة بالأجانب عنها وتقييد الطلاق ومنع الزواج بأكثر من واحدة وإباحة زواج المسلمة بغير المسلم) وانهالت بعد ذلك الكتب والكتابات في هذه المواضيع وكلها كانت بحسب ما يرى أصحابها من أجل التقدم ونهضة المجتمع ولا تزال الحملة مستمرة. حتى أن هشام الشرابي، في أكثر من محاضرة له ومقالة في عمان/الأردن، اعتبر عدم إعطاء المرأة حقوقها وعدم مشاركتها في السياسة وسلطة الرجل القمعية لها إلخ...هو سبب هزيمتنا أمام العدو! وسبب عدم قدرتنا، (أو بالأحرى قدرة الرجل!لأننا أصبحنا في نظر الدعاة امرأة ورجل وليس أمة!!) على تحرير ارضنا ففي رأيه إذا لم تتحرر المرأة لن نستطيع تحرير أرضنا فقال: إن عدم مواجهتنا للتحديات وعجزنا في الوقت الحاضر ناتج عن خلل في البنية الإجتماعية وأساسها المرأة... وأكد على أن حقوق المرأة لا تعطى إنما تؤخذ وذلك لأن، في نظره أن (مشكلة المرأة هي المشكلة الجذرية التي تضاف إلى بقية المشاكل...)[1]!! ونسى أو تناسى! إن من حرر ذات الأرض ودافع عنها لمئات السنين وحفظها لنا ولم يفرط بها وحماها من الطامعين الذين كان منهم من هو أشد قسوة وأكثر عدة من غيرهم، كانوا الرجال الذين ربتهم النساء والأمهات، الجاهلات والمتخلفات والمقموعات بحسب وجهة نظره، أمهات الرجال! ولم يفرط بالأرض وبالحقوق وتناساها إلا أبناء الأمهات المتحررات! أمهات الخنافس المتأنثين

[1] جريدة الرأي الأردنية 1991/6

والراقصين والراقصات على أنغام الروك وأغاني الكليبز. وحتى اليوم فإن أمهات الشهداء والمناضلين ضد الاحتلال في عقر دارهم والمسيطر على كل شيء حولهم والذين يبذلون كل غالي في مقاومة المحتل، هم أبناء هؤلاء اللاتي يسميهن الجاهلات المقموعات!

وهكذا نجد دعاة حقوق المرأة يتبارون في تبرير الدعوة إلى ما يسمونه حقوق المرأة بما لا أصل له على أرض الواقع، حتى عجزهم نساء ورجالاً عن تحرير الأرض وعجزهم عن الإبداع والإختراع والتصنيع والنهوض بالمجتمع نهوضاً حقيقياً يحقق له الكفاءة والاكتفاء والعزة والكرامة فإن حقوق المرأة المهدورة من قبل الرجل هي السبب! ولذلك نادوا بما يلي من الحقوق.

1- حقها في السفور ونزع الحجاب

نظروا إلى الحجاب على أنه من المظالم التي تقع على المرأة ونصبوا أنفسهم محامين عنها مع أنها كانت محجبة بإرادتها ولم تكن تريد نزعة وخاصة في أول أمر الدعوة مما جعل كمال أتاتورك في تركيا والشاه في إيران ينزعانه عنها بقوة الشرطة -كما مر ذكره- أما في بلادنا فقد كان نزعه بالقدوة وبالترغيب وبالترهيب المعنوي الذي تمثل بتحقيره كعادة إجتماعية وإتهام من يتمسك به بالرجعية والتخلف والجهل وقلة العقل والعداء للنهضة والتقدم! وقد استغلت هدى شعراوي[*] تظاهرة ضد الإحتلال الإنكليزي فنزعت حجابها لتكون قدوة للأخريات في ذلك، وكأنها تريد أن ترسل رسالة للمتظاهرين والمتظاهرات ولغيرهم لتقول: إن ما نريد التخلص منه هو ليس الإحتلال وإنما قيم المجتمع وتقاليده فهي التي تقف في وجه النهضة والتقدم وليس الإحتلال!! وهو عين ما كان يؤكد عليه الإحتلال ودعاته!!![1]

---

[*] هي إبنة سلطان باشا الذي عمل مع الإنكليز وسهل لهم الإحتلال (وقد سجل له التاريخ صحفة سوداء حينما تقدم مع فريق من الخبراء بهدية من الأسلحة الفاخرة إلى قادة جيش الإحتلال شكراً لهم على إنقاذ البلاد) وقد نال وساماً ومكافأة ورتبة الباشوية من الإنكليز نظير خدماته لهم.

[1] انظر بدرية العزاز (ماذا بعد السقوط) وأنظر محمد عبده: الأعمال الكاملة.

ولا يزال الحجاب، حتى هذا اليوم، يتعرض لسهام المعارضين له سواءً من أهل البلاد أو من الأجانب! الذين يرون فيه هدراً لحقوق الإنسان!! وظلماً للمرأة يجب أن تُنصف وتتحرر منه. مع أنه من المعلوم في المنطق وفي الفقه أنه متى وقع ظلم كان هناك ضرر، فأين الظلم في حجاب المرأة؟ (وأي ضرر انتاب المسلمة بارتداء الحجاب وهو لن يصدها عن طلب العلم ولا حظر عليها بُراح المنزل ولا عرضها لشر)[1].

فأين هو الظلم مرة أخرى؟ وأين هدر حقوق الإنسان التي كثر المتباكون عليها؟! خاصة وإن أكثر المحجبات اليوم هن محجبات باختيارهن. ولكن حتى لو كان الحجاب مفروضاً بقانون البلاد، فهو كأي قانون آخر يجب أن يُحترم ويُلتزم به كأي من القوانين الأخرى الملزمة. فأين هو الحق المهدور في تحجب المرأة؟! أليس للأجانب المتباكين على حقوق المحجبات المهدورة في بلادنا، حداً معيناً للباس تفرضه قوانين بلادهم للأماكن وللمناسبات المعينة لا يستطيع أحد أن يتجاوزه من غير أن يعرض نفسه لمساءلة القوانين؟ فالأمر نسبي! ولكن المهم هو أن في الحالتين يحدد القانون حداً معيناً لا بد للآخرين من الالتزام به وعدم تجاوزه. فأين هي الحقوق المهدورة؟!

2- حقها في العمل

نادوا بحق المرأة في العمل خارج منزلها بأعمال الرجل لتسهم في التنمية الاجتماعية، مع أنه لم يكن هناك حاجة لذلك فالعالم العربي كان ولا يزال، في معظمه، مجتمع ريفي (أو رعوي) حيث كانت المرأة ولا تزال تمارس العمل نفسه الذي يمارسه الرجل من فلاحة وزراعة ورعي الخ... هذا غير ممارسة العمل المنزلي الذي هو الآخر (لا بد من اعتباره بشكل ما وظيفة لها قيمة استعمالية، مما يفرض اعتباره نشاطاً اجتماعياً حقيقياً، فالأم في هذه الحالة تقوم بمهمات الموظفات المختصات... كما أن العمل النسائي في البيت، يساعد الأب على القيام بمهماته خارج البيت)[2] مما يجعلها مسهمة في التنمية وفي زيادة الإنتاجية وبأشكال

---

[1] سليم حمدان: المدنية والحجاب ص96.

[2] فرحان صالح: جدلية العلاقة بين الفكر والتراث ص38-39.

مختلفة. هذا غير أنه لم يكن لا في الشرع ولا في تقاليد المجتمع ما يمنعها من العمل ما دامت تحتاجه وقادرة عليه وملتزمة بآداب الشرع والتقاليد مما جعل الطهطاوي يقول: (... يمكن للمرأة عند اقتضاء الحال أن تتعاطى من الأشغال والأعمال ما يتعاطاه الرجال، على قدر قوتها وطاقتها، فكل ما يطيقه النساء من العمل يباشرنه بأنفسهن...)[1].

ورغم أن الطهاطوي لم يأتي بجديد في هذا القول، وقد كانت المرأة فعلاً تمارس ما تطيق من الأعمال، وهي تطيق الكثير، وخاصة في الريف حيث كانت تقوم بكل أعمال الرجال، تقريباً. ورغم أن الطهطاوي لم يحدد ماهية العمل وإن كان في المنزل أو خارجه، ورغم أنه حدد هدف العمل بالنسبة للمرأة بهدف تافه بسيط بعيد عن الإنتاجية! وهو إشغالها عن القيل والقال!! إذ قال: (... وهذا من شأنه أن يشغل النساء عن البطالة فان فراغ أيديهن عن العمل يشغل السنتهن بالأباطيل وقلوبهن بالأهواء وافتعال الأقاويل، فالعمل يصون المرأة عما لا يليق، فإن المرأة التي لا عمل لها تقضي الزمن خائضة في حديث جيرانها، وفيما يأكلون ويشربون ويفرشون، وفيما عندهم وعندها وهكذا...)[2]. ورغم أن هذه الأمور تعود إلى التربية والأخلاق الحميدة ولا شأن كبير لها بالعمل خارج المنزل أو داخله (خاصة وإن قليل جداً من النساء من كن عاطلات فأعمال المنزل لم تكن تنتهي)، ولهذا نجد اليوم المرأة العاملة خارج منزلها مثلها في الخوض بهذه التوافه من الأمور مثل قعيدة المنزل، بل أكثر منها لسعة دائرة معارفها وما يصلها من أخبارهم!! إلا أن محمد عمارة رغم كل ذلك، وبهدف الدعاية لعمل المرأة خارج البيت وإيجاد المبررات له، مدح الطهطاوي على هذا الإنجاز فقال: وقف الطهطاوي من قضية العمل بالنسبة للمرأة (موقفاً متقدماً، بل ثورياً، بالنسبة لعصره، فالرجل لم يحدد لتعليم المرأة آفاقاً تحدد دائرة حياتها بالمنزل والأولاد والزوج فقط...الخ)[3]!! وبمثل هذه الأفكار روجوا لهذا الحق الذي لا يحتاج إلى الترويج لأنه أمر كان سائداً في معظم أنحاء البلاد مما يجعله ليس في حاجة لمن

[1] رفاعة رافع الطهطاوي: الأعمال الكاملة ص210-211.

[2] ذات المصدر.

[3] ذات المصدر ص210.

يدافع عنه ويشوش على النساء قيمهن ومفاهيمهن ويقلق حياتهن ويسبب الفوضى والإرباك لحياتهن وحياة المجتمع ككل.

3- حقها في التعليم

نادى المنادون بحقوق المرأة بحقها في التعليم! وأنا حتى اليوم لم أفهم ما يقصدون في حق التعليم والتعلم! فهل يا ترى يحصرون التعلم في تعلم القراءة والكتابة؟ أم يحصرونه في النشاطات المختلفة التي تحدث في المدارس وغيرها من المؤسسات الرسمية التعليمية؟ إن الإنسان يتعلم ولا يمكن له إلا أن يتعلم من المهد إلى اللحد. فهو من المهد يتعلم التكيف للحياة، فيتعلم الأكل والشرب والكلام الخ... ويتعلم بعد ذلك تدريجياً كل ما يحتاج في حياته ومعاشه وما هو ضروري لأداء دوره في الحياة ويستمر حتى مماته في التعلم والتطوير لكل ما سبق وتعلمه! وإلا ما كان تقدم الإنسان ولا بنى لنفسه حضارات مختلفة، تطورت حتى وصلت إلى ما وصلت إليه اليوم من التقدم. أما القراءة والكتابة، فهي الشيء الذي لم يشعر الإنسان رجل أو امرأة، أنه في حاجة ملحة إليه. فلم تكن هذه من ضروريات الحياة آنذاك لا في عالمنا العربي ولا في العالم ككل. مما يجعل قضية حقوق المرأة في التعليم والتعلم لا تحتاج كل هذا الذي قيل ويقال فيها. فالمرء، رجلاً كان أم امرأة عندما يحس بأهمية شيء وضرورته لحياته يسعى هو لتعلمه. ولكن يبدو أن دعاة الحرية والديمقراطية في عصرنا هذا يفرضون كل شيء يخطر على بالهم، فرضاً وبالقوة والإرهاب حتى التعلم!! وينسون أن التعلم إرادة فإن اتجهت إرادة الفرد، امرأة أو رجل، إلى التعلم فهو سيتعلم كل شيء وفي أي مكان وجد وفي ظل أي ظرف كان وإن لم تحصل هذه الإرادة فلا المواعظ ولا الالزام ولا المدارس... يمكن أن تحقق التعلم الحقيقي المنتج الذي ينعكس على سلوك الإنسان وحياته عمل مجد وخلق قويم ومن الأمثال الأجنبية أنك (تستطيع أن تأخذ الحصان إلى النهر ولكنك لا تستطيع أن تجعله يشرب) وأحوال المدارس وخريجو المعاهد والمؤسسات التعليمية المختلفة وعجزهم يثبت ذلك، ولذلك تشكو حتى البلاد المتقدمة مثل أمريكا وبريطانيا وفرنسا من تردي مستوى التعلم والثقافة بين مخرجات المؤسسات التعليمية، تصل أحياناً إلى حد الأمية.

هذا من جهة أما من جهة أخرى فمنذ أن بدأ الاهتمام بالتعلم في المدارس، لم تجد المرأة الراغبة في التعليم والتعلم أن هذه المؤسسات التعليمية المختلفة مقفلة في وجهها، كما حدث لاختها الأوربية، لكونها امرأة حتى ينادي المنادون بحقها في التعليم!! وقلة جداً من الناس هي التي لا تريد لبناتها التعلم في المدارس لظروف اجتماعية مختلفة، وهي في هذا لا تختلف عن الأبناء الذكور، فكما أن هناك من لا يرغبون بإدخال بناتهم المدرسة لظروف اقتصادية أو لكونهم لا يرون فائدة من ذلك فهناك من لا يُدخل أبناءه الذكور للمدارس ولذات الظروف، وعلى الدعاة بدل إشغال أنفسهم بحق المرأة في التعلم والذي لم يكن هناك من يحول بينه وبينها، ويسودون الصفحات ويملاؤن قاعات الندوات بضجيجهم في هذا المجال، أن يهتموا بالزامية التعليم للجميع لسن معينة وحل المشكلات التي يبرر بها الأهل عدم إرسال أبنائهم وبناتهم إلى المدارس والتي هي في الغالب مشكلات اقتصادية، وتحسين المدارس وبرامجها الخ... وبذلك يفيدون المجتمع ككل بنسائه ورجاله بدل هذا اللغو الذي لا يعمل إلا عل تشتيت المجتمع وشرذمته وزرع الأحقاد بين عضوي المجتمع، الرجل والمرأة، والأسرة والأبناء أو الفرد والدولة الخ...

4- حق المرأة في العلاج الطبي

واليوم، وبعد أن تعلمت المرأة وعملت في كل المجالات وصارت وزيرة ونائبة الخ... وزادت الإنتاجية بشكل لا مثيل له حتى صارت البلاد العربية لا تعتمد على الدول الأجنبية في إستيراد الصناعات الثقيلة فقط كما كانت تفعل أيام التخلف واستعباد المرأة ونقص الإنتاجية! وإنما صارت تستورد، بالاضافة لذلك، خبزها وفولها وبصلها وزينتها ووسائل ترفيهها وحتى ما تستر به عورات أبنائها!! ظهر مع تحقيق كل هذا التقدم! حق جديد للمرأة ليضاف إلى حقوقها السابقة المهدورة!! وهو حقها في العلاج الطبي، فصارت تعقد له الندوات والمؤتمرات وتسود في مناقشته صفحات كثير من الكتب والمجلات والجرائد. وهو حق ككل حقوق المرأة استورده دعاته من الدول الغربية. وقُصد به هناك، في الغالب، السماح بعمليات الاجهاض في المشافي المختلفة ومن قبل الأطباء المختصين. وقد روج له كجزء من حرية المرأة في جسدها وفي إقامة علاقات جنسية مع من تريد من غير الالتزام بالحمل والإنجاب! وعمليات الإجهاض هذه هي عندنا، كما هي لا

تزال عند أكثر الدول الغربية، أمراً مرفوضاً لا يقبله الدين ولا العرف الإجتماعي، لأنه قتل للنفس، فكما تعاقب القوانين في كل مكان الأهل، الأم أو الأب، إن هم قتلوا طفلهم لأي سبب كان فكذلك هي مسألة الإجهاض التي هي قتل النفس التي حرم الله قتلها. ولا يمكن لأي شريعة كانت إلهية أو بشرية، تحترم نفسها وتهتم بمصير مجتمعها أن تسمح به وتضل شريعة عاقلة ومتوازنة وصادقة في خدمة الإنسان! فلماذا يجتر الدعاة عندنا ما هضمه وما لم يهضمه أهل الغرب بعد؟! لماذا هذه الدعوة وليس هناك امرأة ذهبت إلى أية مؤسسة صحية تطلب علاجها من مرض ما (عدا مسألة الإجهاض) ورُفض طلبها لكونها امرأة. أو ذهبت إلى طبيب وتملك أجرته ورفض علاجها لكونها امرأة!! أما إن كان البعض لا يتعالج بالمؤسسات الصحية والمشافي وعند الأطباء المختصين والمؤهلين فما ذلك إلا لأنهم إما لا يملكون ثمن العلاج الذي يتزايد كل يوم! أو لأنهم، وأحياناً نتيجة خبرات فاشلة مع هذه المؤسسات، قد فقدوا ثقتهم بها فلا يرون فائدة من علاجهم فيها. وفي هذه الحالة أيضاً فإن المرأة كالرجل في الاهتمام بالعلاج الطبي. فلماذا هذه الدعوة؟ ولماذا الإنشغال وإشغال الناس بمال لا ينفع الناس؟

5- حق المرأة في عدم الإنجاب

وهذا الحق أيضاً، كسابقه أعلاه، من الحقوق التي استجدت مؤخراً، مع أن الإنجاب أو عدم الإنجاب هو مسألة شخصية يتفق عليها الطرفان المسؤولان عن الإنجاب أو عدمه، وهما الزوجة والزوج ولا يحتاج لمن يسمون أنفسهم بالمدافعين عن حقوق المرأة الخوض فيه، خاصة الآن وبعد أن أجازت كل دول العالم وسائل منع الحمل، ولكنهم مع ذلك تدخلوا وانبرى بعضهم يدافع عن المرأة ويرى أن من حقها أن تتخذ القرار الذي تراه يناسبها!! فتحمل متى تشاء وممن تشاء أو تمتنع متى تشاء كما مر ذكره. وهذا قد يكون صحيحاً بالنسبة للغواني والساقطات أو النساء اللاتي يعشن مع الرجال بعلاقة غير شرعية لا التزام فيها من أي نوع كان كما هو الحال في بلاد الغرب. وهذا أمر لا يخص المرأة العربية وليس هو من مشكلاتها لأنها والحمد لله لا تزال مصانة من هذه المهانة والشرور. فالنساء في بلادنا لا يحملن إلا في ظل علاقة زوجية شرعية، وبالتالي فإن قرار الإنجاب أو عدم الإنجاب ليس هو من حق المرأة وحدها. إذ ليس من حقها أن تقبل الزواج،

الذي هو في كل الأعراف يعني تكوين أسرة وإنجاب أطفال، وترفض الإنجاب، إلا إذا اشترطت ذلك على الزوج قبل عقد الزواج وأثبتته في العقد، وقبل الزوج بهذا الشرط. أما إن لم تشترط هذا في عقد الزواج فلا يحق لها عدم الإنجاب ولا حتى تحديد النسل بدون موافقة الزوج، لأن في ذلك ضرر على الزوج الراغب في الإنجاب. ومن الحق والعدل، أن أصرت على ذلك أن يتقاضيا. فأما أن يتفقا أو أن يطلقها بعد أن تعفيه من كل حقوقها وتعوضه عن كل ما تكلف به من مهر وشبكة وجهاز غير ذلك من تكاليف الزواج منها. هذا هو العدل وفي غيره الظلم بعينه، إلا أن كان دعاة هذه الدعوة يرومون من دعوتهم هذه هدم المجتمع وإحداث التصارع فيه بتصارع حقوق ورغبات أفراده؟!

6- حق المرأة في امتلاك جسدها!

وهذا الحق يقوم على أساس أن المرأة حرة في جسدها تمنحه لمن تشاء وتقيم علاقات جنسية مع من تشاء من غير التقيد بمؤسسة الزواج وأن تنجب ممن تشاء ومتى تشاء داخل مؤسسة الزواج أم خارجها وحقها في الزنى والخيانة الزوجية من غير عقاب وغير ذلك مما مر ذكر بعضه. وهذا الحق بدأ يجد له بعض الدعاة عندنا من مثل نوال السعداوي وغيرها، إلا أن الدعوة لا تزال تتململ وتظهر هنا وهناك لجس نبض المجتمع ومدى تقبله لها من جهة ولتدجينه عن طريق إسماعه إياها بين الحين والآخر وبشكل مباشر وهجومي مرة (كما تفعل نوال السعداوي) أو بشكل غير مباشر مرات حتى تستوعبها الأجيال الفتية لعلها تنشر الفكرة بعد ذلك وتعتمدها في حياتها كما حدث في بلاد الغرب! وما إدانة القتل على خلفية الشرف والمطالبة بإنزال أشد العقوبات على من يقوم بها بدلاً من تخفيف الأحكام عنه، كما هو الحال في القوانين الراهنة، إلا جزءاً من عملية التدجين هذه. ولو كانت القضية هي قضية سوء استخدام التخفيف هذا لقتل البريئات، كما يدعي الدعاة لما احتاجوا كل هذه الضجة ولا كل هذه الندوات والمؤتمرات، فأمر سوء استخدام التخفيف من قبل البعض بسيط ويتم عن طريق التحقيق والتدقيق في ملابسات القتل وفيما إن كان على خلفية الشرف أو على خلفية أخرى! وتحدد العقوبة ويحدد التخفيف نسبة إلى نتائج التحقيق من دون هذا التهريج الذي لا يفعل سوى أنه يشوش على المجتمع وخاصة على أجياله الشابة قيمهم. ثم

ماذا حققت المرأة في الغرب من إمتلاك جسدها لتمنحه لمن تشاء خارج مؤسسة الزواج سوى ابتذال نفسها وإقلاق حياتها واحتمالها لمسؤوليات الحياة الكثيرة وحدها، والتي كانت ستخف حتماً لو أنها شاركت الرجل في تحملها داخل مؤسسة الزواج والأسرة؟ هذا غير معاناتها من الوحدة والاهمال عندما يتقدم بها السن ويعزف الرجال عن مرافقتها!!

7- حق المرأة أن تخطب لنفسها

وهذا حق آخر من الحقوق التي بدأت تنتشر ـ مؤخراً. فقد انتشر ـ التساؤل بين الفتيات بشكل خاص لماذا يخطب الرجل المرأة ولا تخطب المرأة الرجل لنفسها؟ فبعد أن اتضح لهن أن من حقهن شرعاً أن تكون لهن الكلمة الفصل في اختيار الزوج وليس كما أشاع بينهن دعاة تحرر المرأة من أنهن يساقون إلى بيت الزوجية سوقاً! صرن يرون أن من حقهن أن يخطبن أزواجهن وليس العكس كما هو سائد اليوم في أكثر الأحيان. وهو أمر لا يمنعه الشرع فقد خطبت السيدة خديجة (رضي الله عنها) الرسول ﷺ لنفسها. وبعض النسوة وهبن أنفسهن للرسول ﷺ (فلا حرج أن تخطب المرأة الرجل وإنما الحرج في أن يترتب على ذلك الأذى والمضار بالغير، إذ لا تجوز الخطبة على الخطبة، كما نهى الرسول المرأة عن أن تعمل على طلاق المرأة الأخرى لتتزوج من زوجها ولذلك فقد قال الرسول ﷺ: كما تذكر المصادر (لا تسأل المرأة طلاق أختها لتكفيء ما في إنائها) ومحاولة التزوج بالمتزوج وإغرائه على ذلك أشبه بسؤاله أن يطلق زوجته ولكن العرف الاجتماعي لا يستسيغ أن تخطب المرأة الرجل وما ذلك إلا حفاظاً على كرامتها (وليس انتهاكها) من أن تواجه بالرفض، ليجعلها هي المطلوبة والمرغوب فيها وليس طالبة تجري وراء الرجل الذي قد يكون زاهداً فيها ـ فأي ضرر في ذلك إن حدث ـ هذا غير أن النساء اليوم يخطبن لأنفسهن بوسائل كثيرة مباشرة وغير مباشرة وعلى رأس هذه الوسائل إغراء الطرف الآخر وبوسائل كثيرة أيضاً!!

هذه بعض الحقوق التي يطالب بها دعاة حقوق المرأة، والتي هدرها الرجل! وكلما ظهرت دعوة أو حق جديد في دول الغرب سارع الدعاة عندنا والمدافعين والمدافعات عن المرأة ليطالبوا بها حتى وإن لم تكن موجودة عندنا أصلاً مما لا يوفر المبرر لها! والكل يؤكد على ظلم الرجل للمرأة. فالرجل، هذا

المتوحش! يظلم أعز الناس إليه، أمه وأخته وزوجته وإبنته! مما يجعل هؤلاء الأغراب يشمرون عن أقلامهم ليدافعوا عنهن! فنجد إحدى المدافعات عن حقوق المرأة تؤكد على أن الظلم والاضطهاد واقع من الرجل على المرأة فتقول: (إن للظلم الواقع على المرأة شواهد كثيرة) وإن (الاضطهاد واقع من الرجل نفسه على المرأة) ولهذا تتحدث هي ومثيلاتها عن حقوق المرأة وتستثني منها حقوق الرجل! ولكن من هذه الشواهد الكثيرة لا تذكر إلا كون الرجل يظلم المرأة عندما يستفيد من (ثمرة عملها... وفي ظل شروط عقد عمل مجحفة تماماً بحيث يكون المردود العائد للمرأة من جراء تقديمها للعمل في إطار علاقة عائلية أو زوجية مع الرجل قليلاً جداً أو معدوماً بينما لو قامت خادمة بالتنظيف والغسيل... أو قام مطعم بتقديم الطعام المطبوخ الخ... لدخلت هذه الأمور مفاهيم السوق وصار لها مردوداً مادياً ولكن عندما تقوم المرأة بذلك بصفتها فرداً من العائلة أو زوجة فإنها لا تحصل على مقابل مادي!![1] ففي نظرها أن أهم ظلم يقع على المرأة هو كونها لا تأخذ أجراً عن قدح الشاي الذي تقدمه لزوجها أو والدها أو لأخيها! ولا على طبق الحساء الذي تقدمه لابنها المريض! فهل يمكن للمرأة كزوجة وأم وأخت أن تهان بأكثر مما يفعل المدافعون والمدافعات عن حقوقها بجعلها خادمة بأجر أو غانية بأجر؟!! ثم هل صحيح أن الظلم والاضطهاد طال المرأة واستثنى الرجل؟!! وماذا عن المرأة؟ ألا توقع الظلم على الرجل سواءً أكان أباً أو أخاً أو زوجاً أو ابناً؟ قال احدهم (أتحدى أعظم القضاة أن يدلني: أين العدل وأين الظلم بين رجل وامرأة)[2].

ألا تظلم المرأة الرجل؟

إن المرأة ومن دون شك تظلم الرجل (وتتمرد عليه في صور شتى...-و- بنسب تكاد تعادل صور ظلم الرجل للمرأة، ولكن في أشكال وألوان ومظاهر مختلفة تماماً...)[3]. فالعدل والظلم والاضطهاد الخ... هي كلها سمات أخلاقية تتصل بالتربية والدين والأعراف الإجتماعية، وبغض النظر عن الجنس والذكورة

---

[1] أنظر جريدة الرأي الأردنية 1987/5/6.

[2] أنيس منصور: قالوا... ص29.

[3] ندوة المرأة العربية ودورها في حركة الوحدة العربية ص323.

والأنوثة. فكما أن هناك كافرون وكافرات ومنافقون ومنافقات فكذلك هناك ظالمون وظالمات. فكما يظلم بعض الرجال النساء من أمهات وأخوات وزوجات وبنات فكذلك هناك من النساء من يظلمن الرجل كزوج وأب وأخ وإبن، وبصور وأشكال متعددة منها:

1- المغالاة في متطلبات الزواج

فهذه الشابة، وخاصة ممن تدعو وتريد أن تتحرر من أعمال تدبير المنزل والعناية بأسرتها لأنها ليست خادمة وترفض القعود في البيت في انتظار العريس لأنها ليست جارية يشتريها الرجل بماله ويقتنيها كأي شيء آخر يقتنيه في البيت! وغير ذلك من أفكار التحرر التي ليس لها ما يبررها سوى جهلها بحقوقها وواجباتها وتقليدها لأفكار غربية غريبة عنها ووافدة على مجتمعها، ما أن يتقدم لها من يطلب يدها لتكون له زوجة وسكن وشريك حياة، حتى تفتح بيدها أو بواسطة أهلها سوق النخاسة فتطلب وتطلب، وكلما استجاب للطلبات ترفع الثمن على شكل مطالب شتى مقابل قبولها لطلبه!! فيتحول الأمر إلى تجارة وبيع وشراء يتشاطر فيه البائع (العروس أو أهلها) على الشاري ليجعله يدفع ويتحمل ما قد يكون لا طاقة له به من التكاليف! وبعد أن كان اختيار الزوج، عندما كانت الشريعة تحكم المجتمع، يكون على أساس دينه واستقامته وخلقه مهتدين بقول الرسولﷺ: (إذا جاءكم من ترضون دينه وخلقه، فزوجوه، ألا تفعلوا تكن فتنة في الأرض وفساد كبير)[1] صار الاختيار على أساس مدى فقره وغناه وما يملك وما لا يملك! وبعد أن كانت تكاليف الزواج، وحتى لوقت متأخر، تتحدد بمهر وشبكة وجهاز بسيط تتناسب كلها وحالة الطرفين المادية من غير مغالة، وقد تسهم العروس أو أهلها بكثير من هذه التكاليف والتي لا تقل أحياناً عما يتكلفه الزوج لتأسيس بيت الزوجية باعتبارهما شريكين فيه. فحتى الأربعينيات والخمسينيات والستينيات (من هذا القرن العشرين) كانت كثير من العرائس يرفضن إقامة حفلات للعرس مهما كانت بسيطة وقليلة التكلفة كما يرفضن شراء ثوب للزفاف على اعتبار أن هذه كلها تكاليف لا فائدة عملية لها لتكوين الأسرة وتحقيق سعادتها. أما اليوم وبعد أن تحررت المرأة

---

[1] الترمذي: الأمومة ص90.

من مكانتها كجارية في بيت الزوجية!! وصارت حرة ومتحررة فقد صار الزواج بالنسب لها صفقة لا بد لها أن تخرج منها بأوفر المكاسب وتحقق من خلالها كل ما تشتهي! فلم تكتف بالمغالاة بكل طلبات الجهاز وخلافه وإنما صارت أيضاً تحدد عدد حفلات العرس ومكانها من الفنادق والقاعات الفخمة ومن من المطربين والراقصات والفرق الموسيقية سيحيها ومن أي من المحال التجارية ستشتري ثوب الزفاف أو من أي بلد أوربي أو من أي مصمم معروف سيشتريه لها! وإن قصر في أي من ذلك فقد يلغى الزواج أو على الأقل يؤجل لحين ميسرة قد تطول إلى درجة أنه كثيراً ما ينتهي بالفراق! ومن الملاحظ أنه كلما زاد تحرر المرأة وتعلمها زادت طلباتها!! مما يستدعي التساؤل هل هذا يعني أنها تريد أن تثبت أنها ليست جارية تباع وتشترى؟ أم أن هناك جين وراثي هو جين الجواري تتوارثه الإناث جيلاً بعد جيل؟! الله أعلم. ولكن يبقى التساؤل الذي يفرض نفسه ألا تظلم المرأة الرجل في هذه الحالة وتضطهده وتضعه أمام خيارين كلاهما مر فإما أن يعزف عن الزواج وفي ذلك ما فيه من أضرار له وللمجتمع وتطول المرأة أيضاً على المدى البعيد عندما يعزف الرجال عن الزواج كما حدث في الغرب! وإما أن يتكلف أكثر من طاقته فترهقه الديون وتحول حياته التي كان يأمل أنها بزواجه ستصبح وردية إلى كابوس أسود يسمم حياته وحياة أسرته مما ينعكس سلبياً في النهاية عليها وعلى أطفالها. ومرة أخرى ألا تظلم المرأة في هذه الحالة الرجل والأطفال وحتى أهل الزوج الذين كثيراً ما يتحملون من سلبيات سلوك المرأة هذا؟!

يقول الرصافي في هذا المجال ناعياً الاسراف في المهور ومظاهر الترف:

بيت الزواج إذ بنوه مجدداً	بالمال لا بالحب عاد مخرباً
يا من يساوم في المهور مغالياً	ويميل في أمر الزواج الحبا
إن الزواج محبة فإذا جرى	بسوى المحبة كان شيئاً متعباً[1]

[1] ديوان الرصافي الحبا = المهر

2- إهمالها لبيتها

كان كثير من المربين والمربيات ومن دعاة تعليم المرأة يرومون من تعليم المرأة زيادة اهتمامها ببيتها والعناية به وبأسرتها بطرق علمية وحديثة، ولكن، من المؤسف أن بعض المتعلمات اليوم ما أن تصل إحداهن إلى بيت الزوجية حتى ترى نفسها وقد صارت ملكة قد حطت الرحال، أخيراً، في مملكتها، لا لتعتني بهذه الملكة وتهتم بكل ما فيها ومن فيها، ولتبذل في سبيل ذلك من مالها ووقتها وجهدها ما تستطيع. وإنما لترتاح وتطلب من زوجها كل ما يلذ لها ويطيب، فهو المكلف شرعاً باعالتها! حتى وإن كانت تعمل خارج منزلها ولها دخل خاص بها، وأن يوفر لها من يخدمها وأن تعذر عليه ذلك فعليه أن يكون تحررياً وتقدمياً وعصروياً! ويخدمها بنفسه فهي ليست خادمة! وذلك لتتفرغ هي للتزين والتحلي وقضاء ساعات عند مصفف الشعر ومثلها عند الخياطة أو المحال التجارية لتشتري من الملابس ما يجعلها كل يوم تظهر بحلة جديدة! وفي محال التجميل واللياقة هذا غير الزيارات الصباحية أو المسائية الخ... ومع ذلك تدّعي أنها ليست جارية للرجل! فماذا يا ترى كانت تفعل الجواري أيام زمان؟ إن صح ما نقرأه عنهن في كتب التاريخ، غير ذلك؟ فالجارية، في كثير من كتب التراث، لم يكن يُقصد بها الزوجة والأم التي تبذل كل ما في وسعها لخدمة أسرتها ورعايتها، وإنما هي تلك التي يدفع الرجل المقتدر ثمنها ويضع في غالب الأحوال الخدم في خدمتها لتتفرغ هي للتزين وتوفير المسرات له. وهذا صار دور بعض الزوجات اليوم، وخاصة من المتعلمات والمتحررات! حتى إن إحدى المتعلمات من خريجات الجامعة الأمريكية في بيروت، والمتخصصة في العلوم، كانت تردد، دائماً، على مسامعنا أن دور الزوجة محدد بدورها في الفراش، فهي للفراش فقط!! مما يفرض التساؤل: ألا تظلم مثل هذه الزوجة نفسها أولاً وتهينها ومن ثم تظلم زوجها وأسرتها؟! ومع الأسف، إننا نجد اليوم كثير من النساء، سواءً من العاملات خارج منازلهن أو من غير العاملات، باهمالهن لدورهن داخل أسرهن واهمالهن لتزيين أنفسهن وعقولهن بالثقافة العامة والعلم وبمبالغتهن بالتبرج والتزين والتغنج وهرولتهن وراء التقليعات المستوردة وما يستجد من الأغاني والرقصات!! وغير ذلك الكثير مما لا يفيد العقل ولا النضج ولا الثقافة ولا الانتاج يؤكدن دورهن هذا

كجاريات للمتعة فقط لا غير. ومع ذلك نجد شاعراً مثل نزار قبـاني يتوجـع لحالهن ويلوم الرجل الشرقي متهماً إياه بأنه لا يرى المرأة إلا من هذا المنظور فيقول:

فشرقكم يا سيدي العزيز

يحاصر المرأة بالحراب...

وشرقكم يا سيدي العزيز

يبايع الرجال أنبياء

ويطمر النساء في التراب

وهكذا إلى أن يقول:

الرجل الشرقي -واغفر جرأتي-

لا يفهم المرأة إلا داخل السرير...

مع أن الواقع يؤكد أن الرجل الشرقي فعلاً (باستثناء امثال الشاعر) لا يزال يبحـث عن المرأة ربة البيت سواء أكانت عاملة أم غير عاملة ويحترمها ويجلها ويبتعد عـن المـرأة المتبرجة المغناج. أي الجارية!

3- الإسراف

الزواج كما علمنا ديننا وتراثنا وكما علمتنا الأجيال السابقة لنا انه سكن ومودة ورحمة لأنه (إتحاد بين شخصين يعيشان معاً حياة واحدة، وكل مـنهما يشـعر بحاجتـه إلى الآخر في النواحي العاطفية والجسـدية وفي كـل شيء، يتقاسـمان معـاً لقمـة العيـش، وحلو الحياة ومرها، وكل منهما يؤدي دوراً لا يستغني عنه الآخر بل يكمله ويتممـه في إطار من الوعي الحقيقي والعطاء الرضي)[1]، أصبح اليوم عند بعض النساء ليس فقط تنـافس وصراع مع الزوج على الدور ذاته ومحاولة للاستقلال عنه لتعيش حياتها كما يحلو لها من غير التزام به وإنما أيضاً صفقة لا بد من الاستفادة منها على شكل تـرف ورفاه وبغـض النظـر عـن أي شيء آخر. ولذلك نجد أن الزوجة التي كانت تُربى على أن لا تطلب من زوجها أكثر من

[1] عز الدين الخطيب: فقه الأسرة في الإسلام ص9.

طاقته مهتدية بقوله سبحانه **(ومتعوهن على الموسع قدره وعلى المقتر قدره)**[1] صارت الزوجة تطلب من زوجها ما لا طاقة له به وتنغص عليه عيشه بطلباتها الكثيرة مما يجعله ينسحب من الحياة مهموماً مغموماً ومحبطاً، تذكره زوجته في قيامها وقعودها بفشله وعجزه وفقره! هذا أن كان الزوج من ذوي الدين والخلق، وإلا، فإنه سيعمل على تغيير واقعه لارضائها وتحقيق طلباتها فيسرق ويرتشي- ويغش ويكذب ويبتز وينافق ويستغل ويحتكر الخ... ويفعل كل ما من شأنه أن يوفر المال لرفاهها، ولا يهمه عن أي طريق جاء، حلال أم حرام، كما لا يهم زوجته هذه أيضاً مما يجعل القول أن وراء كل فاسد وسارق ومرتشي الخ... امرأة تدفعه لذلك صحيحاً تماماً كالقول إن وراء كل عظيم امرأة تدفعه لذلك وتسهل عليه أمره. وقد قال الرسول ﷺ: (يأتي على الناس زمان لا يسلم لذي دين دينه، إلا من هرب بدينه من شاهق إلى شاهق، ومن جحر إلى جحر. فإن كان ذلك كذلك كان هلاك الرجل على يد زوجته وولده، فإن لم يكن له زوجة ولا ولد كان هلاكه على يد أبويه، فإن لم يكن له أبوان كان هلاكه على يد قرابته أو الجيران) قالوا له، كيف يا رسول الله؟ قال: (يعيرونه بضيق العيش، فعند ذلك يورد نفسه الموارد التي يهلك فيها نفسه)[2].

وبعد أن كانت المرأة المسلمة تقول للرجل: إذا خرج من منزله، سواء أكانت زوجته أم ابنته (إياك وكسب الحرام، فإنّا نصبر على الجوع والضر ولا نصبر على النار)[3] صارت اليوم تقول له: أريد كذا وكذا... دبر حالك ولا تعود إلا بها! وهنا أيضاً يفرض التساؤل نفسه: ألا تظلم مثل هذه المراة الرجل عندما تجعله يخسر نفسه ودنياه وآخرته لتحقيق رغباتها ونزواتها؟! هذا غير نساء الرجال المقتدرين وميسوري الحال والذين يعملون في الليل وفي النهار لكسب رزقهم، حتى وإن كان وفيراً، ألا تظلمهم زوجاتهم وبناتهم عندما يهدرن هذا الذي جاء بالكد والتعب والعرق، على توافه الأمور مما ذكر سابقاً، من أسراف وحلي وملابس وفرش وغير ذلك مما غلا ثمنه ومما هو من الكماليات التي لا لزوم لها، ومما يعكس كسلهن وجشعهن واهتمامهن بالمظاهر وبالاقتناء لمجرد التباهي على

---

[1] البقرة: 236.

[2] عبد المتعال محمد الجبري: المرأة في التصور الإسلامي ص97-98 عن البيهقي في الزهد.

[3] ابو حامد الغزالي: إحياء علوم الدين ج2، ص58.

الأخريات لا غير؟! مع أن الموروث الديني والاجتماعي يطلب منا الاقتصاد وعدم الاسراف في عسرنا وفي يسرنا!

4- الجهل

وهذه المرأة التي تعرف آخر صرعات الموضة في المكياج وفي الملابس وتصفيف الشعر الخ... فتلون وجهها بآخر ما وصل إلى الأسواق من مواد تجميل أو تلوين! وتلبس آخر ما صنع مصمموا الأزياء في العالم وتلون شعرها ويُصففه لها مصفف الشعر على شاكلة آخر التقليعات في هذا المجال. وتصرف الساعات الكثيرة من يومها وهي تتزين لتبدو غاية في الجمال والأناقة كما تفهمها! وقد لا تطرب إلا لسماع آخر ما ظهر من الأغاني ولا تهمل تعلم الرقص على أنغامها! ولكن لا تعرف شيئاً عن آخر ما ظهر من تطورات في مجال عملها إن كان عاملة ولا في مجال عمل زوجها إن كانت عاملة أو ربة بيت متفرغة، ولا آخر ما استجد من معلومات في مجال التغذية وتربية الأطفال وغير ذلك مما تحتاج أسرتها، ولا وقت لها لسماع مشكلات زوجها ولما يعانيه في العمل أو في غيره ويريد مشاركتها له. وإن وجدت الوقت فقد لا تعرف شيئاً عن عمله واهتماماته لعدم اهتمامها بكل ذلك أصلاً. هذا بالاضافة إلى عدم اهتمامها بكل ما يحدث من حولها وخاصة مما هو في دائرة اهتمام زوجها وكل من حولها! فإن تكلم معها في أي موضوع كان، يجدها والحجر الأصم سواء، لأنها لم تبذل عشر ما بذلت من جهد في تزيين مظهرها على تزيين عقلها بالعلوم والمعارف الضرورية للحياة العامة.

كان دعاة تعلم المرأة في أول عهد النهضة، يدعون لتعلم المرأة حتى (لا ينفر الجزء المتعلم من الجزء الجاهل، ويبعد عن مصاحبته ومعاشرته ما استطاع، ويحاول أن يسير في تيار لا يرضي الشرف، أو ينحط بفكره ليعاشر هذا الشريك المنحط في حياته)[1]. ولكن اليوم نجد بعض المتعلمات لا يختلفن عن الجاهلات والأميات من حيث قصر النظر وضيق الأفق وتفاهة السلوك إلا بشهادة أهلتهن لشغل وظيفة ما أو علقت على الجدار للتباهي! فكثير منهن يرددن أنهن لم يفتحن كتاباً منذ تخرجهن قبل عشر سنوات أو حتى عشرين سنة! وإن قرأن فلا يقرأن إلا

---

[1] أحمد أمين: زعماء الاصلاح ص155.

كتيبات قصصية خفيفة لا ترقى إلى مستوى الأدب. وهنا أيضاً يظهر التساؤل: ألا تظلم مثل هذه المرأة والتي زينت شكلها وأهملت عقلها، زوجها الذي يشاركها الحياة، كما ظلمت نفسها أيضاً؟ فبماذا يتكلمون؟ وكيف يتواصلون؟!!

أما تلك المرأة المثقفة فعلاً ولكنها متباهية بثقافتها ومعارفها ومغرورة بذلك إلى حد التعالي على زوجها وأهل بيتها، والتي لا تنفك تذكر من حولها، وخاصة زوجها بثقافتها وسعة معارفها والتي تزيد عما لزوجها من كل ذلك، حتى وإن كانت في الحقيقة مساوية له بالثقافة والعلم، فهي لا تقل ظلماً للرجل من الأولى في محاولتها إهانته والتقليل من شأنه. خاصة عندما تستخدم ذلك كمبرر لاعفائها من مسؤولياتها كزوجة وكأم.

5- التخلي عن مسؤوليتها تجاه الأسرة

ألا تظلم المرأة الرجل، وخاصة الزوج (والأبناء) عندما تهمل بيتها وأطفالها أو تترك مسؤولياتها تجاههم للخدم الذين لا ثقافة لهم ولا حنان ولا حتى مصلحة في رعاية الأسرة، ولا يربطهم بتلك الأسرة شيء إلا دراهم معدودات؟ فسواءً أكانت هذه المرأة من النساء العاملات خارج منازلهن أم من القاعدات في البيوت، (ولا أقول ربات البيوت لأنهن لسن كذلك) ألا تظلم الرجل وخاصة زوجها وأولادها من البنين والبنات بعملها هذا وأنانيتها التي تجعلها تحرم بيتها وأولادها من حنانها ورعايتها بحجة أنها ليست خادمة لتقوم بالطبخ والتنظيف الخ... مما هو مسؤولية الخادم الأجير وليس من مسؤولية الزوجة وربة البيت!! أو بحجة حاجة الأسرة لدخلها لعدم كفاية دخل الزوج، إن كانت عاملة، وهو الأمر الذي صار اليوم، وفي كثير من الأحيان، لا أساس له من الصحة. لأنها لو حسبت كلفة خروجها للعمل، المادية، من ملابس ومواصلات وأطعمة جاهزة الخ... هذا بغض النظر عن الكلفة المعنوية الأكبر من ذلك، لوجدت أن وجودها في بيتها ورعاية أطفالها وتقليل حاجاتها وتوفير حاجات الأسرة بما تصنع بنفسها، أكثر توفيراً وفائدة لها ولأسرتها ولمجتمعها أيضاً.

6- الحرية وعدم الالتزام

ثم هذا التسيب وقلة الحياء بجميع أشكاله والذي يدعو إليه دعاة الحرية والتحرر وتمارسه بعض الفتيات باسم الحرية والتحرر والمدنية، حتى وإن كان لا يزال مقتصراً على وضع أنفسهن في مواقع الشبهات الذي ينهي عنه الشرع وينهي عنه العرف الاجتماعي، ولم يصل بعد إلى ممارسة الحرية في أجسادهن كما يحدث في الغرب وكما يريد بعض الدعاة عندنا، كما مر ذكره، ألا يظلمن فيه الرجل (الأب والأخ والزوج والابن) الذي لا يزال متمسكاً بهذه التقاليد الدينية والاجتماعية؟ اليست الحياة هي تبادل الالتزامات؟ ومن يريد الحرية والتحرر من الالتزامات الدينية والاجتماعية سواءً أكان رجلاً أم امرأة، عليه أن لا يعيش في مجتمع له قيمه وتقاليده، بل أن يعيش وحده في مكان منعزل عن الناس أجمعين، وحتى في هذه الحالة لن يكون حراً ولا متحرراً من كثير من محددات البيئة ومحددات التكوين والقدرات الشخصية.

7- الاهانة وعدم الاحترام

إن عدم الاحترام والاهانة وإشاعة السيئات وإخفاء الحسنات والتعامل بخشونة وشراسة وحتى الأذى الجسدي والضرب المادي الخ... كلها ممارسات ليست مقتصرة على الرجل دون المرأة. فهناك من النساء ممن يهن أزواجهن بالكلام وبالمعاملة وبالضرب أيضاً! سواءً أكان ذلك في بلادنا أم في البلاد الأخرى. فبعد الثورة الصينية (أساءت المرأة الصينية استغلال قانون حقوق المرأة، فقالت إحدى الباحثات الصينيات أنها رأت زوجة وأما لثلاثة أطفال تعيش مع زوجها ووالده، وكانت هي التي تضرب الرجلين ولا يجرؤ أياً منهما الدفاع عن نفسه)[1]. كل ما في الأمر أن الرجل يتحمل ذلك بصبر أكبر ويخفيه عن الآخرين لأن إشاعته تعني انتقاصاً لرجولته وكرامته كرب للأسرة كما تعني أيضاً هدماً للأسرة التي لا يريد هدمها، بينما تشيع بعض النساء ذلك بالحق والباطل وقد يُبالغن فيه من أجل التظلم وتمثيل دور الضحية واستدرار عطف وشفقة الآخرين لما يُعانين. وهذا أيضاً يحدث في بلادنا كما يحدث في البلاد الأخرى. ففي بلد من

---

[1] جورج طرابيشي: المرأة والاشتراكية ص256.

البلاد الغربية كان الجيران يسمعون صياح الزوجة وولولتها فيتصلون بالشرطة، معتقدين أن الزوجة تتعرض للضرب والأذى من الزوج، وبما أن هذا البلد من البلاد التي تعاقب الرجل على مثل هذا التصرف فإن الشرطة تقوم بسجن الزوج، رب الأسرة! إلى أن تُسقط الزوجة عنه الدعوة بعد أن يؤخذ عليه تعهد بعدم تكرار ذلك، وهو ساكت لا يدافع عن نفسه. وكان أطفاله يتعاطفون معه ولكنهم يغتاظون منه لأنه لا يرد على ذلك بمثله ولكنهم لا يتكلمون ولا يتدخلون خوفاً على مشاعر الأب الساكت عن كل ما يتعرض له وخوفاً ورهبة من الأم الشرسة. إلى أن ضربته في إحدى المرات ضربة قوية تسببت في وفاته، وهنا تكلم الأطفال وكشفوا الحقيقة بأن أمهم هي التي كانت تمارس الضرب والاعتداء على الزوج وهي التي تسببت في وفاته. فاعترفت الزوجة بذلك وحوكمت! وهذه ليست قصة خيالية وإنما حقيقة واقعة! تناقلتها وسائل الاعلام في حينها.

8- التمييز في العمل لصالحها

والآن، بعد أن عملت المرأة في المجالات المختلفة خارج منزلها، ألا تظلم الرجل العامل معها وتتحيز ضده وتضطهد من هو تحت أمرتها أو زميل لها وتسبب له المعاناة؟ ألا تظلم المرأة الرجل، الزميل، عندما تطالب لنفسها باجازات حمل وولادة وأمومة واجازات مرضية نسائية أخرى مدفوعة الأجر وتترك مسؤولياتها ليقوم هو بها؟ (أو حتى امرأة أخرى غيرها؟) أليس من الحق والعدل والمساواة التي لا تنفك المرأة تطالب بها أن يكون للرجل وللمرأة ذات الحقوق وذات الواجبات وكذلك ذات الاجازات الاعتيادية والمرضية؟ وكل ما يزيد عن ذلك مثل إجازات الحمل والولادة الخ... تكون إجازات من غير أجر وتشطب من حساب الخدمة ولاغراض الترقية والتقاعد! ويكون لمن يقوم بمسؤوليات المرأة المجازة، امرأة أو رجل، أجر اضافي على ذلك.

والمطالبة بكوتة نسائية في مجلس النواب، إن وجد، وفي القبول في الجامعات، كطالبات أو موظفات، والمؤسسات الأخرى وفي مواقع اتخاذ القرار الخ... أليس هو الآخر ظلم للرجل المنافس في كل هذه المجالات وهدر لحقوقه ومعارض للمساواة التي تطالب بها المرأة لنفسها؟ ولنفسها فقط؟

وخلاصة القول فإن كل المظالم وأشكال الاضطهاد التي تقع على المرأة من قبل الرجل يقع مثلها من المرأة على الرجل حتى الزنى والخيانة الزوجية فكما هناك زاني وخائن فهناك أيضاً زانية وخائنة! ولهذا فقد قيل إن (خيانة رجل هي خيانة زوجة رجل آخر)[1] وعليه، فإن ما نحتاج إليه هو ليس جمعيات لحقوق المرأة وخط هاتف ساخن أو بارد! أو متوسط الحرارة!! لتتصل المرأة من خلاله بهذه الجمعيات عندما تقع عليها مظلمة أو اعتداء، ففي كل بلاد الغرب المتقدمة، هناك خطوط هاتفية ساخنة وجمعيات لحقوق المرأة وللدفاع عنها وحمايتها من التعرض للضرب أو الاغتصاب أو لأي من الاعتداءات الأخرى، ولكن كل هذا لم يمنع هدر حقوقها ولم يمنع الاعتداء عليها بالضرب وبغيره ففي تقرير للأمم المتحدة لعام 1995 ذكر أن هناك اجحاف بحق المرأة واعتداء عليها حتى في دول العالم الأكثر مساواة للمرأة بالرجل فنجد أن ثلث النساء في النرويج والولايات المتحدة وهولندا ونيوزيلندا وقعن ضحية استغلال جنسي خلال حياتهن. وفي الولايات المتحدة تتعرض امرأة لسوء معاملة كل ثماني ثوان في حين تتعرض امرأة للاغتصاب كل ست دقائق[2].

وفي اليابان، تتعرض النساء للتعصب الجنسي وهدر الحقوق. ومن خلال دراسة قامت بها وزارة العمل اليابانية تبين أنه بالرغم من أن القانون الياباني يساوي بين الأجناس، إلا أن النساء ما زلن يواجهن صعوبات في الحصول على وظيفة أو في تسلق السلم الوظيفي كما لا تزال كثير من الشركات والمؤسسات ترفض تعيينهن[3]. وفي فرنسا، كشف تقرير رسمي فرنسي عن انتقاص حقوق المرأة في فرنسا وسوء معاملتها وإن أكثر من مليوني امرأة تتعرض للضرب من قبل أزواجهن بصورة مستمرة... وأن حوالي 13% من نساء فرنسا يتعرضن للضرب ويمثلن مختلف الطبقات الاجتماعية، وأشار التقرير أن 60% من الاتصالات الهاتفية التي تصل إلى شرطة النجدة في فرنسا وخاصة في الليل هي

---

[1] أنيس منصور: قالوا... ص149.

[2] عن جريدة الرأي الأردنية.

[3] جريدة الراي الأردنية: 1993/5/31.

من نساء يطلبن مساعدة الشرطة من قسوة أزواجهن وتعرضهن للضرب[1]. وهذا يدل على أن لا القوانين ولا جمعيات حقوق المرأة ولا الخطوط الهاتفية الساخنة الخ... تمنع اعتداءات الرجل على المرأة أو اعتداء المرأة على الرجل الذي لو صرخ وولول لوجدنا أنه يتعرض هو أيضاً للاعتداء!

إن ما نحتاج هو ليس كل هذه الجمعيات النسائية التي تظهر زعيماتها في الندوات وعلى شاشات التلفاز باسم الدفاع عن حقوق المرأة أو العمل في قضايا المرأة الخ... فليس للمرأة حقوق بعيداً عن حقوق الإنسان ككل، امرأة ورجل وطفل أو كهل، كما أنه ليس للمرأة قضية أو قضايا بعيداً عن قضايا المجتمع ككل بكل عناصره. فكل قضايا المجتمع ومشكلاته هي قضايا تخص المرأة والرجل والطفل أيضاً، فلماذا هذا التشتت والتشرذم في كل شيء حتى في قضايا المجتمع؟ وما هي قضايا المرأة؟ هل قضايا الطلاق والانجاب والاجهاض والحمل الخ... هي قضايا تخص المرأة وحدها؟ ماذا عن شريكها في الحياة؟ والذي هو النصف الآخر من المجتمع ألا تخصه هذه القضايا وتؤثر على حياته وحياة المجتمع ككل؟!! فكيف يكون للمرأة قضايا تخصها وحدها وهي كما يعترفون نصف المجتمع وليس كله؟!! أي هاوية سحيقة هذه التي يريد دعاة حقوق المرأة وحريتها، من النساء والرجال، جر المجتمع إليها؟!!

إن ما نحتاج كما مر ذكره، ليس لكل هذه الجمعيات النسائية، وإنما جمعيات لرعاية الأسرة بما فيها من نساء ورجال وأطفال وعجائز من الجنسين وحل مشكلاتهم المتداخلة مع بعضها بعضاً ومع مشكلات المجتمع ككل.

فهناك مشكلات للرجل مع المرأة التي تظلمه وتضطهده وبأشكال مختلفة كما هناك نساء مضطهدات وهناك مشاكل للطفل داخل هذه الأسرة ولكبار السن فيها أيضاً. وهناك من جهة أخرى مشاكل اقتصادية ونفسية واجتماعية كلها تحتاج إلى حلول وإلى تفعيل القوانين والاعراف وغير ذلك من الوسائل لمعالجتها. وقبل هذا أو ذاك يجب إعادة تربية أبناء المجتمع بكل فئاته وعناصره ليكون الاحساس بالحق والعدل والظلم والاضطهاد جزءاً من تكوينهم وشخصيتهم، فيعلون من شأن

[1] ذات المصدر 1989/10/12.

الحق والعدل ويرفضون الظلم والاضطهاد وبكل أشكالهما لغيرهم كما يرفضونه لأنفسهم. ولنبدأ مع أطفالنا ذكوراً وإناثاً ونربي فيهم هذا الحس بالآخر فيرفضون كل ما لا يقبلونه لأنفسهم حتى لا يظلمون هذا الآخر ولا يضطهدونه. وقد قيل في الماضي حب لأخيك ما تحب لنفسك واكره لأخيك ما تكره لنفسك. ولنعلمهم أن الظلم في كل شيء وفي أي مجال من مجالات الحياة وبغض النظر عن ممن يقع وعلى من يقع هو أمر فظيع ولا انساني حرمه الله ويرفضه الخلق القويم، عليهم أن يرفضوه ويقاوموه ولا يمارسونه على أحد حتى وإن كان عدواً لهم وقد قال سبحانه وتعالى: **(يا أيها الذين آمنوا كونوا قوامين لله شهداء بالقسط ولا يجرمنكم شنئان قوم على ألا تعدلوا أعدلوا هو أقرب للتقوى)**[1].

ولكن من جهة أخرى، فإن هذا لا يمكن أن يحدث ونحن قد تركنا أولادنا للآخرين ممن قصر نظرهم وقل اعتبارهم وغلبتهم أنانيتهم، يربون أطفالنا كيفما شاءوا من خلال وسائل الاعلام ووسائل التربية المختلفة الأخرى ولنبدأ من قصص الأطفال وأفلام الرسوم المتحركة التي يعرضها التلفاز وصارت مشاهدتها شغل الأطفال الشاغل، والتي فيها يتشاطر البطل فيها، سواءً أكان كلباً أو فأراً أو قطة أو طيراً...، على الآخر فيضربه ضرباً عنيفاً ويهينه أو يستغله ويضحك مما يوقعه فيه من مطبات ومقالب، شربها هذا الآخر بحسن نية وطيبة قلب! ثم يكبر الطفل فيقرأ القصص أو يشاهد الأفلام السينمائية سواءً الأجنبية أم العربية، التي تتبع خطاها وتحمل ذات التوجهات وتنشر ذات القيم! فيجد الطفل، أو اليافع، أن هناك دائماً للبطل تابع يركض وراء البطل ويتحمل منه الإهانات والاستخفاف والضرب أحياناً، ومن غير سبب ولا هدف يُغني الموضوع إلا اضحاك المشاهدين الذين لا يملكون من الحس بالانسانية وبما يجوز وما لا يجوز وبما هو حق وبما هو ظلم، ما يكفي ليجعلهم يضعون أنفسهم مكان هذا المهان والتي تحاك حوله المقالب، فيرفضون مثل هذه المشاهد والممارسات، كما يرفضون المقالب السمجة التي يوقعها البطل بأطراف أخرى، باسم الفكاهة! والذين قد يكونون أقل منه قوة عضلية أو ذكاءً ولكن أكثر منه طيبة وبراءة!! هذا غير وجود شخص معاق بشكل من الأشكال، وتعريضه للضرب والاهانة وللاستخفاف به وباعاقته، لإثارة الضحك لا

[1] المائدة: 8.

غير. ثم تأتي بعد ذلك حوادث الغش والابتزاز والاجرام بكل أشكاله والتي يقع ضحيتها البسطاء من الناس حتى شاعت مقولة أن القانون لا يحمي المغفلين!! لماذا القوانين إذاً إذا لم تحمي الجميع ومنهم الطيبين؟ ولا أقول المغفلين هذا بالاضافة لما يشاهده من حوله في واقع الحياة من مظالم وأشكال من الاضطهاد، الصغيرة منها والكبيرة، من ظلم الآباء والأمهات لبعضهم بعضاً وللأجداد أو الجدات وللعمات والأعمام الخ... أو للخادم، إن وجد، أو للجار وللزبون... هذا غير عنف السلطات الرسمية أو المعارضة لها! فيبدأ بطولته! على أخيه أو أخته الأصغر أو على زميله في المدرسة ممن لا يمارس هذه البطولات! إما لأدبه وتربيته الجيدة وطيبته وإما لضآلة حجمه وضعف قدرته، وهكذا يستمر معتقداً أن أفضل الخلق وأحسن السلوك الذي يستدعي التباهي والفخر هو أن يعتدي بالضرب أو بالغش أو بالابتزاز الخ... للآخرين ولا يرفض كل هذه الأمور ويسميها بمسمياتها إلا حين تطوله هو فقط! إن الظلم والاضطهاد هو خلق قد يتخلق به الإنسان ذكراً كان أم انثى، نتيجة سوء التربية وسوء التعليم وسوء الخلق. فيجب أن نعلم أطفالنا ومنذ الصغر إن الظلم واضطهاد الآخرين هو أحط أنماط السلوك وأكثرها هدراً لانسانية كل من الظالم والمظلوم فليتجنبه الظالم وليرفضه المظلوم. ولنرجع إلى القرآن الكريم ونعتبر بما فيه من وعود بالعقاب الشديد للظالمين من النساء والرجال! ولكن هنا يجب أن نتوقف قليلاً عند هذا السؤال: هل هذا يعني إن المرأة في بلادنا لا تتعرض لظلم حقيقي في بعض الحالات، حتى وإن كانت قليلة الحدوث؟! إن الجواب بدون شك هو نعم هناك مظالم تقع على المرأة ولكنها مظالم لا يوقعها الرجل بصفته الجنسية ولا تفرضها الشريعة الاسلامية وإنما سببها القوانين المبنية على تفسيرات واجتهادات خاطئة للشريعة ولما جاء في القرآن الكريم والسنة النبوية الشريفة وهذه المظالم هي: الطلاق التعسفي وتعدد الزوجات العشوائي وغياب الضمان الاجتماعي.

الفصل الرابع

مظالم حقيقية تطال المرأة

1- الطلاق

إن الزواج في الإسلام هو سكن ومودة ورحمة، وهو لحياة دائمة ولتكوين أسرة تكون خلية فاعلة في المجتمع، وليس لمتعة أو لأجل محدود ولهذا كان لا بد من أن يكون باختيار وموافقة الطرفين المعنيين، الزوجة والزوج ورضاهما لتقوم حياتهما على أسس قويمة تضمن لها الاستقرار والاستمرار. إذ أن استقرار الحياة الزوجية ودوامها (غاية من الغايات التي يحرص عليها الإسلام. وعقد الزواج إنما يعقد للدوام والتأبيد إلى أن تنتهي الحياة...)[1] ليتمكن الزوجان من بناء بيت سعيد ومستقر يمكنهما من تنشئة أبناء صالحين. ولذلك جعل الله سبحانه وتعالى الزوجية من أقدس الصلات وأوثقها فقال: (وأخذن منكم ميثاقاً غليظاً)[2]. وكل ما من شأنه أن يوهن من هذه الصلة ويقلل من أهميتها فهو في نظر الإسلام مكروه والعامل من أجله مذموم ولا يستحق شرف الانتساب إليه بدليل قول الرسولﷺ (ليس منا من خبب[*] امرأة على زوجها)[3].

ولكن هذا لا يمنع من حدوث الشقاق والخلاف، أحياناً بين اثنين يعيشان الحياة بمشكلاتها الكثيرة ولذلك فقد أجازت الشريعة الإسلامية الطلاق، ولكن لم تجعله مزاجياً، وإنما حددته بالحالة التي تصبح فيها الحياة الزوجية معاً مستحيلة. (فالأصل في الطلاق الحظر بمعنى أنه محظور إلا لعارض يبيحه)[4]. وحالة الإباحة هذه هي الحالة التي يصبح استمرار الحياة الزوجية مستحيلة، فحتى الكره

---

[1] السيد سابق: فقه السنة ص241-242.

[2] النساء: 21.

[*] افسد.

[3] السيد سابق: ذات المصدر.

[4] قاسم امين: تحرير المرأة ص167.

لبعض الخصال لم تجعله الشريعة مبرراً للطلاق بدليل الآية (**عاشروهن بالمعروف فإن كرهتموهن فعسى أن تكرهوا شيئاً ويجعل الله فيه خيراً كثيراً**)[1] (فقد يكره الرجل من زوجته بعض صفاتها... وما عليه في هذه الحال إلا أن يصبر عليها ويعاشرها بالمعروف، ولا يفكر في فراقها، فقد يكون من وراء ذلك خير كثير... ومصلحة مشتركة لا تنكشف له في ذلك الحين...)[2] وإن لم تنفع محاولاتهما لاستمرار حياتهما الزوجية معاً يجب أن يشركا الأهل في المحاولة لاصلاح ذات البين فقد قال تعالى: (**وإن خفتم شقاق بينهما فابعثوا حَكَماً من أهله وحَكَماً من اهلها إن يريدا إصلاحاً يوفق الله بينهما**)[3] ويحاول الحكمان إصلاح ما بين الزوجين من خلاف فإن تعذر عليهما ذلك وتأكد لهما إن حياة الحب والمودة والاحترام والاستقرار قد تعذرت على الزوجين ولا بد من فراقهما، عندها ينصحان بأبغض الحلال عند الله، وهو الطلاق، وقد يساعدا في إجراءاته من أجل أن لا يضار أي من الزوجين. وهناك من فقهاء المسلمين من جعل الطلاق أربعة أشكال:

1- **الطلاق المحرم:** وهو الطلاق الذي لا ضرورة له ويمكن تفاديه، ويكون هذا الطلاق حراماً، مثل اتلاف المال، لأنه يضر بمصلحة كل من الزوج والزوجة ولقول الرسول ﷺ: (لا ضرر ولا ضرار) ولقوله إن أبغض الحلال عند الله الطلاق.

2- **الطلاق المباح:** وهو الذي يكون عند الحاجة إليه لسوء خلق المرأة، مثلاً، أو التضرر بها من غير حصول الغرض من الزواج.

3- **الطلاق الواجب:** هو الطلاق الذي يقرره الحكمان في الشقاق بين الزوجين إذا رأيا أن الطلاق هو الوسيلة الوحيدة لقطع الشقاق...

---

[1] النساء: 19.

[2] علاء الدين خروفة: نظرات في الإسلام ص153.

[3] النساء: 35 (الجلالين).

4- **الطلاق المندوب إليه:** وهو الطلاق الذي يكون عند تفريط المرأة في حقوق الله الواجبة عليها، مثل الصلاة ونحوها، ولا يمكنه (الزوج) اجبارها عليها أو تكون غير عفيفة...[1]

فالطلاق كما يؤكد كثير من الفقهاء لا يجب أن يحدث (إلا بعد التأكد من أن الحياة الزوجية أصبحت جحيماً لا تطاق لاختلاف الأمزجة وتباين الطباع وتنافر القلوب واشمئزاز النفوس، وحينئذ فقط يباح للرجل أن يسرح زوجته ويفك هذا الرباط المقدس...)[2]. وفي مثل هذه الحالة قد يكون الطلاق رحمة من رب العالمين تنهي عذاب الزوجين، خاصة ونحن نجد المساوئ الكثيرة لحظر الطلاق في البلاد التي شرائعها تمنع الطلاق، مما جعل بعض المفكرين عندهم ينادون باباحة الطلاق كحل لهذه المشكلات مثل برتراند رسل الذي قال: (إن السعادة الزوجية ليست أمراً دائم الوقوع، بل كثيراً ما نجد النفور والبغضاء قد دبا بين الزوجين...) والحل الذي يقترحه لمثل هذه الحالة هو (إباحة الطلاق على نطاق أوسع رغم أنه ليس الحل الأمثل لمشكلة الزواج)[3].

فالطلاق ليس هو ظلم للمرأة وإنما الظلم في ملابساته. ومن هذه الملابسات التي تؤدي إلى ظلم المرأة في غالب الأحيان ما يلي:

أ- الطلاق من دون سبب وجيه أو ذنب جنته الزوجة

فقد قيل أن أعرابياً طلق امرأته، فقالت له: يا فلان طلقتني بعد خمسين سنة؟ فقال لها: مالك عندي ذنب غيره!![4]. فقد يحدث الطلاق لا لسبب إلا لكبر سن الزوجة وذهاب شبابها ورونقها! وهو سبب غير وجيه وليس للمرأة ذنب فيه بل هي تستحق التقدير والتكريم حيث افنت شبابها في خدمة الأسرة ومن ألا فضل لمثل هذا الزوج قبل طلاق امرأته لهذا السبب أن ينظر إلى نفسه في المرأة!! فلم تمر الأعوام الطويلة عليها وحدها!!!

---

[1] السيد سابق: فقه السنة ص243.

[2] علاء الدين خروفة: نظرات في الإسلام ص153.

[3] برتراند رسل: استعباد المرأة ص26.

[4] التوحيدي: الامتاع والمؤانسة ص 183.

وقد يلجأ بعض الأزواج إلى طلاق نسائهم بعد أن يترقوا في سلم الحياة من حيث المال والمركز الاجتماعي أو غيره، ليغير من حياته الأسرية ويرقيها هي الأخرى بزوجة جديدة لا تذكره بأيام الفقر والكفاح! وغير ذلك من الأسباب التي لا ذنب للمرأة فيها وعندها يكون الطلاق ظلماً وعدواناً عليها وعلى حقوقها. فالطلاق مباح ولكنه أبغض المباحات إلى الله تعالى كما يؤكد ابو حامد الغزالي ويكون مباحاً في نظره (إذ لم يكن فيه ايذاء بالباطل... ولا يباح ايذاء الغير إلا بجناية من جانبها أو بضرورة من جانبه) وقد استشهد على ذلك بقوله تعالى (**فإن أطعنكم فلا تبغوا عليهم سبيلا**، أي لا تطلبوا حيلة للفراق وكذلك لا يحق للمرأة طلب الطلاق إلا للضرورة القصوى (فإن سألت الطلاق بغير ما بأس فهي آثمة)[1].

ب- رفض طلب الزوجة للطلاق (وبيت الطاعة)

لقد أجاز الله سبحانه وتعالى الطلاق رغم أنه أبغض الحلال للضرورة وعندما تغيب عن الحياة الزوجية المودة والرحمة وما تأسست هذه الحياة لتحقيقه، وقد يكون هذا الغياب سببه المرأة أو قد يكون سببه الرجل. وفي هذه الحالة الأخيرة من المفروض أن يكون من حق الزوجة أيضاً طلب الطلاق، ما دامت تشعر أنها متضررة من الحياة الزوجية مع زوجها. وهذا الضرر لا يعني بالضرورة الضرب المادي (المبرح) أو التجويع! الخ... وهي الأضرار التي يحددها بعض الفقهاء لاعطاء المرأة حق التفريق، وخاصة وأنه في هذا العصر هناك كثير من منغصات الحياة، والضرب والتجويع هذه أقلها حدوثاً. وقد أقر القرآن الكريم هذا الحق بقوله: (**وإن يتفرقا يغن الله كلا من سعته...**)[2] كما أقره في قوله: (**ولهن مثل الذي عليهن بالمعروف...**)[3] وفي كثير من الآيات التي تساوي بالحقوق والواجبات. والظلم الأكبر الذي يقع على المرأة التي لا تريد استمرار الحياة الزوجية فتطلب الطلاق هو ما أسماه البعض "بيت الطاعة" مع أنه ليس في القرآن الكريم ما يشير إليه خاصة وإن آيات كثيرة تنفي الاكراه على العشرة كقوله سبحانه وتعالى (**فإمساك**

---

[1] ابو حامد الغزالي: احياء علوم الدين ج2،ص55.

[2] النساء: 130.

[3] البقرة: 228.

بمعروف أو تسريح بإحسان)[1] و **(عاشروهن بالمعروف...)**[2]. مما يدل على أنه ليس في الإسلام (هذه الصورة الكئيبة التي نسميها بيت الطاعة، بمعنى أن رجلاً يستعين بالشرطة على اذلال امرأة من أجل إكراهها على الطاعة...)[3] والعيش معه في بيت يحدده هو نفسه. فهذه إهانة للمرأة التي كرمها الله ورفض لها الاهانة والاذلال فقد قال الرسول ﷺ: (من كانت له أنثى فلم يئدها ولم يهنها، ولم يوثر ولده -الذكر- عليها أدخله الله الجنة)[4] كما رفض عدم مساواتها بالرجل فأكد أن (لهن مثل الذي عليهن بالمعروف). هذا غير أن بيت الطاعة إهانة للرجل نفسه عندما يبقي على ذمته امرأة زاهدة فيه. وحتى إن كان بيت الطاعة كما يرى بعض الفقهاء (مسكن نظيف لائق بكرامة الزوجة بين جيران شرفاء صالحين، وفي مكان مؤنس... وبعيد عن الاحماء الذين لا تستريح الزوجة معهم، فان رضيت الحياة مع زوجها في مودة فبها والا فالفراق بالمعروف)[5] فهو يبقى إهانة لكل من الرجل والمرأة ويتعارض مع أحكام الزواج وأهدافه كما حددها الإسلام ومع ما أمر به الله من حق وعدل وتكريم للإنسان، امرأة ورجل. والأفضل أن يكون الفراق بالمعروف منذ البداية من غير كل هذا الذي يحدث من خلال بيت الطاعة! وأن يحل الزوجين خلافاتهما حول حقوق كل منهما تجاه الآخر من خلال مضمون الآية الكريمة **(وإن امرأة خافت من بعلها نشوزاً أو اعراضاً فلا جناح عليهما أن يصلحا بينهما صلحاً والصلح خير وأحضرت الأنفس الشح وإن تحسنوا وتتقوا فإن الله كان بما تعملون خبيراً)**[6].

جـ- الطلاق غيابياً من دون اعلام الزوجة والاتفاق معها عليه:

قد يحدث أن يطلق الرجل زوجته من دون علمها. وقد لا تعلم بالأمر إلا بعد فترة من الزمن أو عندما يأتيها الابلاغ من المحكمة وهذا تعسف بحق الزوجة

---

(1) البقرة: 229.

(2) النساء: 19,

(3) عبد المتعال محمد الجبري: المرأة في التصور الإسلامي ص154.

(4) عز الدين الخطيب: المرأة في التصور الإسلامي ص16.

(5) عبد المتعال الجبري: ذات المصدر ص155.

(6) النساء: 128.

ومخالف لما جاء في القرآن الكريم: **(إن خفتم شقاق بينهما فابعثوا حَكَماً من أهله وحَكَماً من أهلها إن يريدا إصلاحاً يوفق الله بينهما إن الله كان عليماً خبيراً)**[1]. كما هو مخالف لما أمر الله به من حق وعدل. إذ لا بد للزوج أن يصارح زوجته برغبته هذه ويبين لها الأسباب والتي قد يستطيعان، بالمصارحة حلها ويتراضيان ويتجنبان هدم الأسرة وتشتيت شملها وإن لم يتمكنا من ذلك يتدخل عندئذ حَكَم من أهلها وحَكَم من أهله... وبعد استنفاذ كل الوسائل كما أمر رب العالمين يحدث الطلاق بعلم الزوجة وموافقتها!. فعقد الزواج لا يتم إلا بموافقة الزوجة والزوج وبوجود شاهدين فمن المنطق ومن العدل والحق الذي أمر بهما رب العالمين أن يكون فسخ هذا العقد وفض هذه الشراكة، أيضاً، بموافقة الطرفين وبوجود شاهدين على ذلك وقد قال سبحانه وتعالى: **(واشهدوا ذوي عدل منكم)**[2] وقد روي عن الامام بن كثير وعن ابن جريح أن عطاء كان يقول: (لا يجوز في نكاح ولا طلاق ولا ارجاع إلا شاهدا عدل...)[3] وضرورة الاشهاد في الطلاق يؤكد عليها أيضاً مذهب عطاء وابن سيرين وابن جريح. وبدون العلم ومحاولة الاصلاح والاشهاد يكون الطلاق ظلماً واضحاً على المرأة واستهانة بها وبحياتها ومستقبلها. فحتى المجرم لا يجوز الحكم عليه من غير إعلامه ومحاكمته وإشهاد الشهود على جرمه قبل إصدار الحكم عليه فكيف بالزوجة ورفيقة الدرب؟!!

د- الطلاق من دون ارضاء الزوجة وضمان حقوقها

لو عدنا إلى الآية الكريمة **(وإن امرأة خافت من بعلها نشوزاً وإعراضاً فلا جناح عليهما أن يصلحا بينهما والصلح خير وأحضرت الأنفس الشح وإن تحسنوا وتتقوا فإن الله كان بما تعملون خبيراً)**[4] لوجدنا إن هذه الآية لا تعطي للمرأة حق التفريق فقط ولكنها أيضاً تضمن حقوقها. (فاحضرت الأنفس الشح) لا تعني فقط الشح في العواطف وإنما الشح قد يكون في المال والإنفاق أيضاً. (وإن تحسنوا وتتقوا) سواء فسرها الفقهاء على أنها موجهة للرجال بمعنى إن تحسنوا معاشرة

---

[1] النساء: 35.

[2] الطلاق: 2.

[3] السيد سابق: فقه السنة ص259.

[4] النساء: 128.

النساء وتتقوا الجور عليهن أم فسروها على أنها موجهة إلى الزوج والزوجة معاً، فهي في الحالتين تعني عدم ظلم بعضهما بعضاً وأن يتفقا ولا يغاليا في طلباتهما سواءً من أجل الصلح أو من أجل الفراق وأن يكون الحق والعدل دليلهما فيحسنا ويتقيا. وعندما تعيش المرأة سنوات طويلة مع زوجها يكافحان معاً لتأمين حياتهما وحياة أسرتهما، قد تصل إلى عشرين أو ثلاثين عاماً أو أكثر، ثم تخرج من بيت الزوجية هذا الذي قضت عمرها في تكوينه بمؤخر صداقها، الذي يكون قد تآكل وأصبح كلا شيء، ونفقة بسيطة لعدة أشهر، هو منتهى الظلم لهذه المرأة. فماذا عن مستقبلها الذي لم يعد أمامها فرصة لبنائه من جديد مرة أخرى؟! إن هذا، من دون شك، ظلم للمرأة واجحاف في حقها، وعليه، يجب على فقهاء المسلمين معالجته. ومن الحق والعدل أن تكون المعالجة بأن يتقاسمان ما عملا معاً على جمعه وتكوينه طوال مدة زواجهما، كل بحسب ما بذل من جهد أو مال، من أجل تكوين الأسرة بشكل يضمن عدم الاضرار بأي من الطرفين من دون افراط ولا تفريط. تفريط في حق الزوجة لصالح الزوج كما هو الحال في بعض الأحوال في بلادنا أو افراط في حقها على حساب حقوق الزوج كما هو حاصل في بعض البلاد الأجنبية مما جعل كثير من نساء تلك البلاد تعمل الواحدة منهن على أن تصطاد زوجاً غنياً وبعد سنوات قليلة تعمل خلالها على جعل حياته جحيماً لا يطاق فيطلقها أو تطلب هي منه الطلاق لأجل أن تقاسمه ثروته وتضمن لنفسها حياة رغدة طوال حياتها على حساب الزوج المسكين والاضرار بمصالحه!

صحيح إن تقدير ما بذل كل من الزوجين من مال ومن جهد خلال هذه الفترة الطويلة التي هي عمر حياتهما الزوجية، هو أمر صعب! ولكن لا يعدم المسلم العادل الذي يأتمر بأمر الله في تحقيق الحق وسيادة العدل أن يجد الوسيلة لذلك. فأمر ما يملك كل منهما عند الزواج سهل ويمكن حصره وتسجيله عند عقد القران. وكل ما يأتي بعد ذلك عن طريق الإرث من مال ومن عوائد هذا المال هو الآخر يمكن حصره وتثبيته لاستبعاده مما يجب أن يتقاسمه الزوجان. ثم يتقاسم الزوجان كل ما يملكان مما عملا معاً للحصول عليه خلال فترة زواجهما. أما في حالة عدم وجود ما يمكن أن يتقاسماه فهنا يأتي دور الضمان الإجتماعي الذي سيأتي ذكره.

2- تعدد الزوجات

إن الإسلام (...دين الفطرة، وهو يصون الطبيعة البشرية ولا يمحقها، ونظرته إلى الميل الجنسي كنظرته إلى رغبة المعدة في الأكل... كما يرفض الإسلام الرهبانية يرفض التبذل والتبرج وإرسال العنان للغريزة الجنسية تتشبع مما تجد...)[1]. وقد جعل الزواج هو الوسيلة الوحيدة لاشباع هذه الغريزة والارتفاع بها من حيوانية النزوة إلى إنسانية المسؤولية والالتزام. فلم يدعها غاية عابرة تزول بالاشباع هنا لتستجد هناك، وإنما جعلها، من خلال الزواج وسيلة لغاية أسمى هي استمرار الحياة من خلال تكوين الأسرة وتربية النسل الصالح. وجعل الزواج هذا عاملاً من عوامل تنظيم المجتمعات في سعيها من أجل دوامها وتطورها ونمائها، كما جعله للإنسان الفرد، امرأة كان أم رجلاً، سكن ومودة ورحمة واستقرار نفسي وعاطفي يمكّنهما من تحمل مشاق الحياة بتقاسمها بينهما بحيث يكمل أحدهما الآخر لتحقيق مصلحتهما ومصلحة أولادهما ومجتمعهما. ولهذا قيل أن الأسرة (هي الكيان الاجتماعي الشرعي الأول في المجتمع، وهي مجال الاستقرار النفسي، وهي نعمة الهية ظاهرة وآية ناطقة بحكمة الله تعالى)[2].

وبما أن للزواج وتكوين الأسرة غاية فردية إنسانية وغاية جماعية اجتماعية، فقد أباحت الشريعة الإسلامية تعدد الزوجات لتسهيل أمر تحقيق هذه الغايات. ولكن لم تجعل هذه الإباحة مزاجية وعشوائية وإنما حددتها بحدود على رأسها عدم ايقاع الظلم بالزوجة أو بالأسرة فإن الله لا يحب الظالمين وقد بشرهم في آيات كثيرة بعذاب عظيم (أما إذا ظلم الرجل نفسه أو أولاده أو زوجاته، فلا تعدد هناك)[3]. وقد حدد بعض الفقهاء الإباحة في حالات معينة لمنع الاضرار بالزوج أو الأسرة أو المجتمع وهذه الحالات هي:

أ- **عقم المرأة**، لما فيه من ضرر للزوج الذي يرغب في النسل هذا غير ضرره الاجتماعي حيث يؤثر سلبياً على زيادة السكان المطلوب لتطور المجتمعات.

[1] محمد الغزالي: هذا ديننا ص150-152.

[2] عز الدين الخطيب: الأسرة في الإسلام ص8.

[3] محمد الغزالي: فقه السيرة ص467.

ب- **مرض الزوجة** مرضاً مزمناً لاشفاء منه، يمنعها من القيام بواجباتها كزوجة وكأم.

ج- **كثرة الحروب** وتعرض الرجال للموت مما يعرض النساء الزائدات عن عدد الرجال لمشاكل العنوسة المختلفة.

د- **غياب المودة والرحمة** من حياة الزوجين، أن ترافق ذلك مع رغبة المرأة في عدم الطلاق وتمسكها بحياتها مع زوجها لأسباب شتى، قد تكون اقتصادية أو عاطفية.

وهكذا نجد أن الإسلام أباح تعدد الزوجات للضرورة ولتحقيق أهداف سامية ولم يوجبه (ولم يندب إليه وإنما ذكره بما يدل على أنه قلما يسلم فاعله من الظلم المحرم)[1] مما يجعل الرجل المتدين حقاً يفكر ألف مرة قبل أن يوقع الظلم في شريكة حياته وأقرب الناس إليه من دون ضرورة ملحة. كما أن الإسلام لم (يحرمه تحريماً قطعياً لا هوادة فيه)[2] لما في تحريمه من اضرار على الفرد وعلى المجتمع تظهر واضحة في البلاد التي تحرم التعدد تحريماً قطعياً. ومن يبحث ويتفكر في الآيات القرآنية التي وردت فيها نصوص تعالج مسألة تعدد الزوجات، يجد أن الحضر هو الأرجح ولكن بعض الناس، من الأغنياء ومن الفقراء، وبرخصة من بعض المفسرين اعتمدوا تعدد الزوجات و (اتخذوه طريقاً لصرف الشهوات، وغفلوا عن القصد الحقيقي منه) وهو أمر في نظر محمد عبده (لا تجيزه الشريعة ولا يقبله العقل...)[3] لما قد يقع فيه من ظلم واضرار لكل من الفرد والمجتمع، إن لم يكن في الحدود التي حددها رب العالمين وكان بعيداً عن مقاصده الحقيقية المذكورة أعلاه، مما يجعله لا يحقق إلا مزيداً من غياب المودة والرحمة ومزيداً من الفوضى في حياة الفرد وفي حياة المجتمع وقد قال أعرابي تزوج مرتين:

---

[1] عبد الله شحاته: المرأة في الإسلام بين الماضي والحاضر ص137.

[2] المصدر السابق.

[3] محمد البهي: الفكر الإسلامي الحديث ص113-114.

تزوجت اثنتين لفرط جهلي | بما يشقى به زوج اثنتيـن
وألقى في المعيشة كل ضر | كذاك الضر بين الضرتين[1]

وقال ابو حنيفة: (صاحب المرأتين في شرور ومن لم يصوبني فليجرب)[2]

والظلم الذي يقع على المرأة من تعدد الزوجات يأتي مما يلي:

أ-عدم اعلامها والاتفاق معها.

ب-عدم اعطائها الخيار في البقاء أو الفراق.

جـ-عدم العدل إن اختارت البقاء.

د- عدم ضمان حياتها إن اختارت الفراق.

أ- عدم اعلام الزوجة

رغم أن الأساس في الزواج كما يؤكد بعض الفقهاء، الاشهار لأسباب كثيرة أقلها ابعاد الشبهات إلا أن كثيراً من الزيجات الثانية، أو الثالثة أو الرابعة تتم في السر ومن دون علم الزوجة الأولى، التي قد لا تعرف بذلك إلا بعد فترة من الزمن، وأحياناً لا تعرف إلا بعد وفاة الزوج عندما تأتي الزوجة الأخرى لتطالب بالإرث من زوجها المتوفي، مما يجعل الأمر صدمة كبيرة للزوجة الأولى وأولادها، إن وجدوا، تسبب لهم أضراراً كثيرة نفسية وعاطفية وتفقدهم الثقة بالآخرين.

ب- عدم اعطاء الخيار للزوجة الأولى في البقاء مع الزوج أو فراقه

هو الآخر مما يظلم هذه الزوجة ويسبب لها الأضرار. وقد قال سبحانه وتعالى: **(وإن امرأة خافت من بعلها نشوزاً أو إعراضاً فلا جناح عليهما أن يصلحا بينهما صلحاً والصلح خيرٌ وأُحضرت الأنفس الشح وإن تحسنوا وتتقوا فإن الله كان بما تعملون خبيراً)**[3] ويفسر بعض الفقهاء مضمون هذه الآية الكريمة على أنه إن

---

[1] النشاشيبي: المرأة تحب الكلام.

[2] احمد المكي: مناقب ابو حنيفة ص424.

[3] النساء: 128 (الجلالين).

توقعت (أو احست) امرأة ترفعاً عليها من زوجها والتقصير في حقوقها من نفقة وغيرها لبغضة لها أو طموح عينه إلى أجمل منها أو أفضل فلا بد أن يتصارحا ويتصالحا (في القسم والنفقة بأن تترك له شيئاً طلباً لبقاء الصحبة فان رضيت بذلك وإلا فعلى الزوج أن يوفيها حقها أو يفارقها) هذا غير الآيات الكثيرة التي تؤكد على المعاشرة بالمعروف أو المفارقة بالمعروف ولكن مع ذلك نجد أن الرجل كثيراً ما يحيل بين زوجته وبين اختيار الفراق فيمتنع عن تطليقها مع كل الضرر المادي والمعنوي الذي يصيبها من جراء زواجه ثانية أو ثالثة.

جـ- عدم العدل أن اختارت المرأة البقاء في بيت الزوجية

وقد قال الله سبحانه وتعالى (ولن تعدلوا...) فالعدل بين الزوجات قل إن يحدث وخاصة بالنسبة للزوجة الأولى والتي هي أحق بالمراعاة لأنها تزوجت وهي معتقدة أنها ستكون الخيار الوحيد للزوج، بينا الثانية (والثالثة والرابعة) تقدم على الأمر وهي على بينة من أن امرأة أخرى تشاركها في زوجها، وقد رضيت بهذا وقد تكون قد سعت هي إلى ذلك عندما اختارت رجلاً متزوجاً. وقد حذر أبو حنيفة من عدم العدل بين الزوجات فقال: (من زاد على امرأة واحدة استعمل ما كان رسول الله ﷺ يستعمله في نسائه وإلا كتب من الظلمة واستشهد على ذلك بالرسول ﷺ الذي قال: (من كانت عنده امرأتان فمال إلى إحداهما جاء يوم القيامة وأحد شقيه مائل)[1].

د- عدم ضمان حياة المرأة إن هي اختارت الفراق

عدم ضمان مستقبل الزوجة الأولى إن هي اختارت فراق زوجها ورفضت أن تشاركها امرأة أخرى فيه (أي الطلاق) هو الآخر ظلم بحق هذه المرأة كما مر ذكره، وهو الأمر الذي لا بد للفقهاء من الاهتمام به خاصة اليوم مع انتشار المادية والإنانية والفردية ولم يعد رجال العائلة ملتزمين باعالة نساء العائلة. وما عليهم إلا أن يوسعوا مضمون كثير من الآيات ومنها الآية الكريمة التي تقول **(اسكنوهن من حيث سكنتم ولا تضاروهن لتضيقوا عليهن)**[2] ولا يجعلونها تخص المطلقة طلقة

---

[1] احمد المكي: مناقب أو حنيفة ص424.

[2] الطلاق: 6.

رجعية وفي فترة العدة التي يحتمل خلالها أن يراجع الزوج زوجته وإنما يجعلونها تشمل المطلقة بشكل عام وخاصة من لا معيل لها ولا وسيلة لها للعيش الكريم. وهناك قبل ذلك مضمون الشريعة الإسلامية التي تقوم على العدل والحق الذي يعلو ولا يعلى عليه، فالله هو الحق ولا يأمر إلا بالحق الذي لا بد أن يهدي الفقهاء إلى منع أي ظلم يقع على الزوجة في مسألة تعدد الزوجات. فالشريعة التي تهتم بالمطلقات اللاتي يتطلقن قبل أن يمسسهن أزواجهن فتوصي بهن بالقول: (فمتعوهن وسرحوهن سراحاً جميلاً)[1] هل يمكن أن تهمل الزوجات، شريكات الحياة، وأمهات الأولاد؟! وليكون السراح جميلاً بالنسبة للزوجة وأم الأولاد لا بد أن يضمن لها حقها في الحياة الكريمة.

---

[1] الأحزاب: 49.

3- غياب الضمان الاجتماعي

الضمان الاجتماعي اليوم أصبح أمراً ضرورياً، خاصة بعد أن بدأ يتراجع دور الأسرة في ضمان حياة كريمة لكل فرد فيها مثل الوالدين والأخوة والأخوات وكل من هو محسوب من صلة الرحم. والضمان الاجتماعي المطلوب هو لكل أفراد المجتمع وليس للمرأة فقط، ويجب أن يكون من اولويات أي مجتمع يريد لنفسه التقدم الحقيقي والنماء ويريد لأفراده العيش الكريم. ولنا أسوة حسنة بعمر بن الخطاب ﷺ الذي عندما رأى عجوزاً (يهودياً) يستجدي قوته غضب (وأرسل إلى خازن بيت المال يقول: أنظر هذا أو ضرباءه. فوالله ما انصفناه إن اكلنا شبيبته ثم نخذله عند الهرم...)[1].

والغريب أن هذا الأمر الحيوي والإنساني لم ينل إلا أقل من القليل من اهتمام المفكرين في بلادنا! فقد يقرأ المرء عشرات الكتب لعشرات المفكرين النهضويين العرب ويجد فيها دعوات لا نهاية لها لأوهام استوردوها من الغرب، ذات أسماء وهمية هي الأخرى، فيها الكثير من التشويش والتشويه للحياة الأسرية وللمجتمع ككل مثل الحرية والاشتراكية والديمقراطية والمساواة... هذا غير ما يسودون من صفحات عن حقوق المرأة وحقوق الطفل الخ... ولكن لن يجد المرء ما نسبته واحد بالألف من هذه الكتابات موجه لضرورة الضمان الاجتماعي وشرح آلياته الممكنة والتي تجعل من الضروري للمجتمع أن يضمن العيش الكريم لكل أفراده والذي أهم ما يتمثل به هذا العيش الكريم هو سكن يليق بكرامة الإنسان، ومورد رزق، إن لم يتوفر من خلال عمل معين يوفر الضمان الاجتماعي عوضاً له. فهذه أهم حقوق الإنسان. وإن لم تتوفر له هذه الأوليات للعيش الكريم لا تنفعه الحرية ولا الديمقراطية ولا المساواة، إن وجدت! وهي أساساً غير موجودة لا في بلادنا ولا في أي بلد في العالم! وإن وجدت فهي لا تتوفر إلا لطبقة معينة من المجتمع هي الطبقة الصغيرة المتنفذة سياسياً واقتصادياً. تماماً كما لا تنفعه الصروح والأبراج والجسور وكل ما يسمونه المظاهر الحضارية فالمظهر الحضاري الأول والأهم هو توفير حياة كريمة للإنسان تليق بإنسانيته.

---

[1] فاروق مجدلاوي: الادارة الاسلامية في عهد عمر بن الخطاب عن العقاد عبقرية عمر ص30.

والمرأة تُظلم من عدم وجود الضمان الاجتماعي، وخاصة المرأة ربة البيت من المطلقات والأرامل لأن أغلبهن لسن من زوجات الرجال الموسرين حتى تقتصر مطالبة المرأة على مطالبة الرجل بضمان حياتها بعيداً عنه مما يجعل من الضروري أن يضمن المجتمع لها الحياة الكريمة، ليس كامرأة وإنما كعضو فاعل في المجتمع ومشارك في تنميته وتطويره بشكل من الأشكال. وبخاصة وإن ربات البيوت محرومات حتى من الضمان البسيط الذي يتمتع به بعض من شرائح المجتمع كالعمال والموظفين! مما يستدعي اعادة النظر في تقييم أعمالها داخل المنزل واعتباره عملاً منتجاً وله موقعه في حسابات الدخل القومي. فالنساء يعملن داخل بيوتهن في رعاية أسرهن كما قد يعملن في نشاطات اقتصادية أخرى كالفلاحة والخياطة والنسيج وصناعات منزلية كثيرة هذا غير ما يقمن به وخاصة في الأرياف من توليد وتطبيب بسيط الخ... (ومع هذا، فإن الاحصاءات المتعلقة بالطاقة العاملة ما زالت صامتة إزاء هذا العمل النسائي... ولا يحظى بأي اعتبار، لا من حيث الاعداد والتأهيل ولا من ناحية المنافع الاجتماعية كالضمان الاجتماعي والتقاعد الخ...)[1] وهذا اجحاف في حق المرأة مما يجعل من الضروري للدعاة والمفكرين الاهتمام باعداد المرأة لعملها كربة بيت، ومسهمة في التنمية الاجتماعية من خلاله ومن خلال النشاطات الاقتصادية الأخرى التي تمارسها داخل المنزل أو خارجه. والاهتمام كذلك بادخال أعمالها هذه في احصاءات الدخل القومي وتحديد المنافع الاجتماعية التي تستحقها المرأة من جراء القيام بها وعلى رأس ذلك الضمان الاجتماعي الذي يوفر لها حياة كريمة. وكل ما عدا هذا فهو لغو لا معنى له. فماذا تستفيد النساء عامة من كوته للنساء في مجلس النواب أو في مواقع اتخاذ القرارات؟ وكم منهن سيصلن إلى هذه المواقع سواء من جراء الكوته أو من دونها؟ وقد مر ذكر القروية التركية التي قالت أنه لا يهم من يصل إلى رئاسة الوزارة وغيرها من المراكز العليا سواءً أكان رجلاً أم امرأة المهم ماذا سيفعل من أجل المجتمع ورفاهه!! وماذا ستستفيد النساء عامة من منع الطلاق أو منع تعدد الزوجات، فهي مشكلات مهما كثرت، إلا أنها تبقى محدودة ولا تخص جميع النساء، والمشكلات التي تستجد من خلال منعها لا تقل عن مشكلات إباحتها!

---

[1] جرمين بورسيل: المرأة في الحياة المهنية ص3.

وماذا ستستفيد النساء عامة من منع قتل الشرف!! ومعاقبة فاعلها عقاباً شديداً؟ فهي لا تخص إلا أحاداً منهن واللواتي خرجن عن تقاليد المجتمع وعقائده، والقضاء أولى بمعالجتها. وذات الشيء ينطبق على معظم ما يروج له الدعاة مما اسموه حقوق المرأة، بينما الضمان الاجتماعي هو للجميع ومنهم النساء اللاتي لا يجب أن يتركن تحت رحمة من يعولهن بمنة!!

وعلى أية حال! فإن كان بعض الفقهاء الأوائل قد ظلموا المرأة بتفسيراتهم الضيقة والقصيرة النظر لآيات القرآن الكريم فإن المفكرين النهضويين كانوا اكثر ظلماً لها ولكل أفراد المجتمع بما يدعون اليه وبما لا يزالون يدعون إليه من حقوق هي ليست فقط وهمية أو محدودة بمصلحة فئة معينة من النساء وإنما هي أيضاً إن تحققت تزيد من أعبائها ومن التمييز ضدها، هذا غير شرذمة المجتمع وتفكيك وحدته. وقد كان الأولى بهم، وهم أهل العلم والفكر، أن يعلموا إن اصلاح حال المرأة عندنا لا يمكن أن يتم من خلال الآليات التي اعتمدتها المرأة الغربية وإنما معالجة وضعها ومشكلاتها تحتاج كما يرى البعض (إلى عملية نقد اجتماعي للعادات والتقاليد، وتربية المرأة وتعليمها، واستصدار قوانين تخفف من ويلات الطلاق والزواج)[1] متخذين من آيات القرآن الكريم وما يتفق مع أحكامه مما جاء على لسان الرسول ﷺ ولسان الفقهاء دليلاً وهادياً إلى ذلك.

وختاماً أعود فأقول، إن الظلم والقهر والاضطهاد سلوك إنساني قد يمارسه الرجل وقد تمارسه المرأة، لا شيء يمنعه أو يقلل منه إلا التربية القويمة والايمان بالله والخوف منه هو الذي يمنع الظلم والاضطهاد سواءً للمرأة أو للطفل أو للرجل. واليوم بعد أن تفشت الحضارة العلمانية المادية اللانسانية في بلادنا زاد القهر المادي والمعنوي وزاد الظلم والاضطهاد. ولذلك قال برهان غليون: إن (الاضطهاد لم يكن في يوم من الأيام اقسى في العالم الثالث مما هو عليه اليوم مع انهيار منظومة القيم القديمة وتفكك وهشاشة النظم القانونية الجديدة...)[2] مما يزيد من أهمية التربية القويمة لكل أفراد المجتمع ومما يستدعي، قبل ذلك، بناء منظومة

---

[1] هيفاء فوزي الكبرة: المرأة والتحولات الاقتصادية والاجتماعية ص42.

[2] برهان غليون: اغتيال العقل ص173.

قيمية رصينة تقوم على أساس الأصول الدينية والاجتماعية للأمة والتي تمثل هويتها الواضحة التي لا لبس فيها، ولتكون هذه المنظومة القيمية معياراً تُمرر من خلاله كل الأفكار والممارسات لتصفيتها واختيار ما يصلح حال الأمة ويساعدها على تحقيق أهدافها بالتقدم والنماء والرفاه وما يحقق في ذات الوقت سعادة أفرادها جميعاً إناثاً وذكوراً، صغاراً وكباراً وشيوخاً، من دون ايقاع الظلم على أي منهم ومن دون احداث صراعات وهمية داخل المجتمع تهدد استقراره وتوازنه مثل الصراع الذي يسمونه الصراع الجنسي- والذي يعمل البعض على احداثه بين المرأة والرجل. وهو الموضوع الذي ستتناوله الصفحات التالية.

الصراع بين الرجل والمرأة

من ينظر إلى دعوة حقوق المرأة وتحررها ومساواتها كما يعرضها بعض من دعاتها يجد أنهم قد حولوا هذه القضية إلى قضية صراع بين الرجل والمرأة. فقد أكدت نوال السعداوي، على سبيل المثال، في ندوة المرأة ودورها في حركة الوحدة العربية، إن هناك صراع جنسي بين الرجل والمرأة لا يجب تجاهله! وإن هذا الصراع، كما تقول في مكان آخر، هو من أهم الصراعات جميعاً وقد بدأ منذ أن انتزع الرجل منها حقها الطبيعي في النسب، لأن انتساب الأطفال إلى الرجل كان ولا يزال في نظرها، أمراً غير طبيعي وغير منطقي مما جعل الصراع بين الرجل والمرأة (مستمراً منذ بدأ النظام الابوي حتى اليوم وظل الرجل متخوفاً حتى اليوم من أن ينتهي الصراع بانتصار المرأة واستردادها لحقها الطبيعي الأول)[1] ولهذا احاطها بالقيود والسلاسل! فالمرأة العربية، في نظرها، تعاني من ثلاثة أنواع من القهر، إذ هي تعاني من القهر الجنسي- من الرجل! والقهر الطبقي باعتبار أن معظم النساء العربيات هن من الفلاحات والعاملات والقهر القومي بحكم انتماء النساء العربيات للأمة العربية التي يقع عليها القهر القومي. ولذلك فهي تدعو الحركات النسائية والمرأة العربية أن تكون أكثر تقدمية وأكثر ثورية! وتعمل على (توجيه الضربات القاضية على القهر الجنسي والطبقي والأممي في آن واحد)[2].

والغريب والعجيب، هو أنها وفي ذات الوقت، تتباكى على الانقسامات الدينية والطائفية التي تشجعها وتغذيها الرأسمالية العالمية وتتباكى على الثقافة القومية المميزة التي تسعى العالمية إلى الغائها وفرض نمطها الاقتصادي والثقافي على الأمة! وكأن هذا التوجه الذي يؤكد على الصراع الجنسي بين الرجل والمرأة وجعلهما متنافسين بدلاً من أن يكونا متكاملين، ليس هو الآخر جزءاً من عملية الهدم هذه التي تسعى الامبريالية إلى إحداثها في المجتمع العربي لزيادة شرذمته وتبديد جهوده. وكأن دور المرأة ومكانتها المميزة في المجتمع العربي والذي تدعو

---

[1] نوال السعداوي: الوجه العاري للمرأة العربية ص75.

[2] ندوة: المراة ودورها في حركة الوحدة العربية ص476.

هي لتغييره ليكون على ذات النسق الغربي ليس هو الآخر جزءاً من الثقافة الوطنية المميزة التي تسعى العالمية إلى الغائها وفرض نمطها الثقافي وغير الثقافي على الأمة وهـو مـا اصـطلح على تسميته بالعولمة!!

وعلى أية حال، فهي تطلب من المرأة التحرر من القيود (التي تحيط بجسم المـرأة وعقلها ونفسها في ظل الأسرة، القائمة على سيطرة الأب أو الجد أو الزوج أو الأخ أو أي رجل آخر في الأسرة) ويتجلى هدف هدم الأسرة وبالتالي المجتمع، في كونها تؤكـد عـلى ضرورة أن تتحرر المرأة من سيطرة كل رجال الأسرة فقط ولكن لـيس مـن سيطرة الرجـال مـن خـارج الأسرة والذي قد يكون رئيسها في العمل، على سـبيل المثـال، والـذي قـد يسـتغلها لمصـلحته بشكل ابشع كثيراً من اسـتغلال الأب والأخ وغـيرهما مـن أفـراد الأسرة والـذي سـيطرته قـد تكون، في الغالب، لمصلحتها أو على الأقل لمصلحة الأسرة ككل! أو قد يكون صـديقها أو مـن تمارس معه التحرر الجنسي الذي تدعو هي إليه والذي هو الآخر لا تهمه كثيراً مصلحة هذه المرأة التي يقضي منها أغراضه ويهملهـا ويحتقرهـا أيضـاً! خاصـة وإنهـا تـدعو المـرأة إلى أن تتحرر من كل القيود التي (... قد تكون قيوداً قانونية أو أخلاقية أو دينية أو نفسـية -غـير مرئية- وقد تكون -مرئية- كجدران البيت والنوافذ والأبواب المغلقة...)[1].

وتحرر المرأة من كل هذه القيود بالنسبة لبعض الدعاة لا يمكـن أن يكـون بشـكل ودي وإنما لا بد من الثورة عليها وتحطيمها! فنجـد جيزيـل حليمـي، مـثلاً، تـدعو المـرأة أن تحطم السور الذي يضربه الرجل حولها[2] وأن تعمل على تحرير نفسها ولا تنتظر أن توهب الحرية هبة من مستعمرها الجديد! ولا تقتصر ثورة المرأة في نظر البعض على خوض معركة الحقوق السياسية أو الصعود إلى السلطة والمشاركة في الحكم مع الرجل، وإنمـا لا يـتم ذلـك سواء في الشرـق أو الغـرب إلا بـالتخلص مـن الـنظم الأبويـة، رأسـمالية كانـت أم اقطاعيـة، وترسيخ نظم الاشتراكية، والتي لا توجد الآن وإنما ستحدث في المستقبل حينما (تصبح النساء

---

[1] ندوة: المرأة ودورها في حركة الوحدة العربية ص485.

[2] جيزيل حليمي: قضية النساء ص19.

قوة سياسية قادرة على انتزاع حقوقها...)[1] وكذلك على المرأة أن تثور كما يرى بعض الدعاة على كل القيود الأسرية مثل العمل داخل الأسرة والزواج والانجاب الخ... معتمدين آراء وأقوال المتنظرين الأجانب مثل انجلز الذي قال: (إن أول تناحر طبقي يظهر في التاريخ يتطابق مع تطور التناحر بين الرجل والمرأة في الزواج الفردي، كما يتطابق أول اضطهاد طبقي مع اضطهاد الجنس المذكر للجنس المؤنث)[2].

ولذلك نجد بعض دعاة وداعيات حقوق المرأة يدعون إلى الغاء العمل العائلي والاسترقاقي! الذي تقوم به المرأة لكونها فرداً في الأسرة! كما يدعون إلى إلغاء الأمومة ودور المرأة كأم لأنها مسترقة (تحت تسمية دور الأم أو حب الأم)[3] ولذلك يطالبون النساء أن يناضلن ضد ما يسمونه، الرق العائلي وأن يعملن من أجل الأمومة الطوعية التي تتضمن حريتهن في أجسادهن وفي حرية منع الحمل والاجهاض. فرحم المرأة، في نظر هؤلاء، ليس ملكاً لأحد أياً كان، ولا للدولة حتى تتحكم بالسماح بالاجهاض أو منعه، كما أن الأسرة في نظرهم ليست، ولا يجب أن تكون، العلاقة الوحيدة المعترف بها! بل لا بد أن يوجد أيضاً (تساكن، ومعاشرة دائمة مع أولاد، وعزاب يريدون أطفال...) ووحدات قائمة على أسس غير محددة مسبقاً، وخارج نطاق الأسرة والزواج. هذا في حالة عدم إلغاء الزواج كلياً كما يدعو البعض! إذ تقول احداهن: (إذا كانت النساء يرغبن في تحسين أوضاعهن، فعليهن أن يرفضن الزواج) ويمتنعن عنه، لأنه إن كن يتزوجن بدافع الحب فان الحب يمكن أن يكون خارج الزواج بل هو لا يوجد إلا خارج الزواج!! أما إن كانت المرأة تتزوج لتعفي نفسها من العمل فهي في هذه الحالة تستحق ما يحصل لها من استرقاق، وإذا تزوجت المرأة رغبة منها في انجاب أطفال فخير لها أن لا تنجب لأن (العالم ليس بحاجة ماسة إلى الأطفال)! وإن كانت المرأة تتمسك بالأسرة والزواج من أجل الأطفال، فالأطفال لا يخصونها وحدها فلا يجب أن تتحمل من أجلهم وعليها تركهم فالزوج يستطيع العناية بهم (وبقدر أقل من القلق مما قد تفعل

---

[1] نوال السعداوي: الوجه العاري للمرأة العربية ص121.

[2] جيزيل حليمي: ذات المصدر ص9.

[3] ذات المصدر ص104.

المرأة)[1]!! أما المرأة المتزوجة، فهي لكي تتحرر، بنظر البعض، عليها أن تترك جانباً الأخلاقيات المفروضة على جنسها (وتصنع بنفسها حقيقة نفسها)[2].

ولم تقتصر ثورة المرأة، كما يرويدنها على كل رجل في الأسرة كما مر سابقاً بل يمد البعض هذه الثورة لتشمل كل أعدائها والذين يتمثلون (في شخص الأطباء والأطباء النفسيين والباحثين الاجتماعيين والمستشارين في شؤون الحياة الزوجية والكهنة والقيمين على الأخلاق)[3]!

ومنهم من لم يكتف بايجاد الصراع بين المرأة والرجل وإنما يريده صراعاً مع المرأة الأخرى الرافضة لهذه التوجهات التحررية!! أيضاً. فدعوا للثورة ضد هذه المرأة. فقال أحد الدعاة ناعياً ايمان المرأة بحقوقها وبمسألة تحررها وتهاونها في العمل لأجل هذه الحقوق: إنني (لا أرى الايمان منتشراً بعد عند المرأة، إذ إن جمهوراً كبيراً من النساء أعلن قبولهن ورضاهن عن الطمأنينة والرفاهية التي منحها لهن الرجل بديلاً عن قلق الحرية، وجراح الاعتماد على النفس... يبدو لي من ذلك أن على المرأة أن تثور، يجب على المرأة أن تثور ليس على الرجل، بل على المرأة الرافضة اعادة تثقيف نفسها، الراضية بحكم رجل سالب لحقوقها...) ثم يقول: (نعم لن تنال المرأة حقوقها إلا إذا ثارت على امرأة قانعة، راضية لا تحس بروح العدل، ولا تقدر معنى الحرية)[4] وهنا لا بد للمرء من أن يتساءل! ما هي الحرية في نظر الدعاة للحرية؟ ولمن يريدونها؟! أليس لهؤلاء الرافضات وهن باعترافهم يمثلون جمهوراً كبيراً من النساء، الحرية في اختيار دورهن ومكانهن في المجتمع؟ واختيار طريقة حياتهن التي يجدن فيها الرضى والسعادة؟ وما هدف الحرية وبغض النظر عن مفهومها عندهم؟ أليس الهدف من الحرية وكل المفاهيم الأخرى التي استوردوها وصاروا يجترونها في كل المناسبات، هي سعادة الإنسان؟ فما هي الحرية؟ ولمن الحرية مرة أخرى؟! هل هي فقط للدعاة وللقلة الضئيلة التي تتبع أفكارهم؟ ثم لماذا ولمصلحة من يدقون الأسافين ويحدثون صراعات بين أفراد

---

[1] ذات المصدر.

[2] ذات المصدر.

[3] ذات المصدر ص152-153.

[4] عبد الرحيم ملحس: عن جريدة الرأي الأردنية 1992/7/4.

المجتمع؟ سواءً بين الرجل والمرأة أو بين المرأة والمرأة الأخرى؟!! لماذا هدم المجتمع باحداث هذه الصراعات وخاصة بين العنصرين المكونين لأي مجتمع، واللذين لا غنى فيه لاحدهما عن الآخر ولا يبنى المجتمع ويحقق سعادته وصحته إلا بتكامل دوريهما فيه؟ وليس من خلال التنافس بينهما على ذات الأدوار. لماذا هذا الهدم وجعل المرأة والرجل في صراع دائم؟! حتى أن الأستاذ محمد المنجي الحبيب[*]، اعتبر الرجل والمرأة عنصرين لا يمكن تحقيق مصلحة أحدهما إلا على حساب مصلحة الآخر فقال في أوائل عام 1989 في اجتماع منتدى الفكر العربي، في الأردن، وفي معرض كلامه عن التجربة التونسية بالنسبة للمرأة: (إن حقوق المرأة مصانة لدرجة أن كل امرأة عربية تتمنى لو تكون تونسية وكل رجل تونسي يتمنى لو لم يكن تونسي...)[1]!!

وبغض النظر عن عدم صحة كون كل امرأة تريد أن تكون تونسية، لأن جمهوراً كبيراً من النساء، كما ذكر غيره من الدعاة، وكما جاء أعلاه، يرفض هذه الحقوق إن كانت تسلب الرجل، الذي هو أعز الناس والذي هو الأب والأخ والابن والزوج، أية مكانة وأية حقوق. إلا أن الخلط والهدم يبدو واضحاً في كونه جعل من الضروري لتحقيق مصلحة احدهما أن يُغبن الآخر وتسلب حقوقه، ويسلب منه دوره في المجتمع أو يشوه! فهل يسعد المرأة، السوية، ويرضيها أن تعطى من الحقوق ما يجعل الرجل، الذي هو أعز الناس، يحس أنه مغبون إلى درجة أنه يتمنى أن لا يكون تونسياً؟ وهل من مصلحة المجتمع ومن مصلحة الوطنية أن يشعر أي من أفراد المجتمع هذا الشعور؟! ثم إن كنا نريد التعددية الحزبية ونروج لها وهي ليست موجودة اصلاً ولا هي من سنن الحياة ولا من واجبات الدين إلا يجدر بنا أن نحسن التعامل مع التعددية الجنسية الطبيعية؟ والتي فرضتها الطبيعة البشرية بوجود الرجل والمرأة ليتكامل دوريهما وتستمر الحياة، ونتعامل معهما بشكل يجعل أحدهما مكملاً للآخر وليس منافساً له وسالباً لحقوقه ولسعادته ورضاه؟ لماذا، مرة أخرى، جعل المرأة والرجل طرفين في صراع وهمي يحاول البعض غرسه في أرض الواقع؟! ولمصلحة من؟! وهل يمكن أن يحقق مثل هذا الصراع

---

[*] سفير تونسي.

[1] المنتدى: العدد 44 المجلد الرابع مايو 1989.

شيئاً سوى هدم المجتمع وتشتيت شمله؟! خاصة عندما يصل هاجس التصارع إلى درجة أن البعض بدأ يستشرف المستقبل ويتنظر في كيفية التخلص من الرجل ودوره في الحياة، فنجد إحدى الباحثات تقول: أن الألف الثالث من عصرنا سيشهد انقلاباً عجيباً في موازين القوى (فلن يقتصر الأمر على زوال نظام السلطة الأبوية إلى الأبد في معظم البلاد الصناعية الغربية، وإنما سيشهد خللاً جديداً في توازن العلاقات الجنسية، وسيكون الخلل هذه المرة في صالح المرأة وحدها)! وذلك لأن النساء قد أصبحن يشاركن الرجال في السيطرة على العالم الخارجي فيبدعن وينتجن معهم على قدم المساواة -ويمتلكن، فضلاً عن ذلك السلطة المطلقة في مجال الانجاب، فبوسعهن اليوم أن يرفضن الانجاب وسيصبح بامكانهن غداً أن ينجبن دون مساعدة الرجال الفعلية، لأن علماء البيولوجيا وعلماء الوراثة يتوقعون أن يتمكن العلم في وقت قريب من اخصاب بويضة الأنثى دون الاستعانة بحيوان منوي. وهذا يعني الاقتراب (من تحقيق حلم عريق قوي السلطان، وهو حلم الانجاب دون حاجة إلى الجنس الآخر) الذي هو الرجل في هذه المسألة بينما سيبقى الرجل (يحتاج دائماً إلى جسد امرأة لكي ينجب) وترجح الباحثة (أن يتألم الرجال الاحتمال اخراجهم من عملية الاخصاب، ولاختلال التوازن الجديد في غير صالحهم)[1]!!

واكتفت الباحثة بجعل العلم يخرج الرجل من عملية الانجاب، ولم توضح لماذا لا يمكن لذات العلم من أن يخرج المرأة أيضاً من هذه العملية، وكما سيستغنون عن الحيوان الذكري يستطيعون الاستغناء عن البويضة وعن الرحم أيضاً، ما دام الأمر تنافس وصراع؟!! ثم ماذا لو انجبت المرأة ذكراً؟ هل ستؤده لأن المجتمع لا يحتاجه؟ كما تفعل بعض الحشرات! وهل كل العلاقة بين الرجل والمرأة هي الانجاب؟ أين المودة والتراحم والتعاطف التي تتجلى بقوله سبحانه وتعالى: **(ومن آياته أن خلق لكم من انفسكم أزواجاً لتسكنوا اليها وجعل بينكم مودة ورحمة إن في ذلك لآيات لقوم يتفكرون)**[2] ثم أين الحاجات الجنسية التي سيطرت على

---

(1) مجلة الرسالة التي تصدرها اليونسكو مقالة بعنوان العلاقة بين الجنسين في الغرب بقلم اليزابيث بادنتير/ مارس 1986.

(2) الروم: 21.

حياة الغرب إلى درجة الجنون فجعلتهم يستغنون في سبيلها عن الأسرة وعن الانجاب؟! أم انهم، كعادتهم، دائماً وفي كل المجالات على أحد الطرفين المتطرفين المتناقضين من غير توازن ولا اعتدال؟!

ومرة أخرى لماذا جعل العلاقة بين المرأة والرجل علاقة تنافس وصراع تهدم المجتمع وتهدم الأسرة التي هي من أهم أسس التضامن الاجتماعي بحيث نجد أحدهم (كونت) يقول: (إن التضامن الاجتماعي لا يمكن أن يتحقق بصورة كاملة إلا إذا وجه المسؤولون عنايتهم إلى اصلاح ثلاثة نظم اجتماعية أساسية، تشمل نظام التربية والتعليم ونظام الأسرة، والنظام السياسي في الدولة...) والأسرة الصالحة في نظر كونت (هي التي تشيع بين أفرادها عواطف حب الغير والتودد والتراحم وكل ما من شأنه أن يهذب انسانية الأفراد ويروضهم على استساغة مبدأ التضامن الاجتماعي)[1].

وعلى أية حال، فإن كثيراً مما دعا إليه دعاة حقوق المراة ومساواتها وحريتها أحدث كثيراً من السلبيات في المجتمع منها ما يلي:

1- تشويش القيم والمفاهيم

2- تشابك الأدوار وتصارعها في المجتمع وفي الأسرة.

3- زيادة الاستهلاك وقلة الإنتاج.

4- إستغلال للمرأة ذاتها.

5- تفكك الأسرة والاخلال بتوازن المجتمع.

وهي الأمور التي ستعالجها الصفحات التالية.

---

[1] هيفاء الكبرة: المرأة والتحولات الاجتماعية ص46.

الفصل الخامس

نتائج دعوة حقوق المرأة

1- تشويش القيم والمفاهيم

لم تأتي مسألة الدفاع عن حقوق المرأة والمطالبة بحريتها ومساواتها، لا في الغرب ولا في بلادنا من المرأة نفسها، وكنتيجة لاحساسها العميق بالمشكلة وبالحاجة لهذه الحرية والمساواة الخ... وإنما جاءت هذه كلها من غيرها، ففي الغرب جاءت الدعوة من المفكرين والساسة الرجال، الذين أرادوا استغلال هذه الدعوة لكسب المرأة إلى جانبهم في تحقيق طموحاتهم السياسية، ولذلك نجد أن داعيات التحرر من النساء خلال الثورة الفرنسية سقن إلى المقصلة بعد انتصارها كأي مجرمات، ولم تحصل المرأة بعد نجاح الثورة البلشفية في روسيا التي قام بها القادة دعاة تحرر المرأة ومساواتها، على مواقع أكثر من عمل القهوة وتنظيف مقر قيادة المجلس الأعلى للثورة! كما مر ذكره. وقد مر ذكر دعوة رايش لاستغلال التحرر الجنسي للمرأة من أجل انتصار الاشتراكية!! كما جاءت الدعوة أيضاً لتحرر المراة ونيل حقوقها وخاصة في مجال عملها خارج المنزل من أصحاب رأس المال والصناعيين في الدول الرأسمالية الذين استغلوها كما استغلوا حتى الأطفال لتوفير فائض من الأيدي العاملة يجعل الأجور منخفضة لزيادة المعروض منها على المطلوب، ولاستغلال المرأة في تشغيلها بأجر أقل من أجر الرجل وساعات عمل أطول.

أما في بلادنا، فإن كانت الاغراض الرأسمالية تتراجع لعدم وجودها وخاصة في أول عهد الدعوة، إلا أن الأغراض السياسية كانت ولا تزال واضحة. فهي بالنسبة للاحتلال ولدول الغرب، بشكل عام، جزء من الحملة لهدم المجتمع واثارة عدم الرضى عن القيم السائدة لتغييرها بما هو عندهم من قيم لجعل السيادة النهائية لنمطهم في الحياة. فالأفكار الغربية الداعية لحقوق المرأة وحريتها كما ترى صافيناز كاظم، ما هي إلا جزء من الحملة التي نفذها كما تقول: (تجار الشنطة الثقافية من محترفي الفكر المستورد وعملاء التغريب...) ومنهم قاسم أمين وغيره

الذين (لم يكونوا سوى بائعين جائلين يعملون لحساب اسيادهم اعداء الإسلام) والذين كان المطلب الرئيسي لهم هو (أن ننبهر بالغرب... وأن نعطي ظهورنا لعقيدتنا الإسلامية وننسلخ منها في الوقت الذي كان النعل الأوربي يدوس جباه المسلمين وكرامتهم ويحتل بلادهم)[1] وقد كانت هذه الدعوة ولا تزال (هي دعوة للتحلل والاباحية والتمرد على تعاليم الخالق سبحانه وتعالى، وهي اقصر الطرق لهدم المجتمع المسلم، وتقويض أركانه...)[2].

فالاحتلال ودول الغرب بشكل عام، استغلوا بعض من ذوي الطموحات للترويج للفكر الغربي بشكل عام والذي منه ما يخص الدعوة لحرية المرأة والدفاع عن حقوقها المسلوبة! تقرباً من الاحتلال ورموزه ولتحقيق مكاسب شخصية أو حزبية سياسية! كما وجدوا لهم نصيراً في ذلك، أيضاً، تمثل في (مجموعة من الجهلاء) كما يرى مرتضى المطهري، من الذين تصوروا (أن الأمور المتعلقة بروابط الأسرة، تشبه الأمور المتعلقة بتنظيم المرور، وسيارات الأجرة... ومد أنابيب الماء والكهرباء والتي كانت قد حُلت عند الأوربيين... وإننا لا نملك الأهلية واللياقة لوضع الحلول) لها بما يناسبنا وما هو متفق مع قيمنا وأهدافنا، ويجب علينا بالتالي اقتباس ذات الحلول. وهو الأمر الذي يعتبره، مرتضى المطهري، وهم محض فالغربيون أعجز منا في كثير من المسائل وقلما يتمتعون بالسعادة في بيوتهم فهم يعانون من (تفكك الأسرة وضعف أسس الزواج... من تخلي الشباب عن قبول مسؤولية الزواج...من النفور من الأمومة... من تقلص علاقة الأبوين وعلى الأخص علاقة الأم بالأطفال... من تبذل المرأة، وحلول الهوى الطارئ محل الحب...من ازدياد الطلاق المستمر... من الزيادة المقرفة للأطفال غير الشرعيين ومن ندرة وجود الاخلاص بين الزوجين)[3].

وهكذا بدأت مسألة الدفاع عن حقوق المرأة وحريتها ومساواتها من قبل الدعاة، أما لارضاء الغرب المسيطر والتقرب منه لتحقيق أغراض سياسية، شخصية أو حزبية خاصة بهذا الحزب أو ذاك واستغلال المرأة لكسب مزيد من

---

(1) انظر ياسر فرحات: المواجهة ص92-93.

(2) ذات المصدر ص94.

(3) مرتضى المطهري: نظام حقوق المرأة في الإسلام ص22-23.

الأصوات أو مزيد من الدعم لهذا الاتجاه السياسي أو ذاك، إذ قالت على سبيل المثال، نوال السعداوي في ندوة العقد العربي القادم ومستقبلات بديلة: (إن سياسة اضطهاد النساء في الوطن العربي لا تختلف في جوهرها عن سياسة قهر النساء في الغرب) وإن المرأة العربية لا تضطهد بسبب الإسلام او بسبب اننا عرب أو بسبب أننا متخلفون فالنساء (في الغرب يضطهدون أيضاً بواسطة العدو ذاته -النظام الابوي والطبقة-) فالنساء (مجردات من القوة، ليس في منطقتنا فقط، ولكنهن مجردات من القوة في الغرب أيضاً، إن النساء موجودات خارج المجال السياسي وهن موجودات خارج المجال العسكري... وهناك نوعان من القوة في العالم، إما القوة العسكرية وإما القوة السياسية والنساء موجودات خارج كل منهما). وبما أن المرأة محرومة من الانخراط في العمل السياسي والعسكري لأنها، كما تقول في مكان آخر، مكبلة ليل نهار بأعمال البيت والطبخ والأطفال الخ... فإنها تدعو إلى حركة نسائية (تتبنى أهدافاً انتقالية تحرر النساء من وطأة العمل داخل البيت) وهكذا نجد أن حتى النساء اللاتي تبنين الدعوة كن يسعين لتحقيق طموحات شخصية أو سياسية. فهدى شعراوي، مثلاً لم تخلع الحجاب في مظاهرة عامة، تقرباً للاحتلال ولابعاد الأنظار عن الأهداف الحقيقية للتظاهرة والتي كانت ضد الاحتلال والاستعمار، فقط، وإنما أيضاً محاولة منها في التشبة بنساء الغرب السافرات وتحقيق طموحات نساء طبقتها في التمتع بالحرية والعمل السياسي والارتقاء إلى مناصب الدولة كما فعلت نساء أوربا الميسورات ومن الطبقة الارستقراطية. ثم تبنى الدعوة بعد ذلك، بالاضافة لهؤلاء، كل من يريد أن يلبس حلة التحرر والثقافة والتقدمية والعقلانية الخ... ليتزين بها امام الناس سواءً من النساء أو الرجال. ولكن معظمهم لم يرى ما وراء ذلك وما يمكن أن تحدثه الدعوة من تخريب للمجتمع وللأسرة وللاقتصاد الوطني، وغير ذلك من سلبيات كثيرة، بدأت واضحة في المجتمعات الغربية وما حدث فيها من خراب وعدم توازن، لولا أنهم لا يزالون يتمتعون بما بنته الأجيال السابقة من قوة ومنعة سياسية وعسكرية، لم يتسنى لغيرهم حتى الآن تحقيق مثلها، لانهارت هذه المجتمعات، غير مأسوف عليها. والعاقل من اعتبر ولكن مع الأسف فإن عقلاءنا ليس فقط لم يعتبروا بما حدث بل هم أيضاً لم يسبروا غور الدعوة أو يدرسوا الظروف التي استدعتها وفيما

إن كانت المرأة عندنا تعاني ذات الظروف التي تستدعي تبني ذات الدعوة! وقد أكدت لويزا شايدوليتا في كتابها المرأة العربية والعصر (أن المتنورين العرب، تحدوهم الرغبة في نقل الكثير من إنجازات الثقافة الأوربية الغربية إلى المجتمع الشرقي، لم يمعنوا النظر بما فيه الكفاية في كنه العلاقات الرأسمالية السائدة في الغرب... فاقتصرت دعوتهم على إتاحة وتوفير الامكانات امام النساء من الطبقات الميسورة) فقط للتمتع بالحرية الشخصية والمكاسب الاجتماعية، وتؤكد على عجز الدعاة عن تحقيق أكثر من ذلك، إذ تقول: وقد أثر هؤلاء في مسألة تحرير المرأة بعد سيطرتهم على الحياة السياسية بشكل خاص، وفي دستور مصر ـ لعام 1956، على سبيل المثال (أعلنت المساواة في الحقوق بين جميع المواطنين ومُنحت المرأة حق الانتخاب، كما أكد ميثاق العمل القومي... على المساواة القانونية والعملية بين النساء والرجال... إلا أنه مع ذلك ظلت المرأة قوة اقتصادية بدون حقوق اجتماعية وسياسية... وكثيراً مما أقر وأعلن عنه بخصوص تحسين وضع المرأة ما زال حتى الآن حبراً على ورق)[1].

وهذا التعامل السطحي واللاعقلاني مع الدعوة كان لا بد أن يحدث تشويشاً وتشويشاً للمفاهيم وخلطاً في القيم باذهان كل من النساء والرجال، سواءً من الدعاة أنفسهم أو من غيرهم. فنجد على سبيل المثال، أن احسان عبد القدوس الذي دعا إلى كل أنواع التحرر للمرأة من خلال رواياته وكتاباته الأخرى، يرفض أن تعمل زوجته خارج المنزل، وفي مقابلة تلفزيونية، في أوائل التسعينات، قال أنه ضد عمل المرأة خارج بيتها، لأن مكانها فيه! وسلامة موسى الذي دعا هو الآخر إلى كل أنواع التحرر والمساواة بين الجنسين كما دعا إلى تحديد النسل والعمل ضد الانجاب. أنجب ثمانية أولاد وبرر هذا بأن (الأطفال الأربعة الأولين كانوا إناثاً، فكان الشوق إلى ولد ذكر حتى انجبناه...)[2] واعتبر هذا الشوق إلى ولد ذكر غريزة اجتماعية عامة لا يمكن تجاهلها! وكأن كل العقائد الاجتماعية التي كرس نفسه لمحاربتها لم تكن هي الأخرى غرائز اجتماعية كان يجب عليه مراعاتها!

[1] لويزا شايدوليتا: المرأة العربية والعصر ص77-80.

[2] سلامة موسى: تربية سلامة موسى ص161.

وهذا الذي أنجب ثمانية أولاد وكثير من أمثاله من الدعاة الذين يدعون إلى ضرورة عمل المرأة خارج منزلها ويعتبرونه عنوان تحررها واستقلالها ومساواتها بالرجل من حيث تعليمها ذات النشاطات والمهارات والاعداد المهني من غير أي اعتبار لمن يربي كل هذه الجيوش من الأطفال الذين ينجبونهم وما يحتاجونه من تفرغ لرعايتهم، ومن تعليم خاص لمن سيقوم بهذه المهمة التي لا تصلح لها غير الأم أولاً أو أي أمرأة أخرى بالدرجة الثانية، ألا يخلطون ويخبطون خبط عشواء عندما يدعون إلى هذا النوع من المساواة في التعليم والذي يؤكد على ضرورة أن يتعلم الولد والبنت ذات المواد وأن لا تتعلم المرأة مواد أخرى مختلفة عن الولد؟ ولهذا اهملت مواضيع مثل تدبير المنزل وتربية الطفل والخياطة والحياكة وعلم النفس الخ... من مناهج مدارس البنات. حتى أننا نجد احدى الباحثات وعلى سبيل المثال أيضاً وليس الحصر- تقول: (إن معظم الدساتير الحديثة تعترف بحق العمل لجميع المواطنين، رجالاً ونساءً، وهذه طريقة ضمنية للاعتراف بحقهم في التربية، والاعداد المهني، وبالضرورة في الاختيار الواعي لفرع من فروع النشاط)[1] وهذا في نظرها، يفرض ضرورة أن يتساوى التوجيه المدرس والمهني بين الجنسين (وإن على التوجيه ألا يأخذ بعين الاعتبار إلا الاستعدادات والتطلعات الفردية لكل شخص)[2] وبغض النظر عن الجنس. وتشيد الباحثة هذه ببرامج السويد التعليمية التي تذهب إلى (إجبار البنين، كما البنات، على متابعة دروس التعليم المنزلي والعناية بالأولاد، اضافة إلى دروس التدريب التقني على مهن الخشب والحديد أو الالياف النسيجية)[3] كما تؤكد على ضرورة أن يعمل البيت أيضاً والأسرة على عدم التفرقة بين البنت والولد في المعاملة والتوجيه والتعليم وتدعو لتحقيق ذلك إلى ضرورة توعية الأهل وتغيير ذهنيتهم!! وذات الفكرة تؤكدها جاكلين شابود. إذ هي رغم تأكيدها على أن هدف تعليم الفتيات في المنطقة العربية كما في غيرها هو إعدادهن للقيام بمسؤوليتهن في البيت سواءً عملن خارج المنزل أم لم يعملن، وتأكيدها على أهمية تعليم العلوم المنزلية وفقاً لعادات الأسرة وحاجاتها الحقيقية

---

[1] جرمين بورسيل: المرأة والحياة المهنية ص41-42.

[2] المصدر السابق.

[3] ذات المصدر ص46.

وثقافة المجتمع الذي تنتمي إليه -الأسرة- وتأكيدها على أن اهمال ذلك يـؤدي إلى اضرار كثيرة للفتيات ولأسرهن حيث يجعلهن غير قادرات على تطبيق مـا تعلمـن مـما يثير المشكلات ضمن الأسرة، إلا أنها تقول: (يجب أن يتعلم الأولاد والفتيات العلوم المنزلية حتى يمكن للنساء وللرجال أن يتقاسموا المسؤوليات المنزلية) وتستشهد عـلى أهمية ذلك بالنرويج وبولاندا والسويد الذين تنبهوا إلى أهمية مساواة الفتيات والصبيان بتعليمهم العلوم المنزلية[1]!!

ولا يحتاج المرء لكثير من الجهد ليرى الخلط والخبط والتشويش في مثل هـذا الكلام الذي شاع وصرنا نسمعه اليوم مـن كثـير مـن النـاس، وخاصة المربين مـنهم في بلادنا. وعلى رأس هذا الخلط هـو التأكيد عـلى الاختيار والاستعدادات والتطلعات الفردية الخ...من جهـة والاشادة في الوقت ذاته باجبار البنين والبنات في السـويد ليتعلموا ذات المواضيع، والدعوة إلى الاقتداء بهم! فأين هي حرية الاختيار التي تدعو هي وغيرها إليها؟ ثم هل من يجبر عـلى تعلم شيء ما يمكنه مزاولته، ناهيك عـن اتقانه؟! فأين هي الاستعدادات والطموحات الفردية التي تدعو إليها؟ وهذه المساواة في مواد التوجيه والتعليم بين البنات والأولاد أليست هي بحد ذاتها ظلم وغبن للاثنين معاً؟ لأنه إن كانت لهم ذات الاستعدادات فليس لأكثرهم ذات التطلعات والطموحات والاهداف من التعليم! فكيف يجبرون على تعلم ذات المواد التعليمية؟! أين الحريـة، مرة أخرى وهي لا تطلب من المدرسة اجبار البنات والبنين لتعلم ذات المواد فقط، بل هي تريد اجبار الأهل أيضاً أن يعاملوا الاثنين ويوجهونهما ذات التوجيه!!

هذا غير أن تعقد الحياة الحاضرة جعل المواد الجانبية خارج الاختصاص المعين، والتي هي أيضاً من مستلزمات الحياة، كثيرة جـداً ولا حصر- لها ولا يمكن لأي منهما، البنت أو الولد، تعلمها كلها. كما لا تتسع مناهج التعليم ولا اليوم المـدرسي لاحتوائها كلها مما يجعل من الأفضل والأسهل لو تقاسماها فالولد مثلاً يتعلم النجارة والحدادة الخ...والبنت تتعلم الخياطة والحياكة وتربية الطفل الخ...كما

---

[1] JACQUELINE CHABAUD, THE EDUCATION AND ADVANCEMENT OF WOMEN P.85.

كان يحدث في الماضي، زمن التخلف والرجعية! كما يسميه البعض، ويمكن للمدرسة فقط اجراء اختبارات للطلبة من الجنسين في المواد المطلوبة لكل منهما لتقييم مهارتهما فيها وتطويرها إن لزم الأمر.

والباحثة تؤكد أيضاً، على الاعداد المهني المتساوي مما يستدعي التساؤل: أليست ادارة البيت مهنة تستوجب اهتمام التربية والتعليم بها والاعداد لها، خاصة ونحن نضع أمام المهنة في الهويات، ربة بيت؟ لماذا نطالب المدارس والجامعات الاهتمام بالاعداد لكل المهن ولا نطالبها بالاهتمام باعداد ربات البيوت وهي المهنة التي لا تستغني عنها أسرة ولا تستغني عنها امرأة سواءً تزوجت أم لم تتزوج وسواءً عملت خارج المنزل أم لم تعمل؟!!

والباحثة تؤكد على ضرورة الاهتمام بالتطلعات الفردية، فهل نستطيع الجزم بأن تطلعات الفتيات هي ليست للزواج والأمومة وتكوين الأسرة؟ لو درسنا أحوال الفتيات الصغيرات منهن والكبيرات، لوجدنا أن هذه أهم تطلعاتهن وكثيرات لا يدخلن الجامعات ولا مجالات العمل إلا لاقتناص زوج وتكوين أسرة وانجاب أطفال، فلماذا تستبعد الباحثة مثلها مثل غيرها من دعاة تحرر المرأة وعملها، إعداد المرأة لمهماتها كربة بيت من خلال برامج التوجيه المدرسي والاعداد المهني؟ ففي الصين مثلاً، كما يؤكد البعض، لا (تزال الفتيات يبحثن عن زوج يقوم بأودهن من غير أن يحتجن إلى العمل، والعاملات يرغبن في زوج غني بما فيه الكفاية حتى يكون في وسعهن ترك المصنع)[1] وكثير من الأبحاث في غير الصين سواءً في بلاد الغرب أو في بلادنا تؤكد هذا التوجه للفتيات. أفلا يكون من الأنسب مراعاة طموحات الفتيات وإعدادهن لادارة البيت وتربية الأبناء؟!!

والمدافعة عن حقوق المرأة وعن الظلم الذي يقع عليها من الرجل هي الأخرى فيها الكثير من الخلط والتشويش. ففي حالة تعدد الزوجات مثلاً، هل الرجل وحده هو الذي يظلم الزوجة؟ وماذا عن المرأة الأخرى التي تقبل الزواج من رجل متزوج؟ بل تغريه أحياناً بالزواج منها وقد تشترط عليه طلاق زوجته الأولى، أم الأولاد! أليس لها دور كبير في ايقاع هذا الظلم؟! والغريب أن البعض

---

[1] جورج طرابيش: المرأة والاشتراكية ص237.

يبرره بكونه ضروري منعاً للفتنة سواء للرجل أو للمرأة، وكأن لا ارادة لكل من الرجل والمرأة، تتحكم بشهواتهما وتمنعهما عن الفتنة. فماذا يحدث لهذا الرجل وهذه المرأة اللذان لا ارداة لهما ولا دين ولا خلق يبعدهما عن وساوس الشيطان ويهذب شهواتهما؟ لو حدثت الفتنة لهما مرة أخرى؟! هل سيضلان يتنقلان من زواج إلى آخر منعاً للفتنة فتتحول الحكمة العظيمة من الزواج كسكن ومودة ورحمة إلى فتنة وشهوة جنسية والتي هي بحكم ديننا الإسلامي (عامل ثانوي في تكوين الأسرة أو عاطفة مساعدة...أما الأساس الكريم الراقي فهو الصحبة القائمة على الود والايناس والتآلف...)[1] فالزواج أكبر وأرقى من فهمه فتنة وجنس حتى أن محمد الغزالي اعتبر فهم الزواج (على أنه رباط جنسي- وحسب سقوط في التفكير وفي الشعور...)[2]. واعتبار الزواج علاقة جنسية في نظر دعاة التحرر! هو الذي جعل احدى المدافعات عن المرأة تدافع عن زواج الرجل ثانية، رغم كونه زوج وأب، على أساس أنه أفضل لهذا الرجل من ارتياد محلات البغاء! فجعلت المدافعة عن حقوق المرأة، من المرأة مجرد بغية ترضي غرائز الرجل الحيوانية! أليس في هذا الكثير من الخلط والتشويش؟

وهؤلاء النساء والرجال الذين يطالبون بمساواة المرأة بالرجل! يعودون فيطلبون للمرأة حقوقاً أكثر مما للرجل مثل إجازات الولادة والأمومة وكوتة نسائية في مجالس النواب، إن وجدت، وفي الجامعات كطالبات أو استاذات، وكوتة في الادارات العامة ورئاسة المؤسسات الخ... من غير اعتبار لكل ما يثيرون من احقاد يتبعها عدم رضا وخلل في المجتمع وتوازنه. فكل ما يدخل في اعتبارهم هو تحقيق مكاسب شخصية أو فئوية أو جنسية (إن صح التعبير) أو حزبية... من هذه الدعوة بغض النظر عن المساواة الحقيقية في الحقوق والواجبات التي يطالبون بها مما يعكس الخلط والتشويش في رؤاهم.

وهكذا نجد أن الدعوة كلها تناقض وتشويش لا يمكن حصره. حتى الدعاة الأوائل لم يكونوا على بينة مما يدعون إليه وما يبغون من ورائه. فقاسم امين الذي

---

[1] محمد الغزالي: هذا ديننا ص158.

[2] ذات المصدر.

نقل عن أوربا دعوته كما هي حتى أنه يرى أنه يجب على المرأة العربية أن تمر بكل الأدوار التي مرت بها أختها في الغرب، ولا يهمه ماذا سيحدث لها أن فعلت ذلك، بعد مائة عام مثلاً، لأن أهل الغرب، في نظره سيحلون المشاكل التي ستنجم عن ذلك التحرر لنسائهم، وما على المرأة العربية والمسلمة إلا أن تجد الخطى في ذات الطريق الذي سارت به اختها الغربية وتنتظر من الغرب أن يحلون مشكلتها كما سيحلون مشكلة نسائهم!! إلا أنه يعود فيؤكد على أن تحررها (يجب أن يكون موافقاً للشرع محافظاً على الآداب)[1]!

وهذا التشويش والتشويه للمفاهيم لم ينتج بالتالي إلا تشويهاً ساد الحياة في مجتمعاتنا اليوم وشكل فكر وسلوك كل من الرجل والمرأة فيهما. فالرجل الذي (ينادي بالحرية قولاً يتراجع ليحددها بحدود عند التعامل معها، وينادي بنزول المرأة للعمل، ويتراجع ليذكرها بانها أم وزوجة، ويطالبها بالمشاركة في النضال ولكن ضمن حدود الطاقة والتطوع)[2]. والشاب الذي يطلب من زميلته الشابة التحرر ومشاركته نشاطاته في الحفلات والسهرات والسفرات وفي نشاطاته الأخرى المختلفة، ويتهمها بالجمود والتعقيد والتخلف والرجعية إن لم تفعل، ولكن عندما يفكر في الزواج والاستقرار واختيار شريكة الحياة قل أن تكون هذه التي يختارها واحدة ممن شاركته نشاطاته هذه! والرجل الذي يدعو لكل أنواع التحرر للمرأة باسم مساواتها بالرجل يرفض أن تمارس زوجته وإبنته واخته هذه الحرية التي يطالب بها للأخريات!

والمرأة التي تريد التحرر وأن تفعل ما تريد وتمنح جسدها لمن تريد وتتجنب ممن تريد تعود فتريد الدعم المادي والمعنوي من الرجل، الأب والأخ والزوج أو الابن... وتطالب بالمهر وبالارث والنفقة أيضاً وبكل ما تتمتع به المرأة من حقوق لها على ولي أمرها الذي لم تعترف بوجوده أصلاً. وكأن الحقوق لا تلازمها واجبات مما احدث خلطاً وتشويشاً في رؤاها ورؤى الآخرين أيضاً في مسألة الحقوق والواجبات ليس فقط بالنسبة للمرأة وإنما على مستوى المجتمع ككل

---

(1) قاسم أمين: المرأة الجديدة ص69-70.

(2) هيفاء فوزي الكبرة: المرأة والتحولات الاقتصادية والاجتماعية ص45.

وبالنسبة لكل نشاطاته. والفتاة التي تريد التحرر من كل شيء وأن تستقل بعملها ومالها عن زوجها وتساويه بالحقوق تعود فتحمله كل ما يلزم من واجبات لتأسيس بيت الزوجية وادامته بعد ذلك. وهذه التي لا تريد أن تكون جارية للرجل تصرف جهدها ومالها في التزين لتفتن من تفتن كأية جارية يعرضها النخاس على المشترين مع فارق وحيد وهو أن تلك تُعرض رغماً عنها وهذه اليوم تُنشط سوق النخاسة باختيارها وارادتها!!

وهذا قليل من كثير من مظاهر وشواهد الخلط والتشويه للمفاهيم والقيم اللذان سادا مجتمعاتنا اليوم.

2- تشابك الأدوار وتصارعها في الأسرة والمجتمع

إن الدعوة إلى تحرر المرأة واستقلالها وعملها خارج المنزل، كشكل من أشكال التحرر، لم يؤدي إلى تنافس وصراع بين المرأة والرجل فقط وإنما أحدثت صراعاً داخل ذات المرأة نفسها. صراع بين طموحاتها في أن تتمتع بما يدعونها إليه من حرية ومساواة وعمل خارج المنزل الخ...وبين طموحاتها الأنثوية الأخرى في أن تكون زوجة وأم لها أسرة تهتم بها وترعاها وتتمتع بدفئها. ولهذا فإن خروجها للعمل خارج منزلها جعلها تقوم بدورين في آن واحد، أحدهما في عملها خارج المنزل والآخر داخله. لأن عمل المرأة، لا في الغرب ولا في بلادنا، اعفاها مما هو متوقع منها في بيتها، سواء أكانت متزوجة ولها أسرة أم عازبة ولا أسرة لها. فالبيت موجود وله مسؤولياته التي تتطلب من يقوم بها سواء كثرت هذه المسؤوليات أم قلت. وقد اتضح من خلال دراسة مسحية قامت بها الباحثة الفرنسية مادلين جلبرت عام 1975 (أن النساء العاملات ما زلن يقمن بالنصيب الأعظم من الأعمال المنزلية ورعاية الأطفال سواءً في الأيام العادية أو في يوم العطلة الأسبوعية)[1].

والدعوة إلى أن يتقاسم العمل المنزلي كل من الزوجة والزوج والأطفال، اثبتت التجارب والدراسات أنها دعوة نظرية وغير عملية لأنها لم تعفي المرأة، إن حدثت، إلا من جزء يسير، وأحياناً لا قيمة له من مسؤولياتها في البيت. فقد سئلت،

---

(1) عن محمد سلامة آدم: المرأة بين البيت والعمل ص56.

على سبيل المثال امرأة عاملة في الاتحاد السوفياتي (سابقاً) عن مساهمة زوجها في أعمال البيت فقالت أنه ينزه طفلهما في الحديقة القريبة منهما عندما تذهب هي لتتسوق ويقرأ لها الجريدة اليومية اثناء قيامها بالطهي وغسل الصحون وغير ذلك من مسؤوليات البيت! وهي مساعدة، كما تقول لا بأس بها فلولا أنه يقرأ لها الجريدة ما كان يمكن لها أن تقرأها وتعرف ما يحدث حولها لمشاغلها الكثيرة داخل البيت والتي لا تترك لها فسحة للقراءة!!

وقد التقيت بزوجين من السويد. وعلمت منهما أن الزوج يتمتع باجازة أمومة لرعاية طفلهما، لأن السويد من الدول التي تسمح لأي من الزوجين أن يتمتع باجازة الأمومة، عملاً بالمساواة التي يدّعون! فسألتهما إن كان هذا يعني أن الزوج هو الذي يرعى الطفل ويقوم بكل ما يحتاج الطفل والبيت من مسؤوليات. فأجابا بأن الزوج لا يفعل شيئاً للطفل سوى تسخين الرضعات التي تكون الزوجة قد حضرتها قبل ذهابها للعمل، واعطائها للطفل في أوقاتها، وكثيراً ما يترك حفاظات الطفل من دون تغيير حتى تعود الزوجة، إلا للضرورة القصوى! وعندما تعود الزوجة من عملها تقوم باعطاء الطفل حمامه اليومي والاعتناء به وتحضير ما يحتاج لليوم التالي بالاضافة لتحضير ما يلزم لعشائهما وغسل الصحون وغير ذلك من مسؤوليات البيت لتنهار بعد ذلك على فراشها كالقتيلة (بحسب تعبيرها). فسألت، لماذا لا يقوم الزوج بهذه الأمور وهو المتفرغ للأمومة فأجابت الزوجة مبتسمة، والزوج يؤيد ما تقوله بابتسامة عريضة وهزات من رأسه!! كيف يمكن للكف التي إن صافحتك عليك أن تتفحصي أصابعك بعدها للتأكد من سلامتها من غير كسور!! أن تتعامل مع طفل حجمه كله بحجم تلك الكف؟!! أما غسل الصحون فإن كنا مستغنين عنها ندعها للرجال لغسلها! وهنا أيضاً سألت: لماذا إذا تمتع الزوج باجازة الأمومة ولم تفعل ذلك الزوجة؟ فأجابا بأن ذلك لاعتبارات مادية بحتة. فالزوج يدرس للدكتورا فيعمل بنظام نصف الوقت والزوجة تعمل بنظام الوقت الكامل وبالتالي فإن دخلها أكبر من دخله الذي يمكن الاستغناء عنه بسهولة أكبر من الاستغناء عن دخلها!

وهكذا نرى أن لا التحرر ولا المساواة ولا العمل خارج المنزل ولا القوانين استطاعت اعفاء المرأة من مسؤولياتها داخل بيتها. مما جعلها تقوم بدورين

في آن واحد. وهو أمر ليس من السهولة التي تجعله ضمن قدرات جميع النساء. وقد جرى بحث في مصر بيّن أن أكثر ما تعاني منه المرأة العاملة هو (الشعور بالارهاق الذي ينتج عن الاضطلاع بدورين أساسيين دور الأم ودور العاملة)[1] والشعور بالارهاق هو أبسط النتائج لما تتعرض له المرأة من ضغط يسببه لها قيامها بدورين، لكل منهما توقعاته التي قد تتعارض مع بعضها بعضاً. فماذا تفعل، على سبيل المثال، عندما يكون طفلها رضيع أو مريض يحتاج لوقتها ورعايتها وفي ذات الوقت عليها التواجد في مقر عملها لتقوم بمهام أبعد ما تكون عن مشاغل البيت والطفل وما يحتاجان من وقتها وجهدها وتفكيرها؟ خاصة وإن حضارة اليوم بحاجاتها ومتطلباتها الكثيرة لا ترحم. فإن تركت عملها واكتفت بدورها في بيتها فهي المتخلفة والرجعية والتي ضحت بحريتها واستقلالها من أجل الراحة والطمأنينة في ظل البيت والأسرة كما يؤكد المفكرون دعاة التحرر الذين يريدون الثورة عليها كما مر ذكره! هذا غير الحاجات الكثيرة التي أصبحت كلها من المظاهر الحضارية والتي لا بد من اقتنائها، مما يجعل الأسرة تحتاج لدخل الزوجة! هذا غير طموحاتها المختلفة التي تتوزع بين الرغبة في الزواج وتكوين الأسرة والتمتع بما توفره لها الأمومة من مشاعر، والرغبة بأن تكون تقدمية وتعمل خارج منزلها! وهذا الصراع أصاب المرأة في الغرب كما أصاب المرأة في بلادنا ولذلك تقول احدى الباحثات:

(يبدو أن النساء قد اكتسبن صفات الرجال دون أن يتخلين عن ذاتيتهن الأنثوية التقليدية فالمرأة الغربية في القرن العشرين قد أصبحت تنطوي على صفات الجنس الآخر، فهي تجمع بين الرجولة والأنوثة، وتغير دورها ووظيفتها من وقت إلى آخر في اليوم الواحد ومن فترة إلى أخرى خلال حياتها. وهي، إذ ترفض التخلي عن أي شيء توفق ما أمكن – وهذا ليس دائماً بالأمر السهل- بين رغباتها الأنثوية والذكرية، وهي تنتقل من السلبية إلى الإيجابية وتتحول من

---

[1] محمد سلامة آدم: ذات المصدر ص65.

أم متفانية إلى أنانية طموح ومن الحنان إلى العدوان، ومن الصبر إلى حب السيطرة...)[1].

وهذا الوضع للمرأة (لم يمحق الفروق الموروثة بين الجنسين) كما تفسره الباحثة وإنما أكد هذه الفروق وأثبت أن المرأة مهما تشبهت بالرجال وعملت بذات مجالات عملهم تبقى تلك الأنثى في مجال الأمومة والأسرة... وهذا يحدث صراعاً ضاغطاً يرهقها ويشوش عليها حياتها وهو ما يسميه البعض صراع الدور، الذي يحدث كما يؤكد البعض في واحدة من ثلاث حالات:

أ- أن تكون التوقعات غامضة وغير واضحة.

ب- أن تكون متعددة وكثيرة.

ج- أن تكون هذه التوقعات متعارضة[2]

والمرأة العاملة خارج منزلها، اليوم، لا تعاني من واحدة من هذه الحالات فقط بل تعاني منها جميعاً في آن واحد. فتوقعات الدور متعددة وكثيرة لأنها تقوم بدورين لكل منهما توقعات متعددة. والتوقعات لكل من الدورين متعارضة، فتوقعات الوظيفة تتعارض مع توقعات دورها في البيت وخاصة من ناحية الوقت الذي تقضيه خارج البيت في الوقت الذي يتطلب دورها في البيت التواجد فيه. أما غموض توقعات الدور فيأتي من التدريب والثقافة الاجتماعية. فالمرأة كانت، قديماً، تُدرب للقيام بدورها كربة البيت فتعرف ما هو متوقع منها في بيتها. أما اليوم فهي قد تعد للقيام بدورها خارج البيت، ولكنها لا تتلقى إلا القليل جداً من التدريب على دورها في البيت (وقد لا تتلقى شيئاً منه مطلقاً) بينما الأسرة والمجتمع ككل يتوقع منها أن تقوم فيه بدورها، الذي لا تعرفه ولا تتقنه ولا تعرف حدوده! وهكذا نجد أن الدعوة باسم التحرر والمساواة، إلى ضرورة تدريب المرأة وتعليمها كالرجل تماماً وللقيام بذات المهمات جعل دورها في البيت غامضاً وغير محدد بشكل يجعلها تعرف توقعاته وتتقنها. وعجزها عن القيام بالدورين أو بأحدهما، لا يحدث صراعاً داخل المرأة نفسها ويسبب لها الارهاق والقلق ويحرمها سعادتها فحسب

_____

[1] عن مجلة الرسالة/ اليونسكو مارس/ آذار 1986 بقلم اليزابيث بادنتير.

[2] محمد سلامة آدم: المرأة بين البيت والعمل ص33.

وإنما ينسحب على الأسرة فتحدث المنازعات الزوجية والتي تدور كما أكد بحث أجري في أمريكا حول:

أ- مشاكل رعاية الأطفال الصغار.

ب- مشكلات التكيف مع الزوج.

وهذا ما يجعل اصحاب الأعمال هناك لا يرغبون في تشغيل الأمهات. وقد ذكر أحد اصحاب الأعمال هناك بأن كثيراً من المصادمات تحدث بين الأزواج والزوجات العاملات بسبب المشكلات الأسرية هذه (حتى أن إحداهن لم تأتي إلى العمل لأن زوجها قد هشم لها أحد فكيها)[1]! والمشاكل الناتجة عن صراع الدور هذا هو واحد من أهم أسباب زيادة نسبة الطلاق سواءً في الغرب أو في بلادنا.

وقد أثبتت التجارب والأبحاث وجود صراع الدور لدى جميع فئات النساء العاملات. فليس من السهل التوفيق بين دورين تختلف توقعاتهما إلى درجة التعارض وتتعدد هذه التوقعات إلى درجة إرهاق المرأة وجعلها تعمل بشكل مستمر ليلاً ونهاراً إلا ساعات قليلة للنوم. وإن استطاع بعضهن التوفيق بين الدورين فقلة منهن تشعر بالرضا عما تفعل، أما الأكثرية فتشعر بالغبن وعدم الانصاف. وإن قصرت المرأة في أحد هذين الدورين فقد تشعر بالذنب والعجز مما يفقدها الشعور بالانجاز وتحقيق الذات. وهذا في كل الأحوال يفقدها السعادة والرضا عن حياتها فتزيد شكواها وينعكس ذلك على أسرة كلها فتفقدها هي الأخرى السعادة والاستقرار. فمن خلال بحث أجراه باحث في مصر تبين غلبة المشاعر السلبية لدى كل من المرأة والرجل حيث تشيع لدى المرأة مشاعر القلق والتوتر والشعور بالذنب... كما تسود لدى الرجل مشاعر الضيق والغضب وشعور البعض بالندم للزواج من موظفة. كما أثبت البحث تقصير المرأة في دورها كزوجة تحقق مطالب الزواج العاطفية وفي دورها كأم وفي دورها الاجتماعي والأسري من حيث بناء علاقات جيدة مع أسرتها وأسرة زوجها ومع الجيران والأصدقاء والمعارف نتيجة لضيق الوقت والارهاق. هذا غير أن عمل المرأة يكسبها اتجاهات قد تؤثر سلبياً على أداء دورها كزوجة وربة أسرة. فقد يؤدي استقلالها الاقتصادي إلى تضخيم

---

[1] ذات المصدر ص65.

ومبالغة في نظرتها إلى ذاتها يستتبعه قلة اهتمام بالآخرين ومنهم الزوج والأولاد وغيرهم[1].

وشعور الزوج بالغضب والانزعاج قد لا يكون سببه تقصير المرأة في أداء دورها كزوجة وأم فقط وإنما هو ذاته قد يعاني من صراع الدور هذا. فقد كان سابقاً وقبل خروج المرأة للعمل خارج منزلها، وقبل الدعوة إلى التحرر والمساواة الخ... دور كل من المرأة والرجل محدداً ومعلوماً. فالرجل يقوم بكل ما هو خارج البيت من عمل يكسب منه ما يوفر به لعائلته كل ما يستطيع من مستلزمات الحياة المادية وقضاء الحاجات الأخرى التي يتطلب القيام بها الخروج من المنزل. ودور المرأة محدد بقيامها بكل ما هو داخل بيتها من أعمال ولهذا سمي البيت مملكتها تتصرف بها كما تشاء. أما اليوم وبعد انتشار فكر النهضة والتقدم! والذي يؤكد على ضرورة أن يقوم الرجل بكل ما كانت تقوم به المرأة في البيت إلى درجة اجباره، كما في السويد، على تعلم الخياطة والحياكة والطبخ الخ... وبعد أن صار دعاة مساواة المرأة بالرجل يطالبون الأزواج مشاركة الزوجات بأعمال المنزل ورعاية الطفل وهو الأمر الذي لا يتعارض مع طموحاته وثقافته الاجتماعية فقط وإنما هو يجعل دوره، هو الآخر، متعدداً ومتعارضاً مع مسؤولياته خارج البيت. هذا غير أنه دور غامض لا يعرفه ولم يُعد له وغير محدد تحديداً دقيقاً يجعله يعرف حدود مساعدته هذه وما هو مطلوب منه بالضبط. فهل مطلوب منه أن يطبخ ويخيط ثوب زوجته كما يريد منه التعليم في السويد مثلاً؟ وكما يدعو إليه بعض المربين عندنا متتبعين خطى بعض المربين في الغرب؟!! مما يجعله!! هو الآخر، يتيه في أدوار غير محددة تحديداً دقيقاً، فإن قام ببعض الأعمال المنزلية قد لا يشعر بالرضا، ليس فقط لما توارثه من قيم تجعل هذه الأعمال من اختصاص الزوجة، ولا لأنه لا يتقنها وإنما أيضاً لأنه لا يعرف ما هي بالضبط وما مقدارها الذي يجعله يتحرك ضمن ما له من حقوق وما عليه من واجبات، فلا يُطالب بواجبات أكثر فيشعر بالغبن وضياع حقوقه ولا حقوقاً أكثر مما يستحق فيشعر بالتقصير والذنب! وهذا الصراع هو الذي يشعل البيت ناراً فتكثر الخلافات والمنازعات العائلية والتي تتفاقم في أحوال كثيرة لتؤدي إلى ابغض الحلال، وهو

---

[1] محمد سلامة آدم: ذات المصدر ص258-262.

الطلاق، وكل يشعر أن الآخر هو السبب بعدم تعاونه! هذا غير أن كثيراً من الرجال بدأوا يشعرون أنهم محصورون بين نموذج من النساء يطمحون للارتباط به ولكنه اعتبر قديماً وبالياً وصار غير مقبول من كثير من النساء ونموذج جديد تمثله النساء المتحررات اليوم! يخشون الارتباط به فيعزفون عن الزواج ويتهربون من مسؤولياته الكثيرة. وهذا ما حدث في الغرب حتى أن اليابان المعروف عنها تماسك الأسرة فيها كأي من دول الشرق فقد صارت اليوم، وبعد انتشار فكر الحضارة الغربية فيها وبعد تحرر النساء وخروجهن للعمل خارج المنزل وتبنيهن لفكر التحرر والمساواة الغربية، تشكو من إزدياد حوادث الطلاق وعزوف الشباب عن الزواج وتكوين الأسرة تجنباً للمعاناة التي بدأت الأسرة تشكون منها والتي طالت كل من المرأة والرجل والأطفال.

وفي بريطانيا، ونظراً للضغوط التي تعاني منها المرأة ولتفكك الأسرة (فقد دخل مستشفيات بريطانيا عام 1967 أكثر من 6500 طفل مضروب ضرباً شديداً ومات منهم ما يقرب من 20% وأصيب الباقون بعاهات جسدية وعقلية مزمنة...)[1] أما اليوم، وبعد ذلك البحث بأكثر من ثلاثين عاماً فإن الأمر قد تفاقم إلى درجة لا يمكن وصفها ويكفي منها ما تنشره الصحف الغربية من اهمال للأطفال واعتداءات عليهم إلى درجة سن قانون يحمي الأطفال من اعتداءات والديهم، هذا غير قلق الأطفال وخوفهم من انفصال الأبوين بالطلاق أو بغيره والذي بدأ ينتشر كثيراً مما يعني معاناة للأطفال واحتمالات تشردهم مما جعل باحث بريطاني يقول: إن النظام الذي يقضي بأن تشتغل المرأة في المعامل ودور الصناعات هو نظام يهدم الحياة الأسرية[2].

وقد أثبتت التجارب والأبحاث أن لا اسهام الدولة في رعاية الأطفال وايجاد دور الحضانة لهم يمكن أن يعوض دور الأم ورعايتها ولا المربيات والخادمات، الجاهلات في الغالب يمكن أن يعوضون دور الأم في رعاية أطفالها وأسرتها كما يحدث اليوم في بلادنا! فخروج المرأة والرجل من البيت صباحاً

---

[1] بدرية: العزاز: ماذا بعد السقوط ص146.

[2] ذات المصدر ص147.

وعودتهما مساءً متعبين، كما في الدول الأجنبية وكما بدأ يحدث عندنا، ليأخذا أطفالهما من الحضانات أو المدارس ثم يعودا إلى البيت ليحضرا وجبة طعامهم فينام الأطفال ويناما بعدهم متعبين لا يمكن أن يحقق للطفل سعادته ولا أن يحقق للأسرة حياة أسرية تحقق الرضى والسعادة التي ترتجيها هذه الأسرة لنفسها، مما ينعكس عليها وعلى المجتمع قلق وعدم استقرار وشرور كثيرة أخرى لا حصر لها. ولهذا ناقشت ندوة المرأة العربية ودورها في حركة الوحدة العربية هذا الأمر وتساءل المنظم لهذا الدورة في كلمة الافتتاح، وبعد شرح ما شاهده من نموذج للعوائل التي تعمل المرأة فيها خارج المنزل في الاتحاد السوفيتي (سابقاً) فقال: (هل هذا نموذج العائلة الذي نحب أن نصله بالمساهمة الكاملة للمرأة في عملية التنمية؟!)

ولو اقتصرت مشكلات تحرر المرأة وعملها على الأسر التي تعمل فيها الزوجة لهان الأمر وسهل الحل بدعوة هذه المرأة أن تختار لها دوراً واحداً من هذين الدورين، فإما العمل أو الزواج وتكوين الأسرة، وهو الأمر الذي شاع في الغرب (وإن كان قد أدى إلى شرور كثيرة على رأسها عيش الرجل والمرأة معاً من دون رباط شرعي ومن دون التزامات وازدياد عدد الأطفال غير الشرعيين) ولكن أمر التشويش والغموض في توقعات الدور طال الأسر التي تتفرغ فيها المرأة للبيت أيضاً، فهذه المرأة أيضاً، لا تريد أن تكون أقل من أختها العاملة استقلالية ولا تخلياً عن مسؤولياتها في البيت ولا إسرافاً ولا ترفاً ولا زينة الخ... فصارت ترفض هي الأخرى القيام بكثير من أعباء بيتها وتطلب باسم التحرر والمساواة! من زوجها أن يشاركها القيام بكثير مما هو من مسؤولياتها فحدثت هنا أيضاً المشكلات وتشابك الأدوار وصراعها وطال صراع الدور والإرهاق المادي والمعنوي الرجل في هذه الحالة أكثر من المرأة التي بالإضافة إلى تخليها عن كثير من مسؤوليات ومستلزمات البيت والأسرة، فقد تخلت أيضاً عن رعاية أطفالها وخاصة الصغار إذ هي، وباسم التربية الحديثة، وضرورة أن يتعلم الطفل التفاعل مع الأقران تارة ومن أجل راحتها والتخلص من ضجيج الأطفال تارة أخرى ولكثير غير ذلك من مبررات، قليلها حق وكثيرها باطل، صارت تضع أطفالها في

الحضانات ليعانون كما يعاني أطفال العاملات. أو أن تتركهم للخادمات كما تفعل العاملة. فهي ليست أقل منها!!

فقضية عمل المرأة وتحررها ومساواتها بالرجل ليست هي قضية صورة نمطية قديمة للمرأة والرجل وعندما (يتحرر الفرد -رجلاً أو امرأة- من الصورة النمطية لدى كل منهما عن الآخر فإنه يكون أقدر على المواجهة الفعالة للمواقف الاجتماعية المعقدة)[1] وإنما القضية هي قضية أدوار لها توقعات لا بد من تحقيقها لتعم الراحة للفرد ولمن حوله وقضية طموحات وقدرات لتحقيق هذه التوقعات والتي يؤدي التقصير في تحقيقها إلى الارباك والارهاق مما يجعل الإنسان ذاته (ومن حوله) يفقد الراحة والسعادة فيشغل وقته وجهده في البحث عن طرق للتكيف لهذه الأدوار المتعددة والمتعارضة. وقد اعتقد البعض أنه لا يمكن التكيف لهذه الأدوار الا بتغيير العالم الخارجي وتكييفه فدعوا إلى انشاء دور رعاية الأطفال ودور رعاية العجزة للتخلص من مسؤولية الآباء واعتماد المطاعم أو الأطعمة الجاهزة في الغذاء واستخدام الأجهزة الحديثة للأعمال المنزلية كالمكانس الكهربائية وغسالات الصحون والملابس وغير ذلك. ولكن كل هذا اثبتت التجربة عدم جدواه وعجزه عن إلغاء دور المرأة والأم في بيتها. بل أن كل هذه الأمور افرزت مشاكل عديدة أهمها اليوم هي مشاكل الغذاء الجاهز الذي يفتقر إلى الكثير من الشروط الصحية والغذائية والنظافة والجودة والذي أصبح سبباً لكثير من المشكلات الصحية، الجسمية والنفسية، فالطبق الذي تعده الأم وتجمع حوله الأسرة له قيمة معنوية أكبر بكثير مما تتوفر فيه من نظافة وقيمة غذائية على أهميتها! وبعض الأجهزة المنزلية الحديثة أضافت أعباء جديدة على المرأة وعلى الأسرة، في تنظيفها وإدامتها بالاضافة للأعباء المادية! ودور الحضانة لم تعفي المرأة من مسؤوليتها تجاه أطفالها بل كثيراً ما أضافت إليها أعباء ما يتعرض له الطفل من أمراض نتيجة العدوى من الأقران أو أعباء تصحيح كثير من الأنماط السلوكية التي يتعلمها من الأقران وتكون غير مقبولة للأم وما تريده لطفلها وغير ذلك الكثير مما لا مجال لمناقشته، ومما يجعل قول سلامة موسى، وأمثاله، بأن الحضارة ووسائلها جعلت البيت خالياً من الواجبات المنزلية لأن (الطبخ بالضغط والأطعمة

---

[1] محمد سلامة آدم: ذات المصدر ص86.

المجهزة المعلبة، والتلفون والغسالة الكهربائية، والمكنسة الكهربائية، وسائر المخترعات الاتوماتية، قد جعلت ربة البيت العصرية لا تكاد تؤدي عملاً مجهداً في بيتها. بل هي لا تجده...) ولهذا لم يعد، في نظره، هناك ضرورة لتواجد المرأة في البيت لأن الطبخ والغسل... لا يحتاج إلا إلى دقائق... وتربية الأطفال في الحضانة ثم في الروضة، خير من تربيتهم في البيت...) ولكل ذلك فان على المرأة أن تدخل إلى المجتمع (كي تزيده بهاء بجمالها وحيوية بنشاطها ولتعمل إلى جنب الرجل في جميع أنواع الارتقاء الشخصي والاجتماعي)[1] قول غير حقيقي وقد أثبتت الأيام عجزه وعدم مصداقيته على أرض الواقع. وعمل ربة البيت هو أكبر من الطبخ وغسل الصحون وأكثر تشعباً.

والبعض الآخر اعتقد أن الحل هو في تغيير الأدوار وتغيير توقعاتها وبما أنهم لا يستطيعون المساس بتوقعات دور المرأة خارج المنزل فقد اتجهوا إلى تغيير توقعات دورها كزوجة وأم فدعوا إلى الاعتماد على الرضاعة الصناعية للتخفيف مما تعاني من صراع الدور. وهذا اضاف إليها أعباء جديدة أهمها تحضير الرضاعات والاهتمام بنظافتها، وعجز الرضاعة الصناعية عن تحقيق الصحة الجسمية والنفسية للطفل مما يسبب له مشاكل في ذلك تزيد من قلق الأم وأعبائها. ودعوا إلى تحديد النسل او عدم الانجاب وهذا حرم الأم من مشاعر الأمومة مما أقلق راحتها وأشعرها بالحرمان وسبب لها مشاكل نفسية كثيرة من دون أن يخفف من مسؤولياتها الأخرى تجاه بيتها. ودعوا إلى اشراك كل أفراد الأسرة بالمسؤولية وإسهامهم في الأعباء المنزلية وهذا أيضاً لم ينجح إلا قليلاً جداً بل هو جعل البيت وحياة الأسرة فوضى حرمتها من الشعور بالاستقرار والسعادة ولم تخفف كثيراً مما تعاني المرأة من صراع الأدوار وتشابكها، بل جعل أثار صراع الدور تمتد لتشمل الرجل والأطفال جميعاً، بدليل ازدياد حالات الطلاق وازدياد رواد العيادات النفسية ومؤسسات رعاية الأسرة وحل مشكلاتها من النساء والرجال والأطفال.

وفشل كل أنواع التكيف هذه وصعوبة تطبيقها على أرض الواقع بشكل يحقق سعادة الفرد والأسرة جعل الرجال والنساء في بلاد الغرب يعزفون عن

---

[1] سلامة موسى: ليست المرأة لعبة الرجل ص95-97.

الـزواج وتكـوين الأسرة ويعيشـون حيـاة إباحيـة أساسـها الجـنس بشـكل يفقـدهم إنسانيتهم. وصار البيت فيها ليس سكن وستر حال وراحة واستقرار وإنما مـأوى للنـوم فقط. وقد بدأ الرجل العزوف عن الزواج عندما وجد نفسه محصوراً بين نموذج للمرأة التي يريد ولكن المرأة اعتبرته نموذجاً قديماً وبالياً وغير مقبول بالنسبة لهـا، ونمـوذج جديد يخشاه ولا يريده ودلت الشواهد على أن الارتبـاط بمثـل هـذه المـرأة لا يحقـق سعادة ولا استقراراً فهرب من الزواج وتكوين الأسرة، مما أضـطر المـرأة إلى قبـول دور الغانية في مشاركة الرجل الفراش من غير ارتباط شرعـي ولا التـزام رسـمي أو عـاطفي والتنقل من رجل إلى آخر لعلها تستطيع اصطياد من يمكـن أن يتزوجهـا! مـما زاد مـن عدم استقرارها ورعبها من المستقبل، عندما يزول شبابها ويعزف عنها الرجـل فتعـيش العجز والكبر والوحدة والضياع بكل قسوتهم وهـو الأمـر الـذي لم يفلـت منـه الرجـل أيضاً فيعاني هو الآخر مما تعاني منه المرأة. والأبحاث المختلفة والصحف تنشر كل يـوم أخبار عزوف الرجال عن الزواج ليس في دول الغرب فقط وإنما في الدول التـي صـارت تسير في فلكها مثل اليابان وكوريا وغيرهما. مما يستدعي التسـاؤل: هـل هـذا هـو مـا نريد للمرأة وللأسرة في بلادنا؟! وهو الأمر الذي لا بد أن يحصل في النهايـة لـو اتبعـت الأمة دعوة دعاة التحرر والمساواة للمرأة كما فهموها وكما علموهـا لشـابات وشـباب اليوم. وإن كنا لا نريد للمرأة وللأسرة هذا المصير فماذا نفعل؟! وما هو الحل؟!

ألا يمكن أن يكون الحل بالعودة إلى تقسيم العمل بين المرأة والرجل وإعـادة الاعتبار لعمل المرأة في بيتها واعتباره عمـلاً انتاجيـاً مهـماً لـه قيمـة ماديـة عاليـة ولـه قيمته المعنوية التي لا تقدر بثمن؟ فيعود للمرأة دورها المحدد تحديداً دقيقـاً والـذي تعرفه وتتقنه فلا يحدث لها صراعاً يرهقها ويذهب براحتها وسعادتها وراحة وسـعادة الأسرة واستقرارها؟ ألا يمكن أن يكون الحل في إعادة تأهيل المرأة لتقـوم بـدورها هـذا (في البيت) وفق أفضل أسس التقـدم والمدنيـة التـي لا ينفـك دعـاة النهضـة والتقـدم يتكلمون عنهما، ولتقوم بدورها وتحقق توقعاته بفاعلية تحقق لها ذاتها وتخلصها مما قد تعاني من صراع الدور الذي يرهقها؟! خاصة وإن بعض المفكرين اليوم يـدعون لأن يعّد الفرد نفسه لأكـثر مـن دور إذا أراد التكيـف للحيـاة المعـاصرة السرـيعة التطـور؟ فلماذا لا تُعد المرأة إعداداً جيداً للقيام بدورها كزوجة

وأم وربة بيت إلى جانب اعدادها (إعداداً ثانوياً) لعمل آخر أو مهنة خارج بيتها تستفيد منها إن احتاجت لذلك أو رغبت وسمحت ظروفها العائلية بذلك؟ أو احتاج مجتمعها لسبب ما خدماتها هذه. وإن لم تستفد من تعلمها وإعدادها الأخير (لمهنة أو عمل) فهو لن يضرها بل يسهم في نضجها وتثقيفها. وأرجو أن لا يعتبر البعض مسألة عمل المرأة إن احتاجت وسمحت ظروف أسرتها وظروف مجتمعها، تخلفاً ورجعية! لأن هذا هو السلوك السوي للإنسان الذي يدّعي التقدم والمدنية والتي من مبادئها أن قيمة الإنسان بما يقدمه لمجتمعه من خدمات يحتاجها هذا المجتمع لتحقيق تقدمه وسعادته. فإن كان المجتمع لا يحتاج خدمات المرأة وبيتها دائماً في حاجة إليها فبيتها أولى بجهدها الذي تصرفه خارج بيتها ولا يحقق إلا الارباك والفوضى للمجتمع حيث تكثر فيه البطالة ويكثر الاستهلاك والاسراف مما يضره ويؤدي إلى عدم توازنه. فكل الأعمال العامة في المجتمع السوي، هي فروض كفاية، كما يؤكد أصحاب التراث العربي والإسلامي، أي إن وجد من يقوم بما يلزم المجتمع ويحقق كفايته منها يسقط الفرض عن غيرهم ويصبح من يقوم بها، من غير هؤلاء الذين حققوا كفاية المجتمع، عبئاً على المجتمع وليس خدمة له. ومجتمعاتنا، والحمد لله متخمة بالموظفين والعاملين في شتى المجالات وما يزيد عن هذه التخمة يتمثل بنسبة بطالة ليست قليلة. مما يجعل عمل المرأة في أسرتها وبيتها أكثر أهمية من أي عمل آخر.

وخلاصة القول، فقد قيل في الأمثال، إن الرجوع عن الخطأ فضيلة. صحيح إن التفكر والتدبر وعدم الوقوع في الخطأ هي فضيلة أكبر! ولكن الخطأ قد وقع بدعوة الدعاة إلى كل هذا التشويش والتشويه لدور كل من المرأة والرجل وللعلاقة بينهما مما يستدعي الرجوع عن هذا الخطأ لتحقيق الفضيلة الأصغر هذه: وخطأ هذا الاتجاه وهذه الدعوة لتشتيت جهود الأسرة وتضييع المسؤولية وإحداث الصراع والتنافس داخلها لم يعد خافياً على أحد، خاصة ونحن نشاهد ما يحدث في البلاد الأخرى من شرور نتيجة هذه الدعوات التي اقتبسناها عنهم. والعاقل من اعتبر. فقد أكد المربون من أهل التراث الذي أهملناه، إن تعلم حل المشكلات يحدث أما بالقدوة، فيرى الفرد ما يفعل الآخرون فيقلدهم في الخطأ والصواب ويقتدي بهم، وأما بالاعتبار بما يحدث للآخرين فيتجنب ما وقعوا فيه من أخطاء واما أن يحل

مشكلاته بالتفكر والتدبر والوصول إلى الحلول التي تناسبه ويهديه إليها عقله وهو أرقى أنواع التعلم وأفضل أسلوب لحل المشكلات. وبما أن المفكرين عندنا لم يتفكروا ويبدعوا أنماطاً سلوكية وحلولاً خاصة بمجتمعاتهم تناسبها وتحقق لها السعادة والتقدم والرفاه، فعلى الأقل عليهم بالاعتبار بما حدث ويحدث في البلاد التي نقلوا عنها واقتبسوا منها حلولهم، من شرور فيتجنبوها ويجنبوا أمتهم مآل تلك الأمم. خاصة وإن كثيراً من الأصوات تعلو اليوم في بلاد الغرب، منادية باعادة الاعتبار للأسرة وعودة المرأة إلى البيت وتحديد أدوار كل من الرجل والمرأة بشكل يحقق السعادة للجميع والاستقرار للأسرة وكذلك إلى منع الاختلاط بين الجنسين في المدارس والمعاهد قبل سن العشرين وإلى كثير من الأمور التي ظهرت سلبياتها هناك والتي صار المتعلمون عندنا ينادون بها. فإن كان تقليد الغرب هو هاجس المفكرين والمتعلمين عندنا فليقلدوا هذه الشريحة من أهل الغرب على الأقل، فهي الأقل ضرراً وأكثر انسجاماً مع قيمنا وما تريد مجتمعاتنا لنفسها!

3- زيادة الاستهلاك وقلة في الإنتاج

كان أحد مبررات دعوة التحرر والمساواة والعمل خارج المنزل بالنسبة للمرأة هو زيادة إنتاجية المجتمع. ولكن تخلي المرأة عن دورها في المنزل نتيجة هذه الدعوة ظهر واضحاً في بلادنا نقصاً في الإنتاج وزيادة في الاستهلاك واستيراد المواد الاستهلاكية، وخاصة تلك التي كانت المرأة تصنعها في البيت من ملابس وأطعمة وغير ذلك، بالاضافة لاستيراد الأيدي العاملة على شكل خادمات في المنازل او عاملين وعاملات في مجال انتاج المواد الغذائية المحفوظة والجاهزة والملابس الجاهزة وغيرها. وكل هذا مقابل عمل المرأة في أعمال خدمية لا قيمة إنتاجية لها ويستطيع أي من العاطلين عن العمل القيام بها. فانشغال الداعين والداعيات في نقل الدعوة عن الغرب وفرضها بشتى الطرق (وبالترغيب والترهيب) على مجتمعاتنا لم يهملوا اختلاف الظروف والمسوغات فقط وإنما تناسوا حقيقة مهمة وهي أن الإنتاجية وزيادتها لا علاقة له بموقع الفرد ووظيفته في المجتمع ولا بتحرر المرأة وضرورة خروجها للعمل أو عدم خروجها، بل هي (الإنتاجية) في الأساس إحساس كبير بالمسؤولية يؤدى إلى حس إنتاجي يجعل الفرد يحس بالذنب إن هو تكاسل ولم ينتج شيئاً يذكر في ساعته هذه أو يومه ذاك.

والإنسان يمكن أن ينتج، إن كان يملك هذا الحس، في أي موقع كان ويمكن أن يكون عاطلاً وعالة على التنمية والإنتاج وإن احتل أعلى المواقع في المجتمع. فالقول (لا يمكن للمجتمع أن يتقدم ونصفه عاطل عن العمل أو مشلولاً!) الذي يردده قادة الفكر والسياسة والمتعلمون بشكل عام، ويأخذه الواحد عن الآخر وكأنهم صدى لبعضهم بعضاً، لا أساس له من الصحة. فلم تكن المرأة عاطلة عن العمل أو مشلولة! ولن تكون، ولا يمكن لأي إنسان أن يكون مشلولاً وعاطلاً وغير منتجاً إلا إن أراد ذلك أو وجه لأن يكون كذلك. فالعمل غريزة إنسانية، فالإنسان بحكم دوره الذي خلق من أجله وبحكم تكوينه الذي يتطلب السعي والحركة والعمل في طلب الرزق لا يمكن أن يكون قاعداً أو مشلولاً. فالطفل منذ أن يولد يعمل ليعيش فيبدأ بالصراخ في طلب الرزق ثم يتدرج إلى الحركة بوضع يده أو أي شيء في متناول يده في فمه الخ... ولا شيء يشل المجتمع بنسائه ورجاله ويبعدهم عن العمل والإنتاج إلا التربية والقيم التي تنشرها هذه التربية من تكاسل وتواكل وأنانية وأنماط استهلاكية الخ... وهو الأمر الذي فرضه الدعاة من المفكرين النهضويين، فرضاً على الأمة، وجعلوا العلم والتعلم والثقافة وسائل للاتكال والتكاسل والاكتفاء بالاستهلاك بدلاً من جعله وسائل للإنتاج وزيادته وتنمية المجتمع وتطويره. إذ جعلوا المتعلم والمثقف هو من يلبس الملابس الأوربية ويجلس وراء مكتب ويستخدم في عمله وحياته كل ما أنتجته المصانع الأجنبية من الأدوات والتقنيات الحديثة! حتى صار، منذ أول هذا القرن (العشرين)، ولا يزال، كل من يريد لنفسه الجاه والاحترام، حتى من الأميين، يغير ثوبه وقفطانه أو عباءته ويلبس الملابس الأوربية ويترك أرضه إن كان مزارعاً أو عمله أياً كان ليعمل في وظائف الدولة حتى وان كانت هذه الوظيفة لا تتعدى كونها وظيفة ساعياً أو بواباً. وصار العلم لا يتعدى كم مقولة أو نظرية في موضوع ما يحفظها الفرد عن ظهر قلب ومن غير فهم أو إلمام بموضوعها، في بعض الأحيان، ليرددها ويتزين بها أمام الآخرين. أما بالنسبة للمرأة فقد صار العلم والتعلم بالإضافة لذلك هو التخلي عن مسؤوليتها في بيتها والترفع عن مزاولة ما يحتاج من أعمال والعمل في الخدمات العامة أياً كانت؛ والثقافة بالنسبة لها هي أن تلبس أحدث ما أنتجته دور الأزياء والمصانع الأجنبية من تقليعات وأن يحوي بيتها كل ما هو ضروري وغير ضروري من منتجات

المصانع الأجنبية والتي لا تستخدمها وأحياناً لا تعرف كيفية تشغيلها وادامتها! هذا غير ارتياد مراكز التجميل واللياقة وتصفيف الشعر الخ... واستهلاك أطنان من المساحيق ومواد التجميل. أما ماذا تنتج فقد يكون لا شيء أن أكثر الخدمات التي تقوم بها خارج منزلها لا تساوي هذا الاسراف الذي وجد من أجلها ومن أجل تحررها من العمل المنزلي وخروجها للعمل خارجه، والذي يقصم ظهر المجتمع ويخل ليس بميزانية الأسرة وإنما بميزانية الدولة! وهي التي ما خرجت للعمل إلا لزيادة الإنتاجية!! هذا غير أن المجتمع لا يخلو ممن يمكن أن يقوم بدورها هذا مهما كانت اهميته. فحتى رئيسة الحكومة، لو قورن انتاجها بما كان يمكن أن يقوم به غيرها ممن تستخدمهم للقيام بما هو من مسؤوليتها كربة بيت، من خدم وسواقين وطباخين وخياطين وغير ذلك لرجحت كفة هؤلاء ولصار انتاجها في وظيفتها لا يساوي شيئاً يذكر مقارنة بهؤلاء الذي عطلتهم عن الإنتاج، ولكان تفرغها لبيتها وقيامها بكل ذلك أوفر لها ولمجتمعها!

وبعد أن كان الناس يأملون في أول هذا القرن (العشرين) أن تعليم المرأة سيعود على أسرتها وعلى المجتمع بالخير والرفاه، لأن الأم المتعلمة ستربي أبنائها وتدير بيتها بشكل أفضل من الأم وربة البيت الجاهلة، تعلمت المرأة اليوم وخرجت للعمل وتركت بيتها وأبنائها ليس فقط للجاهلات والأميات بل أيضاً للأجنبيات عن الأسرة واللاتي لا تربطهن بالبيت والأطفال إلا رابطة الدراهم المعدودات التي يقبضنها آخر اليوم أو آخر الشهر! وبذلك لم تهدر وقتها فقط بما لا قيمة إنتاجية له، في غالب الأحوال، من أنواع الخدمات، بل شغلت غيرها بتقديم خدمات ليست فقط قليلة الفائدة للأسرة بل ومضرة أيضاً للأسرة وللمجتمع. وقد وصل استهلاك المرأة حداً جعل بعض دعاة حقوق المرأة يعتبرونه استعباداً واستغلالاً لها، فطالبوها بالتحرر منه. فقد قالت إحدى الداعيات على سبيل المثال: إن على المرأة أن تحطم (السور الذي يضربه الرجل حولها وأن تترك معاهد التجميل وأدواتها وتمتنع عن الاستهلاك لجميع الوسائل المصنوعة التي تحولها إلى موضوع...) للاستهلاك والاستغلال[1]. ونادى بعضهم النساء وطلب منهن تجاهل الاعلان (الذي يعمل لابتزاز الملايين منهن وأن يحاربن الاستهلاك... ويتجنبن الدور الذي يلعبنه حالياً

[1] جيزيل حليمي: قضية النساء ص19.

كضحايا للاعلان وكصانعات رئيسيات للتبذير)[1] ولكن مثل هذه النداءات لا تجد هوى في نفوس كثيرات من سيدات اليوم وفتياته اللاتي تعودن حياة الكسل والاستهلاك والاسراف واستسهلنها غير مباليات بما يتعرضن له من استغلال مهين ليس لجهدهن فقط بل لانسانيتهن ولانوثتهن أيضاً والتي يعرضنها في أسواق النخاسة المختلفة سواءً في الظهور متبرجات في الأفلام والصحف وعلى شاشات التلفاز وفي الاعلانات التي يعرضن فيها أجسادهن وزينتهن أكثر مما يعرض من البضائع المراد الاعلان عنها أو في مسابقات الجمال والحفلات والسهرات أو في الشوارع والمقاهي والمحال التجارية وغير ذلك من أماكن صارت ترتادها نساء اليوم كعاملات أو زبونات.

4- استغلال للمرأة ذاتها

إن الدعوة لتحرير المرأة ومساواتها بالرجل لم تكن من أجل المرأة وإنما كانت ومنذ الوهلة الأولى من أجل استغلالها لتحقيق أغراض سياسية أو اقتصادية أو جنسية او طبقية. فأول من دعا إلى تحرر المرأة ومساواتها كانت الرأسمالية الناشئة التي تمثلت أول ما تمثلت بالثورات المختلفة لتغيير أنظمة الحكم الإقطاعية في أوربا، وعلى رأسها الثورة الفرنسية وذلك لحشد التأييد لها وكسب نصف المجتمع إلى جانبها! وهو النساء. ثم جاءت الاشتراكية والشيوعية فتبنت هي أيضاً الدعوة لتستخدمها في محاربتها للرأسمالية وقد مر ذكر أقوال رايش ولينين وغيرهما من الاشتراكيين، والتي تنم عن استغلال المرأة لكسب المؤيدين والعاملين من أجل الاشتراكية. ومنذ ذلك الحين والأحزاب المختلفة والجمعيات وغيرها في كل مكان، تستغل هذه الدعوة لا لتحقيق خير المرأة أو المجتمع بقدر ما هي من أجل تحقيق المكسب العظيم! في الوصول إلى السلطة. حتى صار بعض الحكام يتبنى الدعوة وينفذها باعطاء بعض المسؤوليات السياسية والإدارية لامرأة أو أكثر لأخذ المبادرة من المعارضة وتفريغها من بعض مضمونها لافشال جهدها في اسقاطه. وهكذا صارت المرأة وقضاياها كرة في ملعب السياسة يتقاذفها اللاعبون لتحقيق مكاسب وتسجيل نقاط على الخصم... والأمثلة على ذلك كثيرة ولا يتسع

---

[1] ذات المصدر ص15.

المجال للخوض فيها وهي واضحة لكل من يتتبع لعبة السياسة وتحرك السياسيين من حوله. ويتفحص أقوالهم وخطبهم سواءً في بلادنا أم في البلاد الأجنبية.

أما الاستغلال لتحقيق أغراض اقتصادية، فقد بدأ هو الآخر مع نشوء الرأسمالية وانشاء المصانع الكبيرة واحتياجها لتوفير فائض من الأيدي العاملة يزيد عرضها عن الطلب فتنخفض الأجور هذا غير استغلال المرأة والأطفال باعطائهم أجوراً أقل وساعات عمل أطول. وكثيراً ما كانوا يستغنون عن العمال الرجال، وخاصة المشاغبين منهم لاضطرار نسائهم على العمل بدلاً منهم لاعالة الأسرة. وكانت شروط عمل المرأة في أوربا...(مأسوية قاسية، فساعات عملها تتراوح بين اثنتي عشرة إلى خمس عشرة ساعة، وهي تعمل في ورشة تصل حرارتها طوراً إلى درجة لا تطاق... وكانت تقطع المسافة الطويلة بين بيتها والمصنع رائحة غادية على قدميها تحمل أولادها وتقتات طوال اليوم بقطعة خبز واحدة...)[1]. وإن كانت ظروف عمل المرأة في الدول الغربية قد تحسنت إلا أن ظروفها لا تزال مؤلمةً ولا إنسانية في الدول التي تستقدم الاستثمارات الأجنبية لتستفيد من قلة أجور الأيدي العاملة مثل الهند وأندونيسيا وغيرهما.

هذا غير استغلال بعض رجال العائلة لنسائها بتشغيلهن خارج المنزل بأجر ليخففوا من مسؤولياتهم تجاه عوائلهم حتى إن البعض جعلوا من نسائهم موضوعاً لصفقات مالية يكتسبون منها بتزويجهن ممن يحقق لهم مكاسب تجارية وصفقات مالية. وخاصة الرجال الأغنياء. والكل يذكر الصفقة التي تناقلت أخبارها الصحف في حينها والتي تفاوض عليها كل من تيد كندي ومحاميه مع أوناسيس والتي كانت جاكلين كندي موضوعاً لها. وتم الاتفاق بينهما عليها، فدفع أوناسيس مبلغ ثلاثة ملايين دولار مقابل زواجه من جاكلين بدلاً من العشرين مليوناً التي طلبها محامي كندي أول الأمر! وجاء نص المذكرة، كما لو كانت صك بيع، وكما لو أن أوناسيس قد اشترى ملكية تجارية كما يلي: (وافق أوناسيس على دفع الثلاثة ملايين دولار على الفور بايداعه في حساب جاكي المصرفي... وفي حالة الطلاق أو حالة الموت تتلقى جاكي مبلغ 200 الف دولار سنوياً مدى الحياة ومقابل ذلك

---

[1] نعيم اليافي: وضع المرأة... ص119.

تتخلى جاكي عن حقوق الإرث...) وشعر أوناسيس بعدها أنه قد عقد صفقة شريفة مع جاكي. وعندما سأل سكرتيره عن ذلك قال له الأخير أنه يستطيع أن يشتري ناقلة بذلك المبلغ. حتى صاروا بعد ذلك يصفون جاكي بالناقلة عندما يتحدثون عنها!!!!⁽¹⁾. وهذا مثل من أمثلة كثيرة لصفقات تعقد في كل مكان من العالم، وتعقدها نساء متحررات ومساويات للرجال!! أو يعقدها ذووهن. أما استغلال أنوثة المرأة كزوجة أو ابنة أو سكرتيرة، بشكل من الأشكال لتحقيق مكاسب خاصة فهي الأخرى كثيرة في الغرب حيث يشيع مبدأ تحرر المرأة ومساواتها! وقد ذكر وليام مانجستر بعضاً منها في كتابه الأسد الأخير وذكر أن والدة ونستون تشرشل حققت لابنها كثيراً من المكاسب⁽²⁾ وهكذا صارت انوثة المرأة تستغل وبشتى الطرق وفي كثير من المجالات. حتى اشراكها في الندوات والمؤتمرات وادخالها كثيراً من مجالات الحياة والوظائف ليس هو نفاقاً اجتماعياً فقط وإنما هو أيضاً لاضفاء جو من الرقة والنعومة للمكان. أما استغلال أنوثتها في مجال الترفيه والاعلام والإعلان والفن وغيره فقد اصبح مشكلة تثير قلق الكثيرين، حتى إن المشاركين في إحدى الندوات في بلادنا عبروا عن قلقهم هذا في ختام جلساتهم بقولهم:

(ينظر المشاركون بعين القلق إلى إحدى إفرازات الحضارة المادية التي تتجلى في استغلال المرأة بصورة تحط من كرامتها الإنسانية، وخاصة في ميادين الترفيه والاعلان، الأمر الذي يحتم بذل جهود -من جميع الفعاليات- لدى الجهات المسؤولة، للعمل على وقف هذا الاستغلال، وتوعية المجتمع على اخطاره واضراره)⁽³⁾.

فقد صارت المرأة في مجال الإعلان، سواءً في بلادنا أو في غيرها، سلعة تروج للسلع الأخرد حتى كبار الشخصيات وخاصة من النساء صرن مادة للدعاية والترويج للسلع المادية والمعنوية (الأفكار والمفاهيم) ويكفي دليلاً على ذلك متابعة ما حدث للأميرة ديانا، مطلقة الأمير شارلس ولي عهد بريطانيا، والتي صارت في حياتها وفي مماتها مادة لترويج الصحف والمجلات والجمعيات الخ...

⁽¹⁾ عن سيرة جاكلين كندي (نشرت في الرأي الأردنية 1989/6/27).

⁽²⁾ THE LAST LION P.374 & P.87.

⁽³⁾ المنتدى: العدد 88 كانون الثاني/ يناير 1993.

أما استغلال المرأة وجسدها في مجال السينما والتلفاز والفنون الأخرى المختلفة فشواهده كثيرة جداً. صحيح أن المرأة هي رمز للحب والحنان والعطاء والرقة ولكثير من الصفات الخيّرة، ولكنها بالتأكيد ليست جسداً عارياً يُعرض في وسائل الإعلام المختلفة أو يزين به بعض الفنانين لوحاتهم ومنحوتاتهم بمناسبة ومن دون مناسبة وخاصة بالنسبة للفنانين في بلادنا التي لم تكن فيها المرأة في يوم من الأيام جسداً عارياً فحسب أو رمزاً للجنس. والأجساد العارية بالذات سواءً للمرأة أم للرجل غير مقبولة في هذه البلاد لا قديماً ولا حديثاً. فلم نجد الأجساد العارية وجسد المرأة على وجه الخصوص، فيما تحدر إلينا مما تركه لنا الأوائل من الأجداد. ومع ذلك نجد بعض الفنانين عندنا وقد انحسر ابداعهم، أو تقليدهم بالأحرى للفنانين الأوربيين، في تعرية جسد المرأة أو أي جزء منه ووضعه في مكان ما من اللوحة أو المنحوتة كدليل على إبداعهم وعبقريتهم كما يعتقدون، بينما هو في الحقيقة ليس دليلاً على افلاسهم وعجزهم عن الإبداع وبناء المواضيع فقط بل هو دليل على التفاهة وسقوط التفكير الذي تقزم ولم يعد يرى في المرأة إلا أنوثة وجنس يستغلونهما لترويج بضاعتهم. ومثلهم فعل بعض الروائين والشعراء وغيرهم، حتى صار الأدب قلة أدب وصار التعبير عن قلة الأدب هذه دليل ابداع وعبقرية لعدد من الشعراء والكُتاب من النساء والرجال شغلهم وشغل من ينافقهم عن الأدب الحقيقي ذي الرسالة السامية والأهداف البناءة. حتى صارت رسائل العشق التي ارسلها غسان كنفاني إلى غادة السمان والبحث عن رسائلها اليه موضوعاً تنشغل به الأوساط الأدبية وتناقشه الصحف والمجلات كموضوع أدبي يكشف عن (عظمة غسان الإنسان) وتكتب فيه الكتب والرسائل والأبحاث التي لا تهدف في النهاية من كل النشر لهذا الغسيل القذر إلا تحرير أدبنا المتخلف ومجتمعنا الذي (يراوح بين المكتوب والمكبوت وبين المقدس والمدنس)[1]!!!

ولم يكتف الكتاب والمفكرون بأن جعلوا من المرأة وما يسمونه قضاياها مادة لعرض كفاءتهم وتقدميتهم وعبقريتهم وسلم يصعدون بواسطته أحياناً إلى مواقع فكرية أو سياسية وإنما جعلوها مادة لما يتحاورون فيه ويختلفون عليه وهدفاً يصوبون اسلحتهم عليه في محاربتهم لبعضهم بعضاً فتحولت المرأة كما قال

---

[1] جريدة الرأي الأردنية 1993/5/20.

برهان غليون: (...إلى مكثّف لكل ميادين النزاع بين المحدثين والمحافظين، وإلى هدف التصويب الأساسي فيه. وكما أصبح تحجيب المرأة رمزاً لدى البعض للحفاظ على الأخلاق، ومصدراً لها، أصبح التحرر الجنسي- لدى الفئة الثانية، رمزاً لتحدي نظام الأخلاق التقليدي، وفي كلتا الحالتين أصبحت المرأة الضحية الأولى لهذا الصراع...)[1].

والاستعمار والاحتلال والطامعين والأعداء الأجانب أيضاً استغلوا هذه الدعوة وجعلوها وسيلتهم لهدم الذات في بلادنا وتشتيت شمل المجتمع وإحداث الفجوات فيه لاضعافه وارباكه. فقد بدأت الدعوة أصلاً، بتحفيز منهم منذ القرن التاسع عشر- عندما استهانوا بكل قيم المجتمع العربي والإسلامي وعاداته وتقاليده ومنها حال المرأة الذي نال حصة الأسد من اللوم والتهوين، وهو الأمر الذي جعل كوستاف لوبون يرد عليه فيقول: (إن الإسلام قد رفع حال المرأة الاجتماعي رفعاً عظيماً بدلاً من خفضها خلافاً للمزاعم المكررة على غير هدى...)[2] وفي أيام ازدهار حضارة العرب (كان لهن من الشأن ما اتفق لاخواتهن حديثاً في أوربا... الإسلام إذن لا النصرانية، هو الذي رفع المرأة من الدرك الأسفل الذي كانت فيه، وذلك خلافاً للاعتقاد الشائع، وإذا نظرت إلى سنيورات نصارى الدور الأول من القرون الوسطى رأيتهم لم يحملوا شيئاً من الحرمة للنساء... وعلمت إن رجال عصر- الإقطاع كانوا غلاظاً نحو النساء قبل أن يتعلم النصارى من العرب أمر معاملتهن بالحسنى)[3]. وعن تعدد الزوجات قال: ليس هناك (نظاماً أنحى الأوربيون عليه باللائمة كمبدأ تعدد الزوجات... وإنه علة انحطاط الشرقيين ونشأت عن هذه المزاعم... أصوات سخط رحيمة باولئك البائسات المكدسات في دوائر الحريم...) بينما هو يرى (أن مبدأ تعدد الزوجات الشرقي نظام طيب يرفع المستوى الأخلاقي في الأمم التي تقول به...) وإنه (ضربة لازب)[4] وإنه أفضل وأسنى، بحسب تعبيره، من التعدد غير الشرعي الشائع في أوربا. واستمر هؤلاء

---

[1] برهان غليون: اغتيال العقل ص256.

[2] كوستاف لوبون: حضارة العرب ص401-403.

[3] المصدر السابق.

[4] ذات المصدر ص397-398.

حتى اليوم يعملون من وراء ستار ومن خلال جمعيات عالمية وطائفية مختلفة لها مسميات انسانية لا حصر لها ومن خلال الندوات والمؤتمرات الخ... في التحريض ودفع الدعوة إلى الأمام لاثارة الأحقاد بين أفراد المجتمع على خلفية ما يسمونه بقضايا المرأة العربية، وكثير من كتابنا يصفقون كالصم البكم في زفة العروس لا يعون مما يحدث من حولهم شيئاً. وكل موضوع تريد هذه الجهات طرقه أو قيمة تريد هدمها لازاحة لبنة من البناء الاجتماعي (في سبيل هدم المجتمع) لا يفعلون شيئاً سوى عقد ندوة أو مؤتمر في احدى الدول العربية يعالجه بالشكل الذي يحقق أهدفاهم ليبدأ بعدها (أو خلالها) كتابنا في بري اقلامهم وتسويد الصفحات لمعالجته على أساس رؤى تلك الندوة أو المؤتمر! وآخرها كان موضوع قتل الشرف! وجمعية منع ضرب الزوجات والخط الساخن!! هذا غير ختان البنات والتي كلها مشاكل محدودة ولا تستحق كل هذا الاهتمام.

هذا الاهتمام بالمرأة العربية والحرص على مصلحتها واللهفة على ما تعاني من ظلم الرجل العربي جعل احدى الباحثات تتساءل فتقول: (إن المرء تدهمه الحيرة إذا ما فكر في الاهتمام المفرط للرجال الأوربيين. بحقيقة اضطهاد الرجال الشرقيين للنساء، اللهم إلا إذا نظر إلى مثل هذا الاهتمام على أن وظيفته الأساسية الحفاظ على موقع الصدارة للرجل الغربي، كنقيض للرجل الشرقي، وباعتباره إنسانياً وعقلانياً ومتسامحاً لا يمارس الاضطهاد...)[1] وليست هذه كل الأسباب وإنما السبب الحقيقي، كما أراه، هو أنه جزء من الهجمة التغريبية التي تعمل على تحقيق عدة أمور فهي اولاً تحدث فجوة بين الرجل والمرأة وتثير الأحقاد بينهما. وثانياً هي جزء من عملية -هدم الذات وتهوين قيم المجتمع- وثالثاً هي عملية تجريد المقابل (الرجل العربي) من السلاح وهو ما يسمى في اللغة الانكليزية Disarming، بالتأكيد على تخلفه وعدم انسانيته وقسوته الخ... ليقبل كل ما يملى عليه أي هي عملية تدجين للرجل عن طريق اشعاره بالذنب واضعاف موقفه. ورابعاً اشغال الناس بما لا ينفع كل الناس، وبما هو محدود جداً ولا يحدث إلا نادراً، عن المشاكل الأساسية مثل السيطرة الأجنبية والاستلاب وضياع الأرض

---

[1] ليلى أحمد: بحث مقدم لندوة العقد العربي القادم للمستقبلات البديلة ص293.

وفقدان الهوية والبطالة والفقر والاستهلاك والاسراف وتلوث البيئة الطبيعية والاجتماعية نتيجة الاسراف والاستهلاك للتقنيات المستوردة الأجنبية الآلية والفكرية، والمشاكل التربوية الكثيرة الخ... والتي كلها تؤثر على كل فرد في هذه الأمة. وليس على آحاد منها! كما هو الحال في ما يحدث حولنا من مناقشات ومؤتمرات الخ... لمواضيع هي لا تقع إلا في آخر سلم أولويات المجتمع، هذا إن كان لها موقع أصلاً. هذا غير جعل، ما يسمونه قضايا المرأة (عصا لتأديب المجتمعات العربية)[1] بمن فيها من حكام ومحكومين، عصا يستخدمونها كلما وجدوا هذه المجتمعات تتململ مما تعاني من سيطرتهم عليها واستلابهم لشخصيتها.

ومسألة استغلال الدول الأجنبية لدعوة تحرر المرأة ومساواتها وحقوقها الخ... لهدم الذات العربية والإسلامية وإحداث الشروخ في مجتمعاتها واشغالها بما يضرها ولا ينفعها وتحويل أنظار أبنائها عن مشاكلهم ومشاكل مجتمعاتهم الحقيقية لاحكام سيطرتهم (الدول الأجنبية) على هذه المجتمعات ووضعها على طريق العولمة التي صارت هدفهم اليوم وطريقتهم في الاستعمار الذي لا تحرر منه، أصبحت اليوم معروفة وهناك الكثير مما يدل عليها، وآخرها ما حدث في نهاية هذا العام (1999) حيث عقد في اليمن المؤتمر الدولي للتحديات النسوية!! والذي نظمه مركز البحوث التطبيقية والدراسات النسوية التابع لجامعة صنعاء والذي تموله الحكومة الهولندية! عقد المؤتمر في فندق شيراتون في صنعاء، في أواسط أيلول 1999 بتمويل من هولندا وبرعاية من أمريكا وبريطانيا! ومنع ممثلي الأحزاب والصحف من حضوره نظراً لخطورة الموضوعات التي ناقشها ومصادمتها لعقائد المجتمع اليمني وطموحاته. وفيه تطاول الباحثون في شؤون المرأة من العرب على أقدس مقدسات المجتمع العربي والإسلامي بحجة الدفاع عن المرأة مما جعل البرلمان اليمني يطلب التحقيق في أمر المؤتمر وما جرى فيه، وفيه تكلمت سفيرة أمريكا في اليمن، متباكية على الظلم والاضطهاد الذي تعاني منه المرأة العربية والإسلامية!![2] مع أن العالم العربي والإسلامي اليوم يعاني من مشكلات لا حصر

---

[1] وجهات نظر، العدد الحادي عشر، السنة الأولى ديسمبر 1999.

[2] ISLAM-ON LINE. NET 17-11-1999.

لها ولا عد وأقلها مسألة حقوق المرأة ومساواتها! وهي الأمور التي ستحل من ذاتها، إن وجدت، عندما يتخلص المجتمع من الفقر والجهل والتبعية الأجنبية والقروض والسيطرة الأجنبية بجميع أشكالها وعلى رأسها السيطرة الاقتصادية والثقافية. وبعد هذا المؤتمر بشهر واحد، أي في تشرين الأول 1999 عقد مؤتمر آخر مشابه في القاهرة للاحتفال بمرور مئة عام على صدور كتاب تحرير المرأة لقاسم أمين للترويج لذات المفاهيم والأفكار!! ولامثال هذه المؤتمرات الدولية! والعربية بقية لا بد ستأتي!!

وقد استغلت بعض النساء أيضاً هذه الدعوة لصالح اشخاصهن. وقد مر ذكر دعوة نوال السعداوي لاستغلال الدعوة من أجل تكوين جمعيات نسائية وبعضهن يستغلن الدعوة ذاتها والجمعيات النسائية لتحقيق طموحاتهن الشخصية في الوصول إلى مواقع السلطة السياسية والإدارية. فعندما تريد الدولة أن تعلن على الملأ تقدميتها وتحررها وعقلانيتها الخ... وتختار من أجل ذلك امرأة أو أكثر لاشغال بعض المواقع السياسية والإدارية العليا، فهي تختارهن، في الغالب، من العاملات بمجال حقوق المرأة وحريتها ومساواتها فتضرب عصفورين بحجر تكسب الداعيات إلى جانبها وتثبت للعالم تقدميتها وتحررها وخاصة للدول الأجنبية المسيطرة والتي يهمها الأمر!! لدرجة اشغال نفسها وصحفها باتفه ما يحدث في مجال ما يسمونه حقوق المرأة وقضاياها في بلادنا لتدافع عنه! هذا غير استغلال بعضهن الدعوة، سواءً كمفهوم يناقشنه ويتكلمن ويكتبن فيه أو كممارسة، كوسيلة للشهرة وتحصيل الامتيازات! وكلما امعن المرء النظر فيما يحدث حوله لا يجد لدعوة حقوق المرأة وقضاياها الخ... من مبرر سوى استغلالها واستغلال المرأة أيضاً لتحقيق أهداف وطموحات لا علاقة لها بمشكلات المجتمع الحقيقية بل هي تشويش وتهريج يبعد الأنظار عن المشكلات الأهم للمجتمع العربي ويشغل الناس بما لا ينفع كل الناس بل بما يضرهم ويفرق شملهم.

5- تفكك الأسرة والاخلال بتوازن المجتمع

كانت الأسرة العربية راضية مستقرة تعيش حياتها بهدوء وتوازن قل ان تشوبه الشوائب. كل من الرجل والمرأة فيها يعرف دوره وما يفرضه عليه من واجبات ومسؤوليات، وما يحدث من خلل بهذا التوازن الأسري كان سببه جهل في

الدين أو نقص في التربية، وللمرأة في الأسرة مكاناً مرموقاً، فهي الأم المكرمة التي أمر الله برعايتها ووضع الجنة تحت أقدامها أو الزوجة التي لها ما لزوجها، وإن كانت له درجة بما أنفق فلها درجات بما اعطت من حبها وحنانها وجهدها في رعاية الأسرة وبما تسبغه على حياة الأسرة من أمن واستقرار وتماسك، غالباً ما ينفرط ويذهب بذهابها لأي سبب كان، مما جعل لها مكاناً خاصاً ومميزاً في حياة رجلها سواءً أكان أباً أم زوجاً أم ولداً. مما جعل من الشعراء والكتاب من يتغنى بدورها ومكانتها مثل ناصر النشاشيبي الذي قال: (إن أعظم ما في الدنيا من أحاسيس وأنبل ما في الوجود من نبض حي، مصدره امرأة... فنحن بعضها، ومنها بعض عمرنا، وحياتنا بعض عطفها وتاريخنا بعض انتاجها وكتابنا بعض سطور من نبض خاطرها... وإن كانت المرأة الأجنبية قد فرضت سلطاتها على الرجل خارج منزلها فإن المرأة الشرقية قد سيطرت على الرجل داخل ذلك المنزل...)[1] ولم تكن هذه السيطرة، في الغالب، تحصل من خلال الوقاحة والسفاهة والصفاقة والخشونة والقسوة، بل كانت سيطرتها نابعة من دورها الذي لا يمكن الاستغناء عنه في الأسرة ومن الحب والحنان الذي تغدقه على الأسرة ومن ما تبذل من جهد في رعاية أسرتها ومن عطائها الذي لا حدود له للأسرة التي هي الوعاء الذي يحتويه والذي بدونه تسيح وتتبعثر ويتشتت شملها. حتى الحريم، الذي نال من الأجانب الاستهانة والاستهجان الشيء الكثير، والذي اتهم ظلماً بكل الرزايا، حيث نسجوا حوله أفسد الآراء واعتبروه دار (فسق تسكنها نساء سجينات تعسات يقضين أوقاتهن في البطالة ويلعن حظهن)[2] وتبع رأيهم هذا كثير من الكُتاب العرب! فهو ليس فقط لم يكن أمراً سائداً سوى في المدن ولدى بعض العوائل الموسرة، بشكل خاص، ولكنه أيضاً قد أُتهم بما ليس فيه، فالحريم كما يؤكد حتى بعض الأجانب المنصفين هو (لفظ يدل... على كل ما هو مقدس، فإذا ما طبقت هذه الكلمة على المنزل دلت على أمنع قسم منه وأشده حرمة لدى المسلم، أي على المكان الذي تسكنه نساؤه الراضيات السعيدات بحياتهن) ومن يدخل دوائر الحريم، كما يؤكد لوبون يعجب (كل العجب من حب النساء فيها لازواجهن ومن تربيتهن لأولادهن

---

(1) ناصر النشاشيبي: المرأة تحب الكلام.

(2) كوستاف لوبون: حضارة العرب ص413.

وتدبيرهن لأمور منازلهن ورضاهن بما قدر لهن واعتقادهن تقهقرهن إذا ما حُملن على تبديل حال الأوربيات بحالهن، وهن يتوجعن باخلاص من الزام الأوربيات بالأشغال والأعمال اليدوية..) خارج منازلهن ويعتبرن أنفسهن محظوظات لأنهن لا يعتنين إلا بأسرهن وأزواجهن، وهو الدور الذي خلقت المرأة له والأنسب لها[1]. وكان يمكن للأسرة أن تبقى بهذا التماسك النابع ليس فقط من القيم الدينية التي كانت سائدة والتي تؤكد على أهمية الأسرة للمجتمع ورعاية الكبار والصغار فيها والتعاون والتكافل بين أفرادها لتسود فيها المودة والرحمة، ولكن تماسكها أيضاً كان نابعاً من وضوح الأدوار وتحديدها وتقسيمها بين الرجل والمرأة بشكل يحقق صالح الجميع. لولا تدخل الأجانب لاحداث الخلل وعدم التوازن في المجتمع كوسيلة ينفذون من خلالها إلى أحكام سيطرتهم وفرض قيمهم وطريقة حياتهم على هذا المجتمع المخالف لهم. ولولا عجز الدعاة من العرب والمسلمين والذي جعلهم لا يستطيعون رؤية ما سيحدث من ظواهر تضر بكل من المرأة والأسرة والمجتمع ككل. وذلك لأن الدعوة لما أسموه قضايا المرأة وحقوق المرأة الخ... والعمل بموجبها (الدعوة) أخل بتماسك الأسرة وشتت شملها، فبدأت بالتفكك وبدأت المرأة تفقد دورها ومكانتها المتميزة في المجتمع. ومن أهم الأدوار التي بدأت تفقدها هو دورها الانتاجي كربة بيت، وهو الدور الذي تخلت عنه اليوم، سواءً أكانت عاملة أو غير عاملة، لصالح المنتجات والاستثمارات الأجنبية أو الشركات والمؤسسات الوطنية المرتبطة بعجلة الانتاج الأجنبي مادياً أو تقنياً. والدور الثاني الذي تسرب من بين أيديها هو دورها الحيوي في تربية الأبناء، أجيال المستقبل، وهو الدور الذي تخلت عنه لصالح المؤسسات التربوية المختلفة سواءً أكانت أجنبية أم وطنية متغربة، هذا غير المربيات والخادمات الأميات من الأجانب أو من غيرهم أو تركهم للشارع بكل ما فيه من شرور!

أما الدور الثالث الذي بدأ يتراجع فهو دورها في إحداث الاستقرار النفسي-العاطفي لنفسها ولشريكها ولبقية أفراد أسرتها، وذلك أما لكونها بدأت لا ترى نفسها إلا جارية (أو غير ذلك!) لا عمل لها ضمن أسرتها ولا مسؤولية عليها سوى توفير المتعة للزوج ولكن بثمن باهظ يتمثل بمتطلبات لها أول وليس لها

[1] ذات المصدر.

آخر، أو لكونها انشغلت بعملها خارج المنزل أو بالعملين معاً، خارج المنزل وداخله، مما أرهقها وأربكها، وفي كلتا الحالتين تحول بيت الزوجية من سكن تسوده المودة والرحمة إلى مجرد ملجأ أو فندق، قد يكون درجة أولى وخمسة نجوم وقد يكون درجة عاشرة! ولكنه وفي كل الأحوال بارد وخالي من المودة والتراحم والدفء مما يجعل من في داخله يشعر بالغربة والوحشة والوحدة، فيهرب منه أو يتحمله مرغماً لأسباب بعيدة كل البعد عن المودة والسعادة.

وبدعوة تحديد النسل وحرية المرأة في الاجهاض والانجاب أو عدمه سيتقلص دور المرأة ودور الأسرة ككل في النمو السكاني الضروري والمطلوب لحياة وحيوية المجتمع، كما حدث في الدول التي سبقتنا في هذا المضمار والتي وصلت نسبة النمو السكاني فيها اليوم إلى صفر في المئة أو أكثر قليلاً مما جعلها تستورد لها مواطنين من خلال تشجيع الهجرات اليها.

وبكل ذلك، وغيره، فقدت (أو ستفقد) مؤسسة الزواج وتكوين الأسرة مبررات وجودها واعتمادها مما جعل (أو سيجعل) ظاهرة عزوف الشباب عن الزواج تطل على مجتمعاتنا، وهو ما بدأ يحدث فعلاً كما بدأ المتزوجون يفقدون اهتمامهم وتمسكهم بدوام الأسرة فيستسهلون الطلاق الذي بدأت نسبته تزداد سنة بعد أخرى. وهذه أمور حدثت في الدول الغربية وأدت إلى شرور كثيرة لا مجال لمناقشتها هنا، وبدأت تحدث، مع الأسف، في بلادنا مما يستدعي تدارك الأمر والعمل على تدعيم الأسرة ومعالجة كل ما يشوش عليها استقرارها ويفكك تماسكها وينزع عنها دورها في استقرار المجتمعات وتوازنها الضروري واللازم لتحقيق صحتها وتقدمها. وهو الدور الذي تسهم فيه المرأة اسهاماً كبيراً يفوق في اهميته اسهام أي عضو آخر فيها (الأسرة).

وما جاء أعلاه هو قليل من كثير جداً من النتائج السلبية لدعوة حرية المرأة وعمل المرأة خارج منزلها ولكثير مما أُثير وأُعتبر قضايا خاصة بالمرأة، مع أنها قضايا اجتماعية تخص كل فرد في المجتمع، المرأة والرجل والطفل، الكبار والصغار، وتؤثر عليهم جميعاً هذه القضايا سواءً سلباً أم ايجاباً. فلو درسنا مشكلة البطالة في بلادنا اليوم، على سبيل المثال، لوجدنا عمل المرأة خارج منزلها على رأس أسبابها وذلك أن بلادنا اليوم، بعد أن اهملت الزراعة التي هي المرفق

الانتاجي الأكبر والذي يشغل الكثير من الأيدي العاملة، ولم تستطع (ولن تستطع) ايجاد صناعات عملاقة كالتعدين وصناعة الصلب أو الصناعات الثقيلة المختلفة والتي تحتاج إلى أيدي عاملة كثيرة، لم يعد فيها من الأعمال إلا أعمال الخدمات والتي تتمثل بالوظائف المختلفة سواء في المؤسسات العامة أو الخاصة، وحتى السمسرة وترويج البضائع الأجنبية والتي نسميها اعتباطاً تجارة أو صناعة وطنية، هي في الحقيقة لا تتعدى كونها خدمات، فأين هو الإنتاج الذي يحتاج لكل أفراد المجتمع من النساء والرجال لخدمته؟!! وبالتالي فإن تواجد الكثير منهم هو لا يخرج عن كونه بطالة مقنعة تدل على سوء في تخطيط وتنظيم الموارد البشرية وإشغال للناس فيما لا ينتج ولا ينفع الناس، ومع ذلك فقد بدأت تتفاقم البطالة الحقيقية من الذين لم يعد في استطاعة قطاع الخدمات هذا من استيعابهم.

ولو نظرنا إلى التربية وما تعانيه من أزمة لوجدنا أن عمل المرأة خارج منزلها واهمالها لدورها كربة بيت ومربية للأبناء واحد من أسباب هذه الأزمة. وكذلك ظاهرة الاستهلاك والاسراف، لو دققنا فيها لوجدنا أن المرأة بتخليها عن دورها كربة بيت، مدبرة ومقتصدة، قد أسهمت اسهاماً كبيراً في حدوثها. وكذا الحال في مسألة الاغتراب والعمالة الأجنبية وأزمة المرور وتلوث البيئة وغيرها... كلها سلبيات أسهمت المفاهيم لحرية المرأة وعملها خارج منزلها وحقوقها الخ... والتشويش الذي أحدثته هذه المفاهيم المستوردة على القيم والمفاهيم الأصيلة للمجتمع عن مكانة المرأة ودورها في المجتمع، كانت وراءها. ومن أجل معالجة السلبيات وتصحيح المسار هذه لا بد من:

1- إعادة الاعتبار لعمل المرأة كربة بيت باعتباره عملاً انتاجياً له كل مقومات العمل المنتج. فليس من المنطق أن يستثنوه من حساب الناتج الوطني ويعتبروه عطالة عن العمل بينما يدخلون في حسابهم أعمال من يعمل في صنع الأطعمة الجاهزة أو تقديمها في المطاعم ومن يعمل في خدمات النظافة والمغاسل العامة وخياطة الملابس ودور الحضانة وغير ذلك الكثير من الأعمال المشابهة لأعمال ربة البيت!! والتي مضارها أكثر من منافعها للمجتمع، لو أنهم دققوا وحسبوا حساب الصحة النفسية والجسمية لأفراد

المجتمع هذا غير الاقتصاد سواءً على مستوى الأفراد والأسرة أم على مستوى المجتمع وناتجه القومي ككل.

2- تأهيل المرأة للقيام بدورها الحيوي هذا كربة بيت وتشجيعها على القيام به باعتباره دورها الأساسي وكل ما عداه من الأعمال هو ثانوي ولا قيمة حقيقية له ما دام هناك من يستطيع القيام به من هؤلاء الذي يعانون البطالة الحقيقية أو البطالة المقنعة المتمثلة بالأعداد الكبيرة من العاملين في المؤسسات المختلفة، العامة والخاصة من دون حاجة حقيقية لهم.

3- إعادة النظر بالتشريعات الخاصة بالأجور والرواتب حتى تسقط حجة كون عمل المرأة ضروري لمواجهة تكاليف الحياة المتزايدة. فبدلاً من اشغال المرأة والرجل في أعمال خدمية لا قيمة انتاجية لها وجعلهم يتكدسون في المرافق المختلفة من دون حاجة حقيقية لهم، مما يضر بالعمل ويزيد من روتينه ويضر الفرد ويعوده الكسل والتواكل ويحرمه تحقيق ذاته من خلال العمل الحق والانتاج والابداع فيه، يمكن زيادة مخصصات الزوجة غير العاملة ومخصصات الأطفال للمعيل سواء في القطاع العام أو الخاص. وإعادة النظر في الأجور بشكل يجعلها تواكب الغلاء وتآكل العملة المحلية هذا غير ضرورة وجود ضمان اجتماعي يضمن لكل عاطل عن العمل ولكل من تعدى سن العمل والإنتاج (الشيوخ) من النساء والرجال راتباً تقاعدياً يوفر لهم الحد الأدنى من الحياة الكريمة التي تحفظ لهم انسانيتهم من دون منة من يعيلهم.

4- العمل على ترشيد الاستهلاك والحد من ظواهره ووسائله وذلك بالتوجيه وبالتشريع. هذه الظواهر الاستهلاكية التي لم توجد أساساً إلا بحجة إيجاد أعمال لمن لا عمل له!! وتقليل شرور البطالة وهو الأمر الذي ستعالجه بدرجة كبيرة عودة المرأة إلى ممارسة دورها كربة بيت وتخليها عن عملها خارجه.

5- إعادة النظر بقوانين الأحوال المدنية وجعلها تتوافق مع الشريعة الإسلامية الحقة التي تنظر إلى الأسرة ككل ومصلحة كل فرد فيها ومصلحة المجتمع بشكل عام فلا غابن ولا مغبون ولا ظالم ولا مظلوم. وتحدد لكل فرد في

الأسرة وفي المجتمع دوره ومكانته التي يستحقها على أساس ما حقق من خلال هذا الدور.

6- إعادة النظر بالنظام التربوي بكل مؤسساته، النظامية في المدارس والجامعات الخ... وغير النظامية كوسائل الإعلام والإعلان الخ... بحيث تتكامل جهود الجميع لتحقيق أهداف الأمة والوصول إلى مجتمع متقدم ومنتج ومتوازن، لكل فرد فيه حقوقه وواجباته ودوره في العمل والإنتاج من دون تشويش وتشويه لهذه الأدوار والحقوق والواجبات.

7- إعطاء المرأة الحرية في أن تختار دورها ومكانتها وفق حاجاتها وطموحاتها وما يحقق سعادتها وسعادة واستقرار أسرتها ومجتمعها من دون هذا الإرهاب الذي يمارسه عليها دعاة حقوقها! وذلك بجعل عملها خارج منزلها وتحررها من كل القيود هو الاختيار الوحيد المقبول لها وفي غيره التخلف والرجعية والجبن... وغير ذلك مما يجب عليها أن تنفضه عن نفسها! وإن لم تفعل فلا بد من احداث ثورة ضدها!! مما شوش عليها حياتها واستقرارها وجعل بعض النسوة يقبلن بأي عمل ويسلكن كل ما يُعرض عليهن من أنماطه وبغض النظر عما يهدر من كرامتهن وانوثتهن لينفين عن أنفسهن تهمة الرجعية والتخلف ويواكبن العصر!! وهو الارهاب الذي في ذات الوقت أخل باستقرار الأسرة والمجتمع وتوازنهما.

وهناك الكثير مما يمكن أن يضيفه غيري ممن هم أهدى مني، من الذين منّ الله، سبحانه وتعالى، عليهم بفكر قويم وسريرة طيبة بعيدة عن الأهواء، لمعالجة سلبيات الوضع الراهن الذي لا اعتقد أنه يسر المتفكرين من أبناء الأمة.

الخــاتمة

وختاماً أقول أن: الدعوة لحقوق المرأة وحريتها ومساواتها في بلادنا لم تكن قائمة على فكر أصيل ونظر عميق الجذور وكنتيجة لحاجات استشعرها المجتمع وعمل بعامته وخاصته من أجلها، وإنما جاءت كتقليد للغرب وتنفيذ لمخططاته في تغيير بنية المجتمع وقيمه تمهيداً للاخلال بتوازنه واشغال الأمة بما لا ينفعها ولا يحقق لها ما كانت تأمل به من تقدم ونماء. فقد طرحت الدعوة منذ البداية من قبل الأحزاب والجمعيات المتغربة ومنتسبيها بعيداً عن حاجات أبناء المجتمع الحقيقية ورغباتهم. فعلى سبيل المثال لا الحصر، فقد (طرح الشيخ سعيد مراد الغزي على لجنة الدستور مقترحاً مساواة المرأة بالرجل في الحقوق السياسية) في أول عهد النهضة العربية! ووافق أعضاء حزب التقدم (الواجهة البرلمانية لجمعية العربية الفتاة على المشروع ولكنهم لم يقروه (مراعاة للشعور الشعبي المحافظ)[1] الرافض لهذه التوجهات التغريبية. وقد توجه بعض هؤلاء إلى الباس الدعوة لباس الإسلام لتحقيق القبول لها ولكن اتضح بعد ذلك أن (هذا التوجه هو الآخر في التحليل النهائي وكأنه خدعة حاذقة وظيفتها أن تخفي أهدافاً غربية الالهام في زي إسلامي مقبول)[2]. وقد أكد هؤلاء الأوائل في البداية على أن تحرير المرأة وتعليمها الخ... هو من أجل تربية الناشئة تربية صحيحة وذلك لكون الأم أول عامل يؤثر في الطفل وأهمه، كما قال شبلي شميل (وتأثيرها فيه أشد من تأثير الأب فهي تغذيه من دمها أشهراً وتسقيه لبنها أشهراً وتربيه في حجرها سنين وما يكتسبه الطفل من أمه بالاعداد الطبيعي والتربية الأدبية والتعليم العقلي قد لا تقوى عليه المؤثرات الأخرى، ومهما قويت فلا تزيل أثره...)[3] ولكل ذلك فإن تعليم المرأة ضروري يعود في النهاية على الأمة عزة وقوة. ولكن الهدف الحقيقي لهذه الدعوة يظهر واضحاً في قول الأفغاني عندما أكد للرجال على أنهم لن يستطيعوا أن يتقدموا وأن يتخلصوا من:

> (ورطة الضعف والخمول ما دامت النساء محرومات من الحقوق وغير عالمات بالواجبات، فإنهن الأمهات اللواتي تصدر عنهن التربية الابتدائية بالأخلاق الأولية. ولا شك أن أول ما ينقش في لوح ذهن الإنسان يكون ثابتاً صعب الزوال. وقد قيل العلم في الصغر كالنقش في الحجر. وأقول أن هذا النقش هو السبب الأصلي في اختلاف

---

[1] سهيلة الريماوي: جمعية العربية الفتاة ص116.

[2] ليلى احمد: المرأة العربية، ورقة مقدمة إلى ندوة العقد العربي القادم، المستقبلات البديلة.

[3] شبلي شميل: فلسفة النشوء والارتقاء جـ2، ص172.

المذاهب وتنوع المشارب، فإن وجدت الكدورة فلا صفاء في الذهن ولا سلامة في المشرب، ولكن إذا كانت الأمهات عالمات، عارفات بحقوق الإنسانية، متأدبات على ما تقتضيه أحكام الشرف والمدنية، فلا شك أن أولادهن يتخلقون بأخلاقهن، ويكتسبون منهن تلك المزايا الفاضلة)[1].

وكأن الأفغاني في قوله أعلاه قد لخص الغاية الحقيقية لدعوة حقوق المرأة وتعليمها معرفة الحقوق الإنسانية والتأدب بأحكام الشرف المدنية والتي هي ما كان يدعو إليه الغرب وتدعو إليه الماسونية لازالة التمسك بالأديان وخاصة الدين الإسلامي، دين الأمة، فهو المعني بهذا القول والذي كان هؤلاء يعتقدون أنه هو سبب اختلاف المشارب التي تؤدي إلى رفض الغرب وعرقلة تحقيق هيمنته على الأمة. فمتى تعلمت المرأة وتشربت المعارف المدنية والتي هي آنذاك كما هي اليوم غربية وشربت ذلك لأولادها، زال الاختلاف بين أبناء الأمة والغرب وزال معه رفض الاحتلال وعرقلة مسيرة الهيمنة الغربية على الأمة، ولكن من اعتبروا مفكرين ذلك العصر لم يتنبهوا للأمر وما كان يُراد به كما لا يزال مفكرو اليوم يتغافلون عنه فيروجون لهذه الدعوات رغم كل ما ظهر من مساوئها.

ثم انتشرت الدعوة بعد ذلك بفعل الغافلين من الدعاة وبفعل كتابين أو ثلاثة كما مر ذكره (صدرت في أوائل هذا القرن، مؤلفوها رجال، ولنشاط بعض النسوة من زوجات الأكابر، ولرغبة بعض حكوماتنا من أن يدرجها الغرب في عداد الحكومات المستنيرة)[2].

وهكذا بدأت الدعوة وعلى ذلك استمرت تستقطب دعاة التغريب وذوي الطموحات، غير المشروعة، كل لغرض في نفسه، بغض النظر عن متانة الدعوة ومدى حاجة المجتمع إليها وقدرتها على تحقيق الرفاه والسعادة للمجتمع أو للأسرة أو للمرأة ذاتها. وما يمكن أن تحدثه من نتائج سلبية! المهم أن يرضى الغرب الأجنبي صاحب القوة والمنعة عنا ويضعنا، أفراداً أو دولاً وحكومات، في قائمة المتنورين وشطب اسمنا من قائمة المتخلفين! الرجعيين الذين يرفضون هيمنة الغرب واذلاله للأمة. ومن يتابع ما يكتب هؤلاء باسم البحث العلمي أحياناً! ليعجب ليس من نفقاتهم ولكن أيضاً لتفاهة ما يكتبون وما يجورون به على الأمة وقيمها وطريقة حياتها، وعدم صحته ومصداقيته، معتمدين على أمور لا وجود لها أو احداث محدودة أو أساطير لا أساس لها من الصحة مثل اسطورة ذبح الزوج العربي، القطة أمام زوجته ليلة العرس، والتي اعتبرتها سناء الخياط في كتاب يقوم على البحث العلمي!! نشرته لها مؤسسة تعمل في احدى الدول الأوربية!!، حقيقة

---

[1] علي شلش: الأعمال المجهولة للأفغاني ص82.

[2] نادية حجاب: المرأة العربية، دعوة إلى التغيير ص57.

تدل على سوء معاملة الرجل العربي لزوجته ودليل على اضطهاده للمرأة العربية[1]! وهو أمر لا يعدو كونه اسطورة من الأساطير التي يتناقلها البعض من باب الفكاهة! فلم يشاهده أحد أو حتى يسمع أنه حدث فعلاً لا من هذا الجيل ولا من جيل الجدات ولا جدات الجدات!!

فبالنسبة لهؤلاء الدعاة العرب، فإن كل ما يخالف ما هو سائد عند أهل الغرب، وبغض النظر عن ايجابياته، فهو التخلف والرجعية، ويجب أن يستبدل بما هو عند هؤلاء، فحتى الحب، على سبيل المثال في نظر سناء الخياط، وطريقة التعبير عنه يجب أن يكون كما هو في الغرب وبذات الطريقة إذ تقول: (يبدو أنه ليس هناك حب بين الأزواج في العراق وقد يكون هناك حب ولكن لا يُعبر عنه كما يُعبر عنه في الغرب)[2]؟! مما لا يسع المرء إلا أن يتساءل: ما هو الحب في نظر الباحثة؟ وما هو دليله إن هي اعتبرت اخلاص الزوجة لزوجها وحفظها لاسمه ولكرامته وبيته وعطائها من دون حدود له ولاسرته ولأولاده، واللهفة عليه إن غاب أو مرض أو أصابه أي مكروه، ودعائها له في ذهابه وإيابه بالخير والبركة الخ... والسلوك ذاته من قبل الزوج، ليس حباً؟ فما هو الحب في نظرها؟ أهو غرائز حيوانية وشهوات بهيمية قبل الزواج أو من دونه! كما هو الحال في الغرب؟

واليوم، وبعد أن ظهرت النتائج السلبية الكثيرة لدعوة تحرر المرأة وعملها خارج منزلها في البلاد الأجنبية، والتي جعلت المرأة الغربية في هذه الدول تحاول تصحيح أوضاعها التي ساقها إليها الدعاة عندهم لتحقيق أغراضهم المختلفة، لتعود إلى بيتها وأسرتها (وإن كان قد فات اوآن التصحيح ولم يعد في متناول يدها) وبعد أن تراجع مدى ممارسة المرأة للحقوق السياسية المعطاة لها وتناقص عدد النائبات في البرلمانات الأوربية، وبعد أن تراجع دور المرأة في أمريكا ليس في احتلال المواقع المؤثرة في العمل السياسي فقط ولكن أيضاً في ظروف عمل المرأة خارج منزلها[3] من حيث التعامل ومن حيث المساواة وخاصة في الأجور حيث لا تزال (البنات يتقاضين 69 في المئة من أجر الرجال)[4]، فبعد ظهور هذه وغيرها من سلبيات الدعوة نشط الدعاة في بلادنا في تبني الدعوة لهذه الحقوق التي لا قيمة حقيقية لها لا بالنسبة للمرأة ولا لرفاه وسعادة المجتمع وزيادة انتاجيته. وقد نشطوا

---

(1) SANA AL-KHAYYAT, HONOURS & SHAME, WOMEN IN MODERN IRAQ P.83.

(2) OPT CIT P.92.

(3) عن ندوة المرأة ودورها في حركة الوحدة العربية ص156.

(4) مجلة أبعاد ص285 كانون أول 1995 عن كتاب احلام عوالمية تأليف ريتشارد بارنت وجون كافاناغ ومراجعة عفيف فراج.

مؤخراً إلى درجة الاحتفال بمناسبة مرور مئة عام على ظهور كتاب تحرير المرأة لقاسم امين على ما فيه من ضعف وسلبيات وقرروا في هذا المؤتمر الذي عقد في القاهرة في أوكتوبر 23-28 لعام 1999 منح جائزة للرجل الذي يدافع عن حقوق المرأة!![1] لماذا حددوا الجنس وجعلوا الجائزة للرجل وليس لمن يدافع عن حقوق المرأة بغض النظر عن الجنس، خاصة وهم يدعون للمساواة!!؟ الله أعلم.

إن الشواهد على عجز الدعوة واضحة لكل من يخرج من قوقعة النظريات وينظر فيما يحدث اليوم حوله. ونتائج هذه الدعوة على مستقبل المرأة ومكانتها في المجتمع يمكن استشرافه بالنظر إلى ما آل إليه حالها في الغرب حيث أصبحت أداة جنس وأداة استهلاك فحسب. لا كرامة لها ولا مكانة خارج نطاق المتعة والجنس حتى وإن نالت أرقى الشهادات العلمية ووصلت إلى أرقى المراكز الوظيفية فهي لم تصل إلى ما وصلت إليه في نظر من حولها إلا عن طريق ابتذال نفسها وممارستها للجنس مع رؤسائها، كما حدث مع رئيسة وزراء فرنسا إديث كريستين وما أشيع عنها وما تناقلته وسائل الإعلام عنها وعن غيرها من كبار الشخصيات النسائية في هذه البلاد. وهي أمثلة كثيرة على النظرة الدونية التي ينظر بها أبناء الغرب المتمدن! إلى المرأة. ولهذا يقع على عاتق المرأة عندنا بشكل خاص وعلى المجتمع، بكل فئاته، بشكل عام رفض هذا التوجه الأجنبي وهذه الدعوة الضالة والانشغال بالبحث عن المشكلات الحقيقية في مجتمعاتنا وإيجاد الحلول لها، أياً كانت، من ذات الأمة ومن قيمها وتقاليدها وطموحاتها وما تريد لنفسها. وليعلم كُتاب هذه الأمة وقادتها كما قال المنفلوطي: (أنه ليس من عادات الغربيين وأخلاقهم الشخصية الخاصة بهم ما نحسدهم عليه كثيراً، فلا يخدعوا أمتهم عن نفسها، ولا يفسدوا عليها دينها وشرقيتها، ولا يزينوا لها تلك المدنية تزيينا يرزؤها في استقلالها الشخصي). وقد قال الحكيم الصيني (بين فو): (إن التطور الذي حققته شعوب الغرب في القرون الثلاثة الأخيرة بُني على أسس أربعة: أن تكون أنانياً، وأن تقتل الآخرين، وأن تكتسب أقل ما يمكن من النزاهة، وأن تشعر بأقل ما يمكن من الحياء)[2]! وليس هناك من الأمم من يطمح لأن يكون كذلك!

فللمرأة دور كبير في المجتمع لا يضاهيه أي دور آخر مهما علا شأنه وهو دورها ضمن أسرتها والذي من خلاله تستطيع الإنتاج والإبداع من دون أن تكون طفيلية تبحث لها عن دور هنا وهناك لتتطفل عليه! وتنافس على أدوار لا يمكن أن تحقق لها ما يمكن أن يحققه لها دورها كربة بيت من مجالات الإبداع والإنجاز وتحقيق الذات. والدعوة لعمل المرأة خارج منزلها ما هي إلا دعوة لاخراج المرأة من مملكتها التي لها فيها دور مميز وكلمة مسموعة ومكانة مرموقة

---

[1] ISLAM-ONLINE-NET.

[2] حمدان حمدان: الخليج بيننا قطرة نفط بقطرة دم ص625.

وحرية معقولة إلى عالم التنافس والتناحر والعبودية، حيث لا صوت لها ولا دور مميز ولا استقلال بل استغلال واستعباد بحق وحقيقة. فتصبح عبدة للعمل وما يفرض عليها من ساعات عمل محددة ومن لوائح وقوانين وتعليمات ولما يتوقعه الرؤساء والمرؤوسين منها من أنماط السلوك، ناهيك عما قد تتعرض له من مضايقات. أما الحرية التي يريدونها لها فهي وسيلة، كما يؤكد البعض (لتصبح سهلة التناول في المتجر والمصنع والمكتب والطريق! للحصول على شهوات ميسرة لا تقف في طريقها العوائق ولا تحول دونها التقاليد)[1] ومثل حرية الغرب هذه هي (مسخ للمرأة ومسخ للرجل ومسخ للأجيال)[2]. ودعوة المساواة ما هي إلا وسيلة لاذلال المرأة وإشعارها بالدونية لتنصاع لما يطالبونها به. فليس هناك من مبرر لشعورها بالنقص والدونية ما دامت تقوم بدورها على أحسن وجه. ودور الرجل ليس هو أفضل من دورها ولا مكانته هي الأرقى من مكانتها فمكانة الإنسان ودوره يتحددان بما يملك من دين وخلق وما يمكن أن يقدمه لمن حوله من الأقارب والأباعد وللمجتمع بشكل عام من خدمات تزيد من إنسانيته ورفاهه.

وللمرأة العربية أقول: في قديم الزمان!! في بلاد العرب، أوصت امرأة ابنتها، باعتبار أن الوصية هي (تذكرة للغافل ومعونة للعامل) وبعد أن أكدت لها أنه لا غنى للمرأة عن الرجل كما أنه لا غنى للرجل عن المرأة (فالنساء للرجال خلقن، ولهن خلق الرجال) قالت لها:

> إي بنية: إنك فارقت الجو الذي منه خرجت وخلفت العش الذي فيه درجتِ، إلى وكر لم تعرفيه، وقرين لم تأليفه، فأصبح بملكه عليك رقيباً ومليكاً، فكوني له أمة يكن لك عبداً وشيكاً. واحفظي له خصالاً عشراً، يكن لك ذخراً -أما الأولى والثانية- فالخشوع له بالقناعة، وحسن السمع له والطاعة -وأما الثالثة والرابعة- فالتفقد لمواضع عينه وأنفه، لا تقع عينه منك على قبيح ولا يشم منك إلا أطيب ريح، -أما الخامسة والسادسة- فالتفقد لوقت منامه وطعامه، فإن تواتر الجوع ملهبة، وتنغيص النوم مغضبة، -وأما السابعة والثامنة- فالاحتراس بماله والارعاء[*] على حشمة[*] وعياله وملاك الأمر في المال حسن التقدير، وفي العيال حسن التدبير، -وأما التاسعة والعاشرة- فلا تعصي له أمراً، ولا تفشي له سراً، فإنك إن خالفتِ

---

[1] محمد قطب: معركة التقاليد ص115.

[2] ذات المصدر ص161.

[*] الرعاية

[*] حشمة: خدمة.

أمره أوغرت صدره، وإن أفشيتِ سره لم تأمني غدره، ثم إياك والفرح بين يديه إن كان مغتماً، والكآبة بين يديه إن كان فرحاً"[1].

وعلى المرأة اليوم أن تقوم بأكثر من هذا للحفاظ على أسرتها وعلى مكانتها فيها وفي المجتمع ومن أجل الاسهام في تقدم المجتمع تقدماً حقيقياً يزيد من تماسكه وإنتاجيته ونمائه مادياً ومعنوياً. ولتعلم أن أكبر ظلم يقع على المرأة هو ظلمها لنفسها كما يذكر البعض وكما هو الواقع (فهي إما جاهلة أو غير واعية أو متحذلقة أو مشتطة...)[2] أو سطحية تعوم على كل نقطة ماء يصورها لها الآخرون وكأنها بحر متلاطم الأمواج وترقص على كل نغم نشاز يعزفه لها عازف قصير النظر وثقيل السمع مما يجعلها تهمل دورها فتضر نفسها وأسرتها ومجتمعها. ثم يأتي بعد ذلك ظلمها بتحميلها مسؤوليات ليست هي مسؤولياتها في المجتمع، وأكبر لا مساواة تتعرض له المرأة هو إعدادها وإعطائها دوراً هو ليس دورها وإهمال تعليمها وإعدادها لدورها في الحياة بينما يعد الرجل لدوره!

وللباحثين وللباحثات في حقوق المرأة العربية وحريتها ومساواتها! أقول: فليتقوا الله فيما يكتبون وينشرون. عن أية امرأة يتكلمون ويناقشون ويعقدون الندوات والمؤتمرات ليتباحثون في أمر حقوقها وحريتها ومساواتها الخ...؟! عن المرأة في الريف العربي التي تعيش، فيما عدا المذياع والتلفاز، في ظروف لا تختلف كثيراً عن قبل ألف أو ألفين عام! لا تزال تشرب وتغسل حاجياتها من مياه الترع والبرك الآسنة، ملابسها رثة وسخة وزوجها وأطفالها كذلك، معظمهم نساءً ورجالاً وأطفالاً، يعانون من سوء التغذية وسوء الرعاية الأسرية والخدمات الصحية والاجتماعية الأخرى. حتى بعض مناطق العواصم العربية، وبدون استثناء سواءً أكانت نفطية غنية أو غير نفطية وتعتبر نفسها لذلك فقيرة! هي متخمة بالثروات وبظواهر الترف والاسراف، تجد فيها مع ذلك مناطق لا تختلف كثيراً عن حال الأرياف والبوادي من حيث الفقر والجهل وتخلف الخدمات الصحية والتربوية وكل المظاهر الإنسانية. فأية امرأة من نساء هذه البلاد العربية يريدون لها المشاركة في اتخاذ القرار وكوتة لمجلس النواب ورئاسة مجلس ادارة الشركات والمؤسسات؟!! وهل كل الرجال يتمتعون بهذه الحقوق؟ وهل مساواة الرجل بالرجل الآخر قد تحققت ولم يبقى إلا المطالبة بمساواة المرأة بالرجل؟ والذين هم فعلاً متساويين بحسب المناطق التي يعيشون فيها ففي الأرياف والمناطق المهملة والفقيرة من المدن تتساوى المرأة بالرجل وبالطفل في الحرمان وفي الفقر والجهل وسوء الأحوال وفي المناطق المترفة من المدن فهم أيضاً متساوون بالترف والرفاه والاسراف وتحقيق اللازم وغير اللازم من الحاجات. فأين هو الظلم الذي حاق

---

(1) السيد سابق: فقه السنة جـ2 ص234.

(2) فاخر عاقل: التربية قديمها وحديثها ص422.

بالمرأة ولم يحيق بالرجل؟! فالظلم الحقيقي هو أن يعيش الإنسان (وليس المرأة فقط) والذي كرمه الله وفرض عليه وعلى المجتمع، احترام إنسانيته، حياة كريمة تحفظ له إنسانيته من دون اسراف ولا تقتير. ومعظم سكان البلاد العربية بنسائهم ورجالهم وأطفالهم وشبابهم وشيوخهم يعانون من واحد أو أكثر من عناصر الثلاثي القبيح الذي هو الفقر والجهل والمرض وهي الأمراض التي تهدر إنسانية الإنسان، أياً كان امرأة أم رجلاً وهي الأمراض التي كانت أولى بجهود الباحثين وبما يسودون من صفحات بيضاء، بدلاً من الانشغال بحقوق المرأة واضطهادها. فكل هؤلاء مضطهدون بشكل أو بآخر وأكثر بكثير من اضطهاد المرأة التي تعيش شتى أنواع الترف والرفاه ولكنها، يا للهول ويالكارثة، محرومة من قيادة السيارة أو السباحة في المحلات العامة شبه عارية! أو انها قد اختارت اللباس الشرعي أو حتى فُرض عليها! وهو الاضطهاد الذي جعل أهل الغرب يشقون الجيوب ويولولون على اضطهاد الأنظمة العربية والإسلامية للمرأة بهذا الشكل الفظيع! ويهددون هذه البلاد بالويل والثبور وبعقابها وبحصارها حتى تفك الحصار عن المرأة فتعيش حرة ومتحررة تملك جسدها فتهبه لمن تشاء وتتجنب ممن تشاء الخ...!! ويتبعهم الغاوون من أبناء البلاد يساندونهم بالولولة وشق الجيوب والاتهامات بالتخلف والرجعية والارهاب! ويسودون صفحات كثيرة من أبحاثهم ورواياتهم واشعارهم الخ... بمناقشة هذا الظلم والاضطهاد الواقع على المرأة مهملين المشاكل الحقيقية للمجتمعات العربية! مما يثير قرف كل من يتفكر ويتعقل حال الأمة والهاوية التي هي مسيّرة إليها. وقلة من أبنائها من يتعقل ومعظمهم يسيرون وكأنهم مخدرون ورغم رفضهم لكل هذه التوجهات إلا أنهم لا يفعلون شيئاً لوقفها، وكأن المخدر الذي أعطاهم إياه خيري الدين التونسي قبل أكثر من مئة عام لم يذهب مفعوله بعد! وذلك عندما قال: (سمعت من بعض أعيان أوربا ما معناه أن التمدن الأوربي تدفق سيله في الأرض لا يعارضه شيء إلا استطالته قوة تياره المتتابع فيخشى على الممالك المجاورة لأوربا من ذلك التيار إلا إذا حذوا حذوه وجروا مجراه من التنظيمات الدنيوية فيمكن نجاتهم من الغرق وهذا التمثيل المحزن لمحب الوطن مما يصدقه العيان والتجربة)[1]. ورغم أن هذا المخدر استورده خيري الدين التونسي من أعيان أوربا! ولم يبتدعه، ورغم أن العيان والتجربة أثبتت أن مجاراة الأمة للغرب لم يُنجها من الغرق في بحر ظلمات الغرب وهيمنته واحتلاله واستعماره واستلابه لها واذلالها وهدر مصالحها وكل مقوماتها، فإن الدعوة إلى هذه المجاراة لا تزال قائمة وعلى أشدها لفرضها على الأمة وبكل وسائل الترغيب والترهيب. ولهؤلاء الباحثين والباحثات في حقوق المرأة العربية أقول ما قاله برهان غليون:

---

[1] خيري الدين التونسي: أقوم المسالك في معرفة الممالك ص5.

(كان ورع الوالد وتمسك الزوج بدقائق الشريعة والإيمان والخوف من الله هو الشيء الوحيد الذي يضمن عدم قهر الطفل والجور عليه أو اضطهاد المرأة. وإذا وهنت مشاعر الخوف والإيمان والأخلاق مع تطور الحضارة التقنية التي نعيشها أصبح كل شيء ممكناً: كل اضطهاد للمرأة والطفل والرجل الآخر. ولهذا فإن هذا الاضطهاد لم يكن في يوم من الأيام أقسى- في العالم الثالث مما هو عليه اليوم مع انهيار منظومة القيم القديمة وتفكك وهشاشة النظم القانونية الجديدة. ومهما كانت الحقوق المعطاة للطفل والمرأة في قانون مفروض بالقوة من قبل أقلية فإنها لن تعمل شيئاً أمام نمو الاضطهاد. فلا يعمل القانون الوضعي إلا إذا كان قانوناً محترماً يخضع له الفرد طواعية لأنه يدرك أنه يعبر جزئياً عن مصالحه، إن لم يعبر عنها كلياً. أما إذا لم يكن يعبر عن أي من مصالحه فيرفضه بكليته وبعنف)[1].

والقوانين الوضعية المأخوذة عن الغرب لن تكون محترمة في يوم من الأيام لابناء أمتنا الذين هم متمسكون بقوانينهم الشرعية والاجتماعية ولا يريدون غيرها بديلاً، بخاصة وإنهم يشكون بهذا البديل والذي اثبتت الأيام إنه لم يعبر عن مصالحهم ولا طموحاتهم بل كان معرقلاً لها ولم يجلب لهم إلا مزيداً من التبعية والاستعمار والهيمنة الأجنبية على حساب مصالحهم الوطنية وحتى مصالحهم الفردية. ولهذا فإنه ليس هناك من بديل سوى العودة إلى هذه الشرائع والقوانين التي يؤمن بها أكثرية أفراد الأمة ولا يرون في غيرها ما يحقق مصالحهم وطموحاتهم.

وأقول لهم أيضاً كفا تشويشاً لحياة المرأة وحياة الأسرة والمجتمع ككل. فأين هي الحرية والمساواة وحقوق الجميع عندما يفرضون على الأمة نمط تفكيرهم ونمط الحياة الغربية الذي يريدون وارهاب كل من يخالفهم (ومنهم المرأة) باتهامه بالرجعية والتخلف والدعوة إلى ضرورة الثورة عليه وايقاع الحجر عليه وعلى تفكيره واستبعاده عن المواقع الفاعلة في المجتمع؟!! فليتقوا الله فيما يكتبون ويقولون ويدعون الأمة إليه وليقوا أمتهم مما أصاب الأمم الأخرى من الخراب ويشغلوا أنفسهم بما يُعمر الأرض وما عليها من الماء والزرع والبشر. ولنتذكر جميعنا قوله سبحانه وتعالى (**إن الذين فتنوا المؤمنين والمؤمنات ثم لم يتوبوا فلهم عذاب جهنم ولهم عذاب الحريق**)[2]

و الله يوفق جميع المخلصين إلى ما فيه خير هذه الأمة بنسائها ورجالها، صغاراً وكباراً.

---

[1] برهان غليون: اغتيال العقل ص173.

[2] البروج: 10.

المراجـــع

إن المراجع المذكورة أدناه هي فقط التي وردت في الحواشي وأسهمت بشكل
مباشر بهذا العمل.

1- القرآن الكريم.

2- الإنجيل.

3- إبراهيم علي مصطفى النشار: **الإسلام والمرأة.**
القاهرة/ هيئة علماء الوعظ بالأزهر 1402هـ-1981م.

4- أحمد أمين: **زعماء الاصلاح في العصر الحديث.**
القاهرة/ مكتبة النهضة المصرية. 1979.

5- أحمد عبد العزيز الحصين: **المرأة ومكانتها في الإسلام.**
الطبعة الثانية 1401هـ -1981.

6- أحمد شلبي: **مقارنة الأديان/ اليهودية.**

7- أحمد شلبي: **مقارنة الأديان / الإسلام.**
مصر، القاهرة/ مكتبة النهضة المصرية. 1967.

8- أحمد شلبي: **مقارنة الأديان/ أديان الهند الكبرى.**
مصر، القاهرة/ مكتبة النهضة المصرية.

9- أحمد المكي: **مناقب أبو حنيفة.**
بيروت/ دار الكتاب العربي 1401هـ -1981.

10- أديب اسحق: **الكتابات السياسة والإجتماعية** (جمعها وقدم لها ناجي علوش).
بيروت/ دار الطليعة للطباعة والنشر.

11- أنيس منصور: قالوا........
القاهرة، المكتب المصري الحديث. 1983.

12- آيلز ليكتناستادتر: **الإسلام والعصر الحديث**، ترجمة وتعليق عبد الحميد سليم.
القاهرة: الهيئة المصرية العامة للكتاب. 1981.

13- بدرية العزاز: **ماذا بعد السقوط.**

الكويت: مكتبة المنار الإسلامية.

14- البخاري: **صحيح البخاري.**

بيروت/ دار إحياء التراث العربي.

15- برتراند رسل: **السلطان/ آراء جديدة في الفلسفة**، ترجمة خيري حماد.

بيروت/ دار الطليعة للطباعة والنشر .1962

16- برتراند رسل: **استعباد المرأة.**

17- برهان غليون: **اغتيال العقل، محنة الثقافة العربية بين السلفية والتبعية.**

18- البيهقي: أبي بكر احمد بن الحسين ابن علي (ت458هـ) **السنن الكبرى.**

بيروت/ دار المعرفة.

19- الترمذي: **صحيح الترمذي.**

القاهرة/ مطبعة الصاوي 1353هـ-1934م.

20- توفيق علي وهبة: **الإسلام شريعة الحياة.**

المملكة العربية السعودية/ دار اللواء للنشر والتوزيع 1401هـ-1981م.

21- جرمين بورسيل: **المرأة في الحياة المهنية.**

من منشورات اليونسكو .1984

22- جورج طرابيشي: **المرأة والاشتراكية**، مقالات لينين وغيره، ترجمة جورج طرابيشي، منشورات دار الآداب.

23- جيزيل حليمي وآخرون: **قضية النساء**، ترجمة جورج طرابيشي.

بيروت/ دار الطليعة للطباعة والنشر .1978

24- أبو حامد محمد بن محمد الغزالي: **إحياء علوم الدين.**

بيروت/ دار المعرفة للطباعة والنشر.

25- حفني ناصف: آثار باحثة البادية.

26- حمدان حمدان: **الخليج بيننا نقطة نفط بقطرة دم.**

بيروت/ بيسان للنشر والتوزيع .1993

27- أبي حيان التوحيدي: **كتاب الامتاع والمؤانسة**، صححه وطبعة وشرح غريبه احمد أمين الزين، بيروت/ دار مكتبة الحياة.

28- خيري الدين التونسي: **أقوم المسالك في معرفة أحوال الممالك.**

تونس/ مطبعة الدولة بحاضرة تونس المحمية، طبعة أولى سنة 1284هـ

29- رفاعة رافع الطهطاوي: **الأعمال الكاملة (التمدن والحضارة والعمران).**

بيروت/ المؤسسة العربية للدراسات والنشر 1973.

30- سلامة موسى: **اليوم والغد.**

مصر/ المطبعة العصرية.

31- سلامة موسى: **تربية سلامة موسى.**

مصر/ سلامة موسى للنشر والتوزيع.

32- سلامة موسى: **مقالات ممنوعة.**

بيروت/ دار العلم للملايين، الطبعة الأولى 1959.

33- سلامة موسى: المرأة ليست لعبة الرجل.

34- سليم حمدان: **المدنية والحجاب.**

بيروت/ مطابع قوزما 1347هـ-1928م.

35- سهيلة الريماوي: **جمعية العربية الفتاة.**

36- سهيلة الكيال: **تطور المرأة عبر التاريخ.**

بيروت/ مؤسسة عز الدين للطباعة والنشر 1981.

37- السيد سابق: **فقه السنة.**

بيروت/ دار الكتاب العربي، الطبعة الثالثة 1397هـ-1977م.

38- سيد قطب: **العدالة الاجتماعية في الإسلام.**

القاهرة/ دار إحياء الكتب العربية، عيسى البابي الحلبي وشركاه 1373هـ-1954م.

39- شبلي شميل: **فلسفة النشوء والارتقاء** (الجزء الثاني).

مصر/ مطبعة المعارف بشارع الفجالة بمصر.

40- عابد توفيق الهاشمي: **مدخل إلى التصور الإسلامي للإنسان والحياة.**

عمان: دار الفرقان للنشر 1982م.

41- عادل ثابت: **فاروق الأول الملك الذي غدر به الجميع.**

القاهرة/ أخبار اليوم، ادارة الكتب والمكتبات، الطبعة الثالثة 1989.

42- عباس محمود العقاد: **الكواكبي/ الرحالة ك.**

بيروت/ دار الكتاب العربي.

43- عبد الله شحاتة: المرأة في الإسلام، في الماضي والحاضر.

القاهرة/ الهيئة المصرية العامة للكتاب.

44- عبد الله عفيفي: المرأة العربية في ظلال الإسلام.

بيروت/ دار الكاتب العربي.

45- عبد المتعال محمد الجبري: المرأة في التصور الإسلامي.

القاهرة/ مكتبة وهبة 1403هـ-1983م.

46- عبد الرحمن النحلاوي: أصول التربية الإسلامية وأساليبها في البيت والمدرسة. دمشق/ دار الفكر.

47- عبد الرحمن الكواكبي:أم القرى .

بيروت/ دار الرائد العربي 1402هـ-1982م.

48- عز الدين الخطيب التميمي: فقه الأسرة في الإسلام.

عمان/ المركز الثقافي الإسلامي، وزارة الأوقاف والشؤون والمقدسات الإسلامية، 1406هـ-1985م.

49- عزيز جاسم: المفهوم التاريخي لقضية المرأة.

بغداد. 1986.

50- علاء الدين خروفه: نظرات في الإسلام.

بغداد/ مطبعة النجاح 1380هـ – 1960م.

51- علي شلش: الأعمال المجهولة للأفغاني.

لندن/ رياض الريس للكتب ولنشر.

52- علي عثمان: المرأة العربية عبر التاريخ.

بيروت/ دار التضامن للطباعة والنشر والتوزيع.

53- علي مبارك: الأعمال الكاملة/ تحقيق محمد عمارة.

54- علي القاضي: وظيفة المرأة في المجتمع الإنساني.

الدوحة/ قطر مؤسسة الشرق للعلاقات العامة للنشر والتوزيع. 1984.

55- علي محافظة: الاتجاهات الفكرية عند العرب في عصر النهضة، 1789-1914.

بيروت/ الأهلية للنشر والتوزيع 1975م.

56- عمر فروخ: **تاريخ الفكر العربي.**

بيروت/ دار العلم للملايين 1392هـ-1972م.

57- فاخر عاقل: **التربية قديمها وحديثها.**

بيروت/ دار العلم للملايين 1981.

58- فاروق مجدلاوي: **الإدارة الإسلامية في عهد عمر بن الخطاب.**

عمان-الأردن/ دار مجدلاوي للنشر والتوزيع 1411هـ1991م.

59- فرحان صالح: **جدلية العلاقة بين الفكر والتراث.**

بيروت/ دار الحداثة للطباعة والنشر 1983م.

60- فهمي عبد الرزاق سعد: **العامة في بغداد في القرنين الثالث والرابع الهجري.**

بيروت/ الأهلية للنشر والتوزيع 1983م.

61- قاسم أمين: **المرأة الجديدة.**

القاهرة/ المركز العربي للبحث والنشر 1984م.

62- قاسم أمين: **تحرير المرأة.**

القاهرة/ المركز العربي للبحث والنشر 1984م.

63- كارل بروكمان: **تاريخ الشعوب الإسلامية، العرب والامبراطورية العربية.**

نقله إلى العربية د. نبيه فارس ومنير البعلبكي. بيروت/ دار العلم للملايين الطبعة الثانية 1953م.

64- الكتاني عبد الحي: **نظام الحكومة النبوية المسمى التراتيب الإدارية.**

بيروت/ دار الكتاب العربي.

65- الكندي ابو بكر بن موسى (ت557هـ): المصنف، تحقيق عبد المنعم عامر وجاد الله احمد. سلطنة عمان/ وزارة التراث القومي والثقافة 1983م.

66- كوستاف لوبون: **حضارة العرب.**

67- لويزا شايدوليتا: المرأة العربية والعصر **(تطور الإسلام والمسألة النسوية)،** ترجمة شكوت يوسف، بيروت/ دار الجيل.

68- محمد البهي: **الفكر الإسلامي الحديث وصلته بالاستعمار الغربي.**

القاهرة/ مطبعة احمد علي مخيمر.

69- محمد جميل بيهم: **المرأة في الإسلام وفي الحضارة الغربية**. قدم لـه جـورج طرابيشـي ـ بـيروت/ دار الطليعة للطباعة والنشر، الطبعة الأولى 1980م.

70- محمد سلامة آدم: **المرأة بين البيت والعمل**.

القاهرة/ دار المعارف 1982م.

71- محمد شحرور: **الكتاب والقرآن، قراءة معاصرة**.

بيروت/ شركة المطبوعات للتوزيع والنشر، طبعة أولى 1412هـ-1992م.

72- محمد عبده: **الأعمال الكاملة/** تحقيق محمد عمارة.

بيروت/ المؤسسة العربية للدراسات والنشر 1972م.

73- محمد علي البار: **عمل المرأة في الميزان**.

جدة/ الدار السعودية للنشر والتوزيع، الطبعة الرابعة 1992م.

74-محمد الغزالي: هذا! ديننا.

الدوحة/ قطر: ادارة احياء التراث الإسلامي.

75- محمد الغزالي: **فقه السيرة**.

القاهرة: دار الكتب الحديثة لصاحبها توفيق عفيفي 1976م.

76- محمد فتحي عثمان: **من أصول الفكر السياسي الإسلامي**.

بيروت/ مؤسسة الرسالة 1404هـ-1984م.

77- محمد قطب: **معركة التقاليد**.

بيروت/ دار الشروق 1403هـ-1983م.

78- محمد محمد حسين: **الإتجاهات الوطنية في الأدب المعاصر**.

بيروت/ مؤسسة الرسالة 1402هـ-1982م.

79- مرتضى المطهري: **نظام حقوق المرأة في الإسلام**.

بيروت/ مؤسسة الإعلام الإسلامي 1405هـ-1985م.

80- معروف الرصافي: **ديوان الرصافي المجلد الثاني**.

بيروت/ دار العودة.

81- مفيدة محمد ابراهيم: **أزمة التربية في الوطن العربي**.

عمان/ الأردن: دار مجدلاوي للنشر 1999م.

82- منصور رجب: **نظام الإسلام**.

القاهرة/ مكتبة الأنجلو المصرية 1962م.

83- محمود تيمور: **بين المطرقة والسندان.**

84- ناجي معروف: **عالمات بغداديات في العصر العباسي.**

بغداد/ دار الجمهورية 1387هـ-1967م.

85- نادية حجاب: **المرأة العربية، دعوة إلى التغيير.**

بيروت/ رياض الريس للكتب والنشر.

86- نازلي صالح وعبد الغني عبود: **تعليم المرأة في الوطن العربي.**

87- ناصر النشاشيبي: **المرأة تحب الكلام، منها، عنها، وحولها.**

88- ندوة العقد القادم، **مستقبلات بديلة**، عقدت في مركز الدراسات العربية المعاصرة في جامعة جورج تاون، بيروت 1986م.

89- ندوة **المرأة ودورها في حركة الوحدة العربية** (بحوث ومناقشات الندوة الفكرية التي نظمها مركز دراسات الوحدة العربية، بيروت 1982م.

90- نعيم اليافي: **وضع المرأة بين الضبط الاجتماعي والتطور.**

91- نوال السعداوي: **الوجه العاري للمرأة العربية.**

بيروت/ المؤسسة العربية للدراسات والنشر، طبعة أولى. 1977.

92- نوال السعداوي: **المرأة العربية/ العرب والعالم من كتاب قضايا عربية.**

بيروت/ المؤسسة العربية للدراسات والنشر. 1993.

93- نور الدين عتر: **ماذا عن المرأة.**

دمشق/ دار الفكر الطبعة الثالثة 1399هـ-1979م.

94- هيفاء فوزي الكبرة: **المرأة والتحولات الاقتصادية والاجتماعية**، دراسة ميدانية لواقع المرأة العاملة في سوريا.

دمشق/ طلاس للدراسات والترجمة والنشر. 1987.

95- ياسر فرحات: **المواجهة، د. نوال السعداوي في قفص الاتهام.**

بيروت/ الروضة للنشر والتوزيع 1992.

<u>الدوريات</u>

1- جريدة الرأي الأردنية/ عمان.

2- جريدة الدستور الأردنية/ عمان.

3- مجلة أبعاد/ بيروت.

4- المنتدى/ عمان.

5- رسالة اليونسكو.

6- مجلة بلسم الطبية عدد 202 نيسان. 1992.

7- مجلة وجهات نظر، ديسمبر 1999.

المراجع الأجنبية

1. DONALD T. REGAN, FOR THE RECORD, FROM WALL STREET TO
    WASHINGTON.

    NEW YORK, HARCOURT BRACE JOVANOVICH, PUBLISHERS 1988.

2. FERNA, ELIZABETH WARNOCK, IN SEARCH OF ISLAMIC FEMINISM ONE
    WOMANS' GLOBAL JOURNEY.

    NEW YORK, DOUBLE DAY DELL PUBLISHING GROUP INC. 1998.

3. JOHN, J. HARRIGAN, POLITICS AND POLICY IN STATES AND
    COMMUNITIES BOSTON, TORONTO, LITTLE BROWN AND COMPANY
    1980.

4. MARGARET THATCHER, THE PATH TO POWER.

    NEW YORK, HARPER COLLINS PUBLISHERS 1995.

5. ROSEMARY DEEM, WOMEN AND SCHOOLING.

6. SANA AL-KHAYYAT, HONOUR & SHAME, WOMEN IN MODERN IRAQ.

    LONDON SAQI BOOKS 1990.

7. SIMON, SCHAMA CITIZENS, A CHRONICLE OF THE FRENCH
    REVOLUTION,

    NEW YORK, ALFRED A. KNOPF, INC. 1989.

8. WILLIAM MANCHESTER. THE LAST LION,

A. WINSTON, SPENCER CHURCHILL 1874 VISION OF GLORY 1982.

B. WILLIAM MANCHESTER. THE LAST LION, WINSTON-SPENCER
    CHURCHILL.

    BOSTON, TORONTO, LONDON 1988.

9. JACQUELINE CHABAUD, THE EDUCATION AND ADVANCEMENT OF
    WOMEN,

    UNESCO 1970.

10.---- INTERNET----- ISLAM ON LINE. NET.